사주심리와 인간경영

김배성 경기대 명리학 교수 지음

창해

책을 내며

 필자는 2년 전 사주명리학의 새로운 패러다임을 구축하는 전기로 평가할 수 있는 『사주심리치료학』을 펴낸 바 있다. 당시 필자는 좀더 세부적인 심리검사방법을 제시하겠다고 약속했다. 과학적인 검사체계의 '사주심리와 인간경영'이라는 새로운 학설을 창조하는 집필과정은 긴 고뇌와 고행 그 자체였다. 하지만 독자는 물론 필자 자신과의 굳건한 약속이었기에 펜을 놓는 지금 이 순간 무릇 가슴속에 잔잔한 감동이 인다.
 과거 원초적인 노동의 원시시대에서 기계혁명을 이끈 것이 산업혁명의 시대라면 미래는 분명 지식혁명의 시대다. 따라서 객관성이 불투명한 사주명리학의 현존하는 학문적 체계에 안주해서는 안 되며 반드시 선명한 객관성을 이끌어내야 한다. 바로 이러한 냉철한 직관이 이 연구의 주요한 시작이었으며, 그 연구는 다음과 같은 방식으로 소고되었다.

그 첫 단계로, 명리학의 전반적인 이론을 전개한 『명리학정론』에서는 처음 공부하는 이들을 위해 기초이론부터 통변에 이르기까지 고전의 정위한 학설을 수렴했으며, 반면에 이치에 맞지 않는 것은 바로잡아 현대화된 용어와 실존의 사례명조를 적용해 알기 쉽게 설명했다. 둘째로는, 사주명리학의 새로운 패러다임을 구축해 학계의 반향을 불러일으킨 『사주심리치료학』으로서 음양의 영향을 받는 기후적 관계와 오행성의 영향을 받는 출생에서 주어지는 사주명식의 간지와 오행, 십성의 심리체계에 대한 이론을 정립했다. 또한 십성별 성정과 심리증후군, 행동방식 등의 내면을 섬세하게 분석하는 방법과 양육방법, 교육방법, 인간관계, 학과선택, 직무능력 등을 다루는 심리적 이해의 본질을 다뤘다.

세 번째 단계는 바로 이 책 『사주심리와 인간경영』이며, 1부에서는 사주명리학의 사회적 역할에 대한 논의가 주로 이뤄진다. 여기에서는 이 시대가 사주명리학의 효용성에 대한 인정과 수용의 문제와 학설의 근원적인 문제인 음양적인 면과 오행적인 면을 새로운 각도로 심도 있게 정리했다. 또한 合과 沖에 대한 이면적인 작용과 干支심리의 형성체계를 제시했으며, 특히 사주체질 분석의 요체가 되는 십성의 위치별 심리와 사회성에 대한 새로운 방향의 이론을 정리한 것은 가히 획기적이라 할 수 있다.

2부에서는 학문의 객관성을 이끌어내기 위해 개발된 여덟 가지 유형의 성격테스트(Personality test of eight type)인 'ET 테스트'를 소개했다. 또한 흥미 및 가치관 검사, 사주십성의 상관관계로 발현되는 다중지능검사, 문과나 이과 등 계열별로 분류하여 자신에게 적합한 계열을 선택할 수 있는 학과적성검사, 사주구조상 적응력이 우수한 업종과 직종을 선택할 수 있는 선천직업적성검사, 사주명식 내에서 개개인별로 이재를 구하는 재산관리방법을 제시했다. 그리고 한 개인의 사회적 역할과 능력이 시간과 공간기능에 영향을 받고 있음을 밝히고, 사주에 따라 시간과 공간기능의 능력을 검사할 수 있도록 했다. 아울러 인력고용과 동업자 선정 및 기업의 사원채용 등 기타 모든 인간관계와 인사관리에 적절히 적용할 수 있는 다층적인 인사관리방법까지 단계별로 종합적인 검사방법론을 전개했다.

따라서 먼저 사주명리학의 기본서인 『명리학정론』을 습득하고, 『사주심리치료학』을 통해 심리체계를 이해하고 난 후, 이 책 『사주심리와 인간경영』으로 검사법을 익힌다면 그야말로 한 인간의 경영에 이르는 능력을 갖추게 될 것이다.

그렇다, 사주명리학은 그동안 일반화와 학문으로서의 체계화에 대한 가면적인 이론의 산발적 성립으로 인해 일반인들과 학계의 의구심 어린 시선에 소신 있는 대안이 미흡했던 것이 사실이다. 그러나 이제는, 수많은 항목을 피검사자 스스로가 체크해야 하는 서양의 성격유형 검사 MBTI나 에니어그램 등과는 차원이 다른, 즉 당사자의 컨디션과 검사 당시의 상황에 좌우되지 않고 단지 출생연월일시로 구성되는 사주만으로 정확한 검사결과를 산출할 수 있는 체계가 성립된 것이다.

따라서 이 책의 내용을 충분히 이해한다면 영유아 시기에서부터 성격과 흥미를 검사할 수 있다. 이처럼 개인이 지닌 다중지능을 검사할 수 있으므로 학생들의 학과적성과 직업적성 등 진로지도에 충분한 도움을 줄 수 있으며, 인사문제나 우수한 인적자원관리가 절실한 기업에게도 획기적인 도움을 줄 수 있다. 그러니 지금부터 우리 사주명리학자들은, 앞서 말한 그런 모든 부정적인 시선을 더 이상 의식할 필요 없이 당당한 목소리를 내고 정규학문으로서의 위치를 확고히 점유해 나아가야 할 것이다.

그런 맥락에서 필자는 2002년 경기대학교 국제대학원에 명리학 전공의 동양철학과 개설을 허가받았으며, 2005년에는 충남 청양 소재의 국제문화대학원대학교에 '철학(명리학)교육' 석·박사과정을 개설해 현재 15명의 석학들과 함께 연구를 진행하고 있다. 특히 명리학이라는 전공 명칭을 국내 최초로 사용한 것은 그 의미가 매우 크다 할 수 있다. 또한 고려대학교 사회교육원에도 '사주심리와 인간경영'의 전문능력개발과정을 개설했다. 물론, 더 큰 목표라면 4년제 대학의 학부과정에 정통성 있는 학과를 신설하는 것이다. 꿈은 이루어지기 위해서 꾸는 것이라는 필자의 생각은 변함없는 열림의 문이다.

사주명리학은, 학문의 오묘한 이치를 더 깊이 터득해갈수록 느끼는 것이지만, 일반인들이 말하는 흥미 위주의 맞추고 못 맞추는 관심거리를 제공해주는 학문이 아니다. 즉, 사람이 일생을 살아가는 데 필요한 명리철학으로서, 우리 자신들에게 진실하고 올바른 방향을 제시해주는 정보과학이며 仁義와 德目을 행함에 있어 진정성을 일깨우는 자아성찰인 것이다.

그리하여 이 책은, 자녀 스스로는 물론 그 자녀의 성장을 책임진 부모조차 자녀가 소유한 성격과 흥미와 가치관, 다중지능과 학과적성, 직업적성 등을 잘 알 수 없으므로, 부모에게 올바른 방향의 지침을 제공함으로써 소중한 자녀들의 인생을 후회 없이 살도록 도움을 주기 위해 저술되었다. 또한 성인으로서 경제활동을 하는 개인과 기업가들에게는 인사와 인적자원의 실효성으로 누구나 타고난 행복지수를 충분히 획득하고 더욱 높일 수 있도록 하는 데에 전기를 마련했다.

언제나 주관적일 수 있다는 전제를 놓고 독자들의 애정 어린 질정과 충언을 겸히히 바라는 마음으로 펜을 놓는다. 사주명리학을 연구하는 사람들에게는 객관성 실현의 연구에 전조가 되길 바라고, 이에 대한 사회적인 인식과 시각변화에 조류가 될 것도 기대한다. 마지막으로 이 책의 집필에 큰 도움을 준 제자들에게 특별한 고마움을 전한다.

2006년 12월 15일 춘광 김배성

| 차례 |

책을 내며 5

1부. 인간과 사주심리

1장. 사주명리학의 사회적 역할

1. 사주명리학의 신뢰성 21
1. 바른 인식의 전환 | 2. 사주의 분석정보(分析情報) 효과

2. 사회와 학계의 현실 28
1. 사회적 모순과 과제 | 2. 학계의 빛나는 발전

3. 사주명리학의 사회기여도 32
1. 진로지도 | 2. 인성지도 | 3. 사회생활 지원 | 4. 향후과제

2장. 인류와 음양오행

1. 인류와 음양 41
1. 음양(陰陽)의 탄생과 실체 | 2. 음양(陰陽)의 본질적 이해

2. 인류와 오행의 관계 46
1. 오행설(五行說) | 2. 인간의 탄생과 오행(五行) | 3. 오행(五行)의 본성

3. 실용문화의 음양오행 53
1. 건축과 생활문화 | 2. 색(色)과 음양오행

4. 정신적 문화 56
1. 훈민정음(訓民正音) | 2. 단동십훈(檀童十訓) | 3. 놀이문화

3장. 기후와 인간

1. 기후와 인간의 진화 67
1. 기후와 피부색(皮膚色)의 관계 | 2. 기후와 모발(毛髮)의 관계
3. 기후와 비(鼻)의 관계 | 4. 기후와 신장(身長)·안면(顔面)의 관계

2. 풍토와 심성 73
1. 동양과 서양의 정신적 특징 | 2. 남북 지역인의 정서적 특성
3. 남북 지역인의 행동적 특성

3. 풍토적 정서와 문화 80
1. 풍토와 인간심리 | 2. 한습지역인(寒濕地域人)의 정서와 문화
3. 온난지역인(溫暖地域人)의 정서와 문화

4장. 사주명리의 원리론

1. 사주의 구성 85
1. 천간지지(天干地支)와 육십갑자(六十甲子) | 2. 사주구성의 원리

2. 오행과 상생상극 89
1. 오행(五行) | 2. 상생상극(相生相剋)

3. 합과 충의 변화 97
1. 간지(干支) 합(合)의 변화 | 2. 간지(干支) 충(沖)의 변화

4. 십성의 작용 105
1. 십성(十星)의 의미와 설정 | 2. 십성의 욕구

5. 격국과 용신 111
1. 격국(格局)과 용신(用神)의 정의 | 2. 신강(身強)과 신약(身弱)
3. 격국(格局)과 용신(用神)의 설정사례

5장. 십성의 심리와 사회성

1. 십성의 본성과 심리 121
1. 십성의 사회성(社會性) 개요 | 2. 십성의 심리구조(心理構造)
3. 구조(構造)에서의 사회적 심리

2. 십성의 위치별 사회성 125
1. 비견(比肩)의 위치별 심리와 사회성 | 2. 겁재(劫財)의 위치별 심리와 사회성
3. 식신(食神)의 위치별 심리와 사회성 | 4. 상관(傷官)의 위치별 심리와 사회성
5. 편재(偏財)의 위치별 심리와 사회성 | 6. 정재(正財)의 위치별 심리와 사회성
7. 편관(偏官)의 위치별 심리와 사회성 | 8. 정관(正官)의 위치별 심리와 사회성
9. 편인(偏印)의 위치별 심리와 사회성 | 10. 정인(正印)의 위치별 심리와 사회성

2부. 인간경영론 〈검사방법론〉

1장. ET 테스트

1. 검사방법의 개요 151
1. ET 테스트 | 2. 검사방법의 개요

2. 검사기준의 3단계 156
1. 1단계 : 일간(日干)의 음양 체성(體性)
2. 2단계 : 기후관계(氣候關係)의 체성(體性)
3. 3단계 : 사주강약(四柱强弱)의 체성(體性)

3. 검사방법론 160
1. 배추형:외향적극형(양·양·양) | 2. 꽈리형:외향소심형(양·양·음)
3. 땅콩형:외향다변형(양·음·양) | 4. 버섯형:외향신중형(양·음·음)
5. 고추형:내향소심형(음·음·음) | 6. 알타리형:내향지속형(음·음·양)
7. 석류형:내향다변형(음·양·음) | 8. 알밤형:내향적극형(음·양·양)

2장. 성격심리검사

1. 성격과 흥미와 가치관 187
1. 일간의 다중성격(多衆性格) | 2. 십성의 성격
3. 흥미유발체계(興味誘發體系) | 4. 가치관의 소유성향(所有性向)

2. 감성체계 210
1. 오행과 감정 | 2. 십성과 감정

3장. 사주와 지능검사

1. 지능의 이해 221
1. 전통적 지능이론(知能理論) | 2. 다중지능이론(多衆知能理論)
3. 사주와 다중지능의 접목

2. 사주의 지능검사방법 232
1. 십성의 구조적 지능발현(知能發現) 단계
2. 정신분석적(精神分析的) 지능발현
3. 지능검사의 도구 | 4. 영재(英才)들의 사주

4장. 학과적성검사

1. 학과선택 253
1. 학과선택의 중요성 | 2. 계열(系列)과 전공학과의 분류
3. 대학의 계열별 분류 | 4. 십성의 학과와 적성

2. 계열별 전공학과의 선택방법 265
1. 인문계(人文系) | 2. 자연계(自然系) | 3. 예체능계(藝體能系)

5장. 선천적성검사

1. 직업적성의 그래픽과 사회성 287
1. 직업적성(職業適性)의 의미와 중요성 | 2. 신강(身强)·신약(身弱)의 사회성
3. 위치(位置)에서의 사회성 | 4. 십성의 직업적성

2. 직업적성검사방법론 292
1. 적성검사 1차방정식 | 2. 적성검사 2차방정식 | 3. 적성검사 3차방정식

3. 선천직업적성검사 사례 297
1. 종적안정지향형(縱的安定指向形) (A)수직구조+(a)정형
2. 종적실험지향형(縱的實驗指向形) (A)수직구조+(b)편형
3. 종적선택유용형(縱的選擇有用形) (A)수직구조+(c)혼형
4. 횡적안정지향형(橫的安定指向形) (B)수평구조+(a)정형
5. 횡적실험지향형(橫的實驗指向形) (B)수평구조+(b)편형
6. 횡적선택유용형(橫的選擇有用形) (B)수평구조+(c)혼형
7. 선택안정지향형(選擇安定指向形) (C)혼합구조+(a)정형
8. 선택실험지향형(選擇實驗指向形) (C)혼합구조+(b)편형
9. 선택선택유용형(選擇選擇有用形) (C)혼합구조+(c)혼형

6장. 재운관리검사

1. 사주와 재운의 관계 321
1. 재운관리(財運管理)의 개요 | 2. 사주의 기능적(技能的) 원리

2. 재물관리 검사방법 324
1. 비겁(比劫)이 이재(理財)를 구축하는 구조
2. 식상(食傷)이 이재(理財)를 구축하는 구조
3. 재성(財星)이 이재(理財)를 구축하는 구조
4. 관성(官星)이 이재(理財)를 구축하는 구조
5. 인성(印星)이 이재(理財)를 구축하는 구조

7장. 시간과 공간경영

1. 시간과 공간의 개념 341
1. 시공간(時空間)의 정의 | 2. 시공간(時空間)의 분류

2. 사주의 시공간기능 346
1. 생극회합(生剋會合)의 기능 | 2. 구조의 상대적(相對的) 기능
3. 십성의 시공간(時空間) 기능

3. 검사방법 350
1. 공간기능검사(空間技能檢査) 사례 | 2. 시간기능검사(時間技能檢査) 사례
3. 시공간기능검사(時空間技能檢査) 사례

8장. 기업의 인사관리

1. 기업과 인사관리 365
1. 기업경영(企業經營) | 2. 기업의 인사관리(人事管理)

2. 사주와 인사관리체계 372
1. 인사관리(人事管理)의 개요 | 2. 인사코드의 실효성(實效性)
3. 사주의 직무능력검사(職務能力檢査)

3. 직종별 직무능력 및 적응성 383
1. 직무능력(職務能力)의 개요 및 적용 | 2. 인사관리의 실효성

참고문헌 395

1부 인간과 사주심리

사주명리학의 사회적 역할

1
사주명리학의 신뢰성

1. 바른 인식의 전환

 이제는 사주명리학(四柱命理學)에 대한 인식이 바뀌어야 되는 시대가 되었다. 사주명리학은 그동안 어떠한 사건 따위를 맞추는 점술(占術)로서 인식되어 왔으나, 이제부터는 점술이 아닌 다음과 같은 차별화된 학문으로 인식되어져야 한다. 즉, 개개인의 타고난 독창적인 재능(才能)을 실수 없이 활용하고 인생 전반에 대한 삶의 행복지수를 더욱 높일 수 있도록 돕는 창의적인 기술과 방법론을 인간에게 제공하는 학문이다.
 사주명리학은 정보(information)를 분석하고 삶의 방향성(direction)을 예측하는 고급학문이다. 과학(科學)이 원리(原理)에 충실해야 하듯

사주명리의 모든 학술도 철저한 원리에 의해 이루어진다. 인간은 누구나 행복하고 아름다운 삶을 추구하며 살아간다. 그러므로 알 수 없는 미래를 예측하고 가장 바람직한 방법을 강구해 실패 없이 살아가고자 하는 것은 단지 특정인들만의 행위가 아니며 누구나 공통적으로 소원하는 본성(本性)일 것이다.

또한 사주명리학은 일부 사람들이 주장하는 통계학문도 아님을 밝히고자 한다. 왜냐하면 사주명리학은 사주에 배속된 간지의 생극제화를 통해 산출되는 갖가지 작용을 원리에 입각해 읽어내는 학문이기 때문이다. 다만 여러 가지 정보를 통계학을 빌려 응용하고 그 결과로 신뢰성을 구할 수는 있다.

근래에는 대학에 정규학과로 편입된 후 많은 학위논문이 나오면서 이를 한 단계씩 입증하고 있는 과정이며, 국민의 70퍼센트 이상이 사주명리학을 참고하거나 경험하고 있다고 한다. 일간 중심의 자평학(子平學) 이론이 창안된 후 천년의 세월 동안 수많은 연구 서적이 나오며 개인마다 사주의 과학성을 입증시키고자 노력했으며 인간의 미래를 분석하고 예측함으로써 모든 이의 삶에 도움이 되고자 했다.

또 역사적으로 본다면 조선시대에는 관상감(觀象監)을 두고 음양(陰陽)과 천문(天文), 지리(地理) 등 잡과시험을 거쳐 벼슬을 주고 국정의 안위를 위해 중요하게 활용했던 학문이 바로 사주명리학이다.

우리는 여기서 새로운 시각과 인식을 요구하는 시대적 변화 앞에서 주목해야 할 부분이 있다. '과연 사주는 인간의 모든 길흉화복을 점치고 예측할 수 있으며 해결방법을 제시할 수 있는가?' 라는 문제제기에 숙고하지 않으면 안 된다.

사계(斯界)에서는 사주명리학의 적중률을 80~100퍼센트라고 보고 있으나 필자의 견해는 다르다. 사주명리학은 한 인간에 대해 단 30퍼센트의 정보만을 제공한다. 나머지 70퍼센트는 부모에게서 받은 유전인자나 국가적, 지역적, 가정적 성장환경, 그리고 성장하는 과정에서 받은 동기부여 등에 의한 변동요인이 작용한다고 본다.

그러나 이 30퍼센트밖에 안 되는 정보의 가치를 의학(醫學)에 비교해보면 쉽게 이해할 수 있다. 이를테면, 의사가 환자를 보기만 하는 것으로 어디가 아픈지를 맞추는 경우가 있는가? 의사도 문진을 하고 그것으로 부족하면 여러 가지 진찰 도구를 이용해 장시간 동안 진찰한 뒤에 결론을 내린다. 그러나 이러한 과정 없이 한 사람의 생년월일이라는 정보만으로 그 사람의 30퍼센트를 알아낼 수 있다는 점에서 우리는 바로 사주명리학의 위대함을 주장할 근거를 발견할 수 있다.

이런 관점에서 사주명리학은 한 사람의 인생을 예측하고 방향을 제시하는 고급 학문으로서 활용될 수 있다. 그러므로 세계적으로 널리 활용되고 있는 서양의 성격유형검사인 MBTI 등보다 더 체계적인 활용 방안으로 검토되어야 한다.

여기서 참고해야 할 것은 사주에 나타나는 적성만으로 그 사람의 직업을 선택할 수 있다고 오해하지 말아야 한다는 것이다. 그 이유는 사람마다 타고난 그릇이 다르고 서양의 성격검사에서는 결코 다루어질 수 없는 그 사람의 인생주기까지도 사주명리학에서는 직업선택의 요인으로서 다룰 수 있기 때문이다.

지피지기(知彼知己)면 백전불태(百戰不殆)라는 말이 있다. 인생은 한 치 앞을 볼 수 없다. 하지만 사주는 30퍼센트 정도의 중요한 선천적 정보를 정확히 알 수 있도록 도와준다. 자신의 이니셔티브(Initiative)를 쥘 수 있는 삶의 방향을 성장 과정에서 제공받고, 이를 토대로 노력한다면 타고난 자신만의 행복지수를 크게 높일 수 있다. 앞서 피력했듯 사주로 인생의 모든 부분을 맞춘다는 것은 불가능하다. 만일 그런

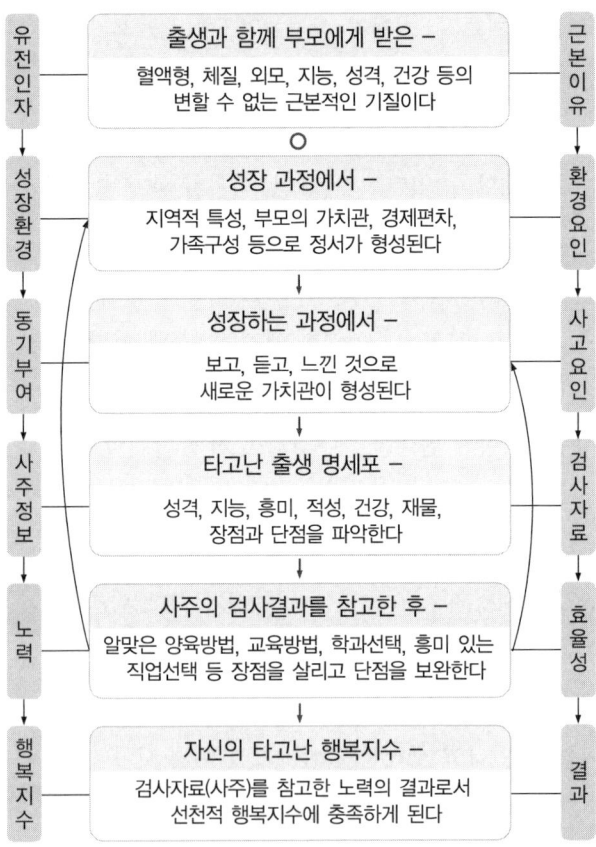

자가 있다면 그는 스스로 자승자박의 덫에 빠져, 결국 '점쟁이' 외에는 들을 말이 없어진다. 위 도표를 참고해보자.

도표에서 볼 수 있듯 사주로는 부모에게 받은 유전인자(遺傳因子)를 알 수 없다. 성장환경에서 부모의 경제편차나 가치관, 성장 지역적 특성, 가족구성원의 교육받은 정도 등으로 인한 개개인의 정서가 다르기 때문이다. 따라서 성장하는 과정에서 보고 듣고 느낀 것에 의한 가치관 설정이나 동기부여 따위의 인식적 사고는 한 사람의 인격형성과 사회성은 물론, 인간성, 행동성향 등이 설정되어 삶을 살아가는 데 모두 역학적으로 작용한다.

 이것은 동일한 사주가 같은 운명을 살 수 없는 분명한 이유기도 하다. 그러나 이와 같은 부분을 사주를 통해 확인할 수 없다고 하더라도 사주명리학은 유용한 학문이다. 왜냐하면 사주명리학은 그 어떤 학문도 알아내지 못하는 인간의 감춰진 본성(인간정보)을 분석해내기 때문이다. 바로 그러한 점이 사주명리학의 위대한 부분이다.

 단지 출생연월일시로 구성되는 사주만으로도, 비록 수치상 약 30퍼센트라고는 해도, 본인의 행복한 미래를 좌우할 수 있을 만큼의 효과적인 지침이 될 수 있다. 다시 말하지만 개인의 영감을 동원한 확률이나 단식판단으로 맞춘 것만을 기준 삼아서 허무맹랑한 적중률을 제시해서는 안 된다. 이제 사회적인 인식의 변화에 확실하고도 대중적인 활용 포인트를 제시하고, 고유한 활용 가치를 정확히 말할 수 있어야만 진정한 학문의 반열에서 사회적 공감대를 확보하고 발전을 가속화할 수 있다.

2. 사주의 분석정보(分析情報) 효과

 사주명식은 인간의 미래에 발전적인 정보를 구하는 중요한 자료다. 이 사주의 자료를 분석 검사해 나온 인적정보는 매우 중요한 가치를 지녔으며 또 다양하다. 그 중에 중요한 검사와 기대하는 효과는 다음과 같다.

사주의 역할 포인트

정보자료	분석	제공
사주명식	성격분석	양육방법 제공
	심리분석	교육방법의 선택
	지능분석	목표설정
	흥미분석	사회적응 방향성
	학과적성	전공선택
	콤플렉스	취미나 행동방향
	직업적성	능률적인 사회생활

- 일간과 오행의 편중성으로 정확히 성격을 분석함으로써 그 결과를 자녀양육에 주요하게 활용할 수 있다.

- 일간을 기준으로 사주 내 십성의 편성에 의한 심리분석으로 자녀에게 효과적인 교육방법을 제공할 수 있다.

- 사주의 구조에서 3단계 지능검사방법을 활용해 지능의 고저와 지능이 발달된 분야를 구분함으로써 합리적인 목표를 설정할 수 있다.

- 사주의 구조에서 흥미가 어디에 있는지를 검사해 자신의 흥미에 부합하는 사회생활의 여러 면에 응용할 수 있도록 할 수 있다.

- 사주 내의 오행편성과 구조에 의한 학과적성검사를 하고 그 결과를 참고해 문과나 이과, 예체능 등에서 가능한 세부전공까지 구분함으

로써 자신에게 맞는 적성을 찾아가는 데 지침으로 활용할 수 있다.

- 사주에서 편중성의 십성을 통해 당사자가 느낄 수 있는 콤플렉스를 검사하고 가늠해 사전에 이를 극복할 수 있는 취미생활이나 행동방향을 예측할 수 있다.

- 사주의 일간과 격국, 용신, 오행, 십성의 구성을 분석해 당사자가 싫증을 느끼지 않고 능률적으로 일할 수 있도록 선천직업적성을 찾아 제공한다.

2

사회와 학계의 현실

1. 사회적 모순과 과제

　우리의 몸(人體)은 전체의 70퍼센트가 수분으로, 나머지 30퍼센트는 뼈(骨) 등의 성분으로 구성되어 있다. 이 중 1퍼센트의 수분이라도 부족하게 되면 갈증을 느끼게 되며, 5퍼센트가 부족하면 혼수상태에, 12퍼센트가 부족하면 사망에 이르게 된다. 이것은 수분의 역할이 인간의 생명과 밀접하게 연결되어 있음을 말해주는 것이다.

　지구(地球)는 70퍼센트가 바다, 30퍼센트가 육지로 구성되어 있으며 인간의 인체와 그 비율이 같다. 오대양(五大洋) 육대주(六大洲)가 있듯이 인간은 오장육부(五臟六腑)가 있으며, 1년 중에 12달은 인간의 십이지장(十二指腸)과 일치하며, 또 365일은 인간의 365개의 경혈(經

穴)과 일치한다. 이것은 우연의 일치가 아닌 우주와 자연과 인간의 공체(公體)적인 구조를 증명해주는 것이며, 더불어 인간이 지구상에서 만물의 영장(靈長)이 될 수 있었던 이유도 확인시켜주는 것이다. 근래에 들어 인터넷의 보급과 학자들의 헌신적인 노력에 힘입어 사회적으로 사주명리학은 상당 수준으로 저변확대가 진행되고 있으나, 여전히 곱지 않은 시선으로 바라보는 사람들이 있는 것이 현실이다.

사주명리학을 이용해 자신의 인생에서 단 1퍼센트의 효과를 본다면 갈증이 없는 인생을 살 수 있고, 5퍼센트의 도움을 받는다면 인생을 살면서 혼수상태를 면할 수 있으며, 12퍼센트의 도움이 될 수 있다면 자신의 인생이 사망(패망)에 이르지 않을 수 있다는 긍정적인 결론을 내릴 수 있다. 실제 역대 대통령들을 비롯해 수많은 정치인은 물론 기업가, 연예인, 법조인 등에 이르기까지 사주를 이용해 자신의 미래와 발전을 위해 노력했음은 누구나 다 아는 사실이다. 그럼에도 유감스럽게 자신이 사주를 통해 많은 도움을 받았노라고 전면에 드러내놓고 말하는 사람은 없으며, 또 이를 발전시켜야 한다고 하는 이도 없다. 결국 그 몫은 사주를 연구하는 학자들의 과제일 수밖에 없는 이유다.

2. 학계의 빛나는 발전

위에서 말한 사회적 현실과 달리 현재 사주명리학은 학계에서 빛나는 발전을 거듭하고 있다. 서울에 소재한 4년제 대학으로 경기대학교 국제문화대학원에 2002년 10월 최초 동양철학과 명리학 전공의 석사과정이 필자의 신청이 받아들여져 개설되었고, 이미 사주명리학을 전공한 석사가 배출되고 있다. 같은 시기에 충남 공주에 소재한 국립대인 공주대학교 대학원에 역리학과가 개설되었고, 전북에 있는 원광대학교 동양대학원에서 역시 전공이 개설되어 석사가 배출되고 있는 상황이다.

그리고 2005년에 개교한 신설대학으로 충남 청양에 소재한 국제문화대학원대학교에 철학(명리학)교육 전공의 석·박사과정을 필자가 개설했는데, 그동안 학과의 명칭에서 표면적으로 '명리학'이란 단어를 활용하지 못한 것을 감안할 때 철학(명리학)교육 전공은 그 의미가 매우 크다. 즉, 국내 최초로 순수 명리학 전공의 석·박사가 배출될 수 있는 유일한 대학으로 성장시킬 수 있는 발판을 마련했다는 것이다. 물론 이에 더해 사주명리학 교사 양성을 위한 교육학으로까지 영역이 확대될 수 있는 장점도 있다.

또한 서울 소재의 불교재단인 동방대학원대학교가 설립되면서 미래예측학과가 개설되었으며, 2006년에는 경남에 소재한 2년제인 서라벌대학에 풍수명리학과가 개설되어 전문 직업인을 양성하고 있고, 원광디지털대학교에는 얼굴경영학과가 개설되었다. 그뿐인가. 2006년 7월 대전에 소재한 대전대학교 동양철학과에서는 '사주명리와 생로병사'라는 주제로 학술대회를 개최하며 필자가 토론자로 초청되었었는데 향후 사주명리학을 정규 수강 과목으로 수용한다는 의사를 밝힌바, 이제는 사주명리학이 전국적으로 확산되는 상황이다.

다만 아쉽다면 국제문화대학원대학교 외에는 사주학이나 명리학이란 표면적인 학과의 명칭을 직접 사용하지 못한다는 점과, 전공에서 순수 명리학의 교육이 아닌 역술 관련 학문이 산발적으로 연구되고 있는 점이다. 따라서 차후 사회 진출 후에 석·박사 이수자들이 수준 높은 국민의 욕구를 얼마만큼이나 충족시킬 것인가에 대한 대안이 미흡하다. 이는 국민은 물론 이 학문을 주시하고 있는 학자들에게 평가를 받게 될 시점에서 염려되는 부분이다.

그런 점에서, 비록 비전공학과지만 사주명리학에 관련된 박사논문이 몇 편 발표된 점과 전공학과에서 석사논문이 수십 편이 발표되었음은 고무적이다. 관련 논문의 주제를 간추려보면 명리학사, 원서번역, 인간의 사회적 역할, 편중심리, 성격심리, 학과적성, 성명학, 음양오행연구, 건강론, 인상학, 직업적성, 사건분석, 사주심리 교육방법, 영재지능 검사판별방법 등등 고전의 연구와 함께 다양한 실증적 작용의 통계를 내놓고 있으니 이제는 사주명리학의 진위를 논하는 차원이 아닌, 얼마나 더 정보를 과학화하느냐가 관건이라 할 수 있다.

결론적으로 사주명리학은 인간의 미래를 모두 명명백백 밝혀내거나 예측해낼 수 있다고 말할 수는 없다. 그러나 모든 정보란 구하는 만큼의 가치를 유익하게 활용하듯이, 사주명리학은 인간의 정보를 밝혀낸 만큼 다시 인간의 알 수 없는 미래에 매우 유익하고 가치 있게 활용될 수 있다. 특히 인간의 미래정보를 구할 수 있는 방법으로 지구에 존재하는 여러 가지 학문 중 가장 우수하다고 말할 수 있다. 이는 수많은 실증적 임상실험과 연구를 통해 밝혀지고 있는 사실이다.

운명예측 형태와 신뢰성 비교

형태	예측자료	결과	과학성
사주명리	출생 연월일시	일관됨	과학성 입증
역점·점술	도구, 시간, 공간 등	매번 다름	과학성 결여
무속	유신, 영적, 신점, 행위	개인차 큼	과학성 결여
종교	유신, 무신, 경전, 정신	믿음의 과정	무관함

3
사주명리학의 사회기여도

생년월일이 약 30퍼센트의 정보만을 제공한다고 했으나, 이 30퍼센트를 활용할 수 있는 분야는 실로 무궁무진하다. 앞으로 여러 분야에서의 연구가 진행되어야 하겠지만, 일단은 다음과 같이 네 가지로 분류해 사주명리학의 사회기여도를 알아보고자 한다.

1. 진로지도

선천적성검사

생년월일이라는 간단한 정보를 가지고도 한 개인의 타고난 선천적인 적성검사가 가능하다. 현재는 질문지법이나 관찰법 등과 같은 방법을 통해 적성검사를 실시하고 있는데, 이 방법은 상황에 따른 변수가 많고 의사표현이 어려운 영아나 유아에게는 적용이 용이하지 못하다. 그러나 명리학을 통한 선천적성검사는 대상자의 의사표현 정도나 검사 상황과 같은 여러 변수와 무관하게 일관성, 타당성, 신뢰성을 갖추면서도 한 개인의 적성을 도출해낼 수 있다는 장점을 가진다. 또한 한 개인의 적성을 인생곡선에 따라 그대로 살릴 수 있는지를 가늠하고 없다면 다른 대안까지도 제시할 수 있는 장점을 가진다.

지능검사

현재 우리나라의 개인지능검사에는 고대-비네검사, K-WISC, WAIS, 인물화지능검사, 아동용 개인지능검사(KEDI-WISC) 등이 있다. 이 외에도 현재 다중지능 이론에 입각한 다양한 지능검사방법이 개발되고 있는데, 모두 검사자의 숙련성이라든지 피검사자의 시간 제약에 따른 변수, 익숙하지 않은 자극직면에서의 비적응성과 같은 당면과제가 해결되어야 되는 단점이 있다. 그러나 사주명리학을 통한 지능검사는 현재 3단계 지능검사법이 개발되었고 피검사자에 다른 변수와 무관하게 검사가 실시될 수 있다는 장점이 있다. 물론 검사자의 감정 수준이 가장 중요한 관건이기는 하나 단순한 학업성적을 예견해주는 검사가 아닌 언어지능, 수학지능, 공간지능, 신체운동지능, 음악지능, 대인관계지능, 자기이해지능, 자연탐구지능, 실존지능과 같은 다중지능까지도 측정이 가능해 진로선택에 도움을 줄 수 있다.

학과 및 직업선택 지도

이 내용은 위의 선천적성검사와 유사한 내용으로서 한 개인의 인생 곡선을 따라 살릴 수 있는 적성을 찾아 학과선택 및 직업선택을 하는 데 사주명리학이 기여할 수 있다는 것을 보여준다. 성장과정 중에 부모의 요구나 사회적인 기대에 부응하는 선택이 아닌 한 개인 자신의 타고난 선천적성을 따라 만족된 선택을 할 수 있도록 안내가 된다면 이에 따른 사회적인 기여도와 비용절감 면에서 사주명리학의 가치는 더욱더 높아질 것이다.

2. 인성지도

성격심리검사

성격 및 생활적응 관련 검사는 너무나 다양하게 개발되어 현장에서 활용되고 있다. 그 중에서 MBTI검사는 성격검사 중 유형검사의 전형적인 예로서 인간의 차이점과 인간 사이의 갈등에 관심을 가진 캐서린 브릭스(Katherine Briggs)와 그녀의 딸 이사벨 마이어스(Isabel Myers)에 의해 처음으로 제작된 성격유형검사다. 이 검사의 근간이 되는 이론은 융(Carl Gustav Jung)의 심리유형이론이다. 이 이론에서는 다음의 4가지 지표에 의하여 검사가 실시된다. 즉, '외향성 / 내향성' '감각형 / 직관형' '사고형 / 감각형' '판단형 / 인식형' 이 4가지 기준에 의해 검사를 실시한 후에 16가지의 성격유형으로 결과를 해석해 활용한다. 그러나 융의 심리유형이론은 사주명리학과도 이론적 유사성과 적합성이 있다는 논문이 나오고 있으며, 16가지 성격유형은 사주명리학상의 해석법인 격국론이나 편중된 십성, 오행별, 일간별 해석으로도 충분히 가능한 부분이다. 또한 검사에 따른 번거로운 절차 없이도 가능하다는 점과 대안까지도 제시가 가능하다는 장점을 지닌다.

성격콤플렉스 치료

중화되고 완벽한 인생을 살아간다면 더 이상 바랄 것이 없는 행복한 인생을 보장받은 것이다. 그러나 사람들은 살아가는 동안에 자신에게 부족한 콤플렉스나 자괴감, 열등감, 상실감, 우울증 등의 정신적인 문제를 정도의 차이는 있으나 경험하게 된다. 오늘날에는 시대적인 문제로 인터넷 중독 또한 하나의 사회적인 문제로 대두되고 있다. 이런 점에서 사주명리학은 한 개인의 심리 면에서 보완되어야 할 문제를 사전에 파악할 수 있으며, 그 대안까지도 제시할 수 있다. 문제가 발생한 후의 사후조치가 아닌 사전에 생년월일이라는 정보분석을 통해 한 개인에게 적절한 부모의 양육태도나 바른 교육방법의 제시가 가능하다는 것이다.

3. 사회생활 지원

인간관계 가이드

결혼 전 사주를 통해 궁합을 보는 고유한 문화를 가진 나라는 우리나라가 유일하다. 물론 그 정확성이나 검사자의 능력에 따른 타당성과 신뢰도의 문제는 위의 문제들과 다를 바 없으나 평생을 살아갈 부부가 정신적이든 물질적이든 조화롭게 살아갈 수 있는지를 사전에 살펴본다는 장점이 있다. 또한 이것은 다른 여러 분야에서의 검사법 개발과 마찬가지로 부부가 해로하기에 필요한 단식판단법인 속궁합만의 문제 외에 가치관, 경제활동, 문화공유, 성격, 오행의 조화 등 다양한 방면에서의 정확한 검사와 분석을 수행한다.

인사관리

사주명리학을 통해 인사관리를 한다는 것은 보편적으로 가장 좋은 사주 주인공을 뽑자는 것이 아니다. 오히려 사람마다 가진 적성과 장점을 살려 적절한 업무를 수행하도록 하는 것이 중요한 목적이다. 각 직업은 직업마다 요구되는 십성의 구조와 적응력이 다르다. 그러므로 사주명리학은 좋은 학벌과 훌륭한 학업 성취도 외에 바로 그 사람만이 할 수 있는 적절한 업무를 찾아주는 데 크게 기여할 수 있다. 또 사람마다 가진 성격적인 면을 분석해 조화로운 인간관계를 갖도록 지원이 가능하다.

동업자 선정 지원

사업을 하는 데 있어서 동업자가 과연 믿을 만한 사람인지, 나의 분신과도 같은 역할을 나와 같은 마음으로 수행해줄 것인지의 문제는 매우 심각하고도 중요한 문제다. 이와 같은 문제에서는 그 사람에 대한 경험이라는 신뢰성이 떨어지는 기준 외에 적절한 대안을 제시해줄 수 있는 것이 바로 사주명리학을 통한 인간정보다.

4. 향후과제

사회적 지지기반 조성

사주명리학은 그동안 많은 사람들이 이용하고 그 실용성을 경험한 학문이다. 그러나 그 활용되는 분야가 주로 부부 속궁합이라든지 선거 당락이라든지 애정운, 재물운과 같은 개인의 길흉을 알아보는 주술(呪術) 분야에 국한됨으로써 그 높은 학문적 가치를 논하기가 어렵게 만든 측면이 있다.

하지만 최근에는 사주명리학을 통한 선천적성검사와 지능검사, 직업선택, 인간경영에 이르기까지 다양한 활용방안이 연구되고 있다. 따라서 이러한 긍정적인 활용방안 연구를 통해 사회적인 지지기반을 조성한다면 사주명리학은 비약적인 발전과 함께 바람직한 방향으로 그 인식이 변화할 것으로 기대된다.

일반화의 문제와 학문으로서의 입지기반 구축

사주명리학이 안고 있는 또 다른 문제로는, 그 학문이 어느 정도의 위치에 이르기까지 오랜 기간의 숙련기가 필요할 뿐만 아니라, 이론의 정립이 아직은 초보적인 단계이므로 일반화와 대중화가 어렵다는 것이다. 그러므로 사주명리학은 좀더 현대화된 용어와 시대감각을 살린 학습법을 개발하고 간단한 공식화와 수치화로 일반인들이 일정 정도 쉽게 다가갈 수 있는 일반화 작업이 필요하다. 또한 한 가지 덧붙여 실용성이 뛰어난 실용학문으로서 좀더 분석적인 학문체계 구축이 필요하다.

사회지도층의 역할

『제3의 물결』로 유명한 금세기 최고의 미래학자 앨빈 토플러(Alvin Toffler)의 신작 『부의 미래』가 판매 전에 사전 주문 및 예약 판매만 4만 부를 돌파하는 기록을 세웠다고 한다. 이 같은 사실은 사람들이 막연한 미래에 대해 얼마나 많은 관심이 있는지를 대변해준다. 이와 같은 시대적인 상황 속에서 이제는 사회지도층에서부터 사주명리학의 활용도를 긍정적으로 모색하고 재정적, 법적 지원을 할 때다. 많은 학생들의 잘못된 학과선택에서 벌어지는 여러 가지 재정적 시간적 낭비를 줄이고, 적절한 교육방법을 통해 청소년 문제를 사전에 예방하며 인간관계에 있어서 지원을 받을 수 있는 길을 보다 보편화된 방법으로 열어주는 길, 바로 그것이 현재 사회지도층에게 가장 바라는 점이다.

인류와 음양오행

1
인류와 음양

1. 음양(陰陽)의 탄생과 실체

 '음양(陰陽)이란 무엇인가?' 라는 질문에 대한 해답을 우리는 모두 손으로 잡을 수 있듯 잘 알고 있다. 그러나 그 실체를 한마디로 정의하라면 망설이게 된다. '빅 뱅(big bang : 우주 대폭발)'이 일어나는 순간 우주의 모든 것이 생겨났고, 또 이 순간 시간과 공간이 탄생되었다는 것이 과학자들의 대체적인 공론이다. 금세기 최고의 석학 스티븐 호킹(Stephen W. Hawking) 박사 또한 그의 저서 『시간의 역사』에서 위와 같이 최초의 대폭발로 우주가 시작되었고, 이와 함께 시간도 시작되었다고 밝힌 바 있다. 그러므로 음양은 우주가 분화하면서 탄생되었다고 할 수 있으며 우주를 탄생시키기 위한 두 기(가스와 먼지)의 축으로도 설명할 수 있다. 인류가 출현하기 이전에 있었던 수수께끼 같은 일이니 여러 학설이 존재할 수밖에 없다.

즉, 우주의 탄생은 곧 음(어둠)과 양(태양)이라는 시간과 공간의 탄생이며, 두 요소는 알의 흰자와 노른자처럼 생명체가 존재할 수 있는 핵과 원소로 진화했다. 그후 두 핵의 분화 과정에서 파생된 물질들이 바로 우주에 흩어진 별이 된 것이다. 그 중에 지구와 근접한 거리를 유지하고 있는 다섯 개의 행성들은 각기 목·화·토·금·수라는 오기(五氣)를 지구에게 미치게 되었는데, 이는 지구 내에 오행의 기(氣)와 질(質)로 이루어진 모든 만물을 생장시킨 요소다. 이 때문에 인류라는 생명체도 존재할 수 있었으며, 음(어둠)과 양(태양)의 적당한 영향력(온도)과 오행성의 기운에 힘입어 인간은 지구상의 생명체 중 가장 우수하게 진화할 수 있게 되었다.

이처럼 음양이 인류의 진화에 기후와 관련되어 큰 영향을 끼쳤던 것은 틀림없다. 다만 그 모든 역학적인 관계를 궁구하여 명백히 밝힐 수 없다는 것이 안타까울 따름이다. 우주론과 신화 창조설이 갖는 시공의 한계를 감안할 때, 거기에 이어져 나오는 역사의 원초적 추론에는 늘 그 의문의 꼬리가 남게 마련이다. 그러므로 인간의 출생 시점을 기준으로 하는 사주명리학에서의 음양론은 긍정론의 인식하에 현실적인 사고의 시각으로 접근해야 한다.

이 외에 음양에 관한 설을 찾아보면 장자(莊子)의 응제왕(應帝王)편에는 이런 이야기가 소개되어 있다. 중앙의 제왕 혼돈(混沌)으로부터 환대를 받은 남해의 제왕 숙(淑)과 북해의 제왕 홀(忽)이 혼돈의 환대에 보답하고자, 일곱 구멍이 없는 혼돈에게 사람처럼 보고 듣고 먹고 호흡할 수 있도록 일곱 구멍을 뚫어주고자 했다. 그리하여 날마다 구멍 하나씩을 뚫자 7일 만에 혼돈이 죽고 말았다는 이야기다.

여기에서 남해의 왕(火)과 북해의 왕(水)은 음양(陰陽)을 말한다고 할 수 있다. 완충 역할을 하던 혼돈이 사라지자 水火는 직접 충돌하기 시작한다. 오늘날의 실험에서도 성공했듯이 물에 전기적인 충격을 가하면 생명체가 생긴다. 이것은 혼돈의 세계에서 음양의 시대를 거쳐 오행(五行)의 세계가 시작됨을 의미한다. 즉, 수화기제(水火旣濟)가 되면 생명체가 생겨난다. 이것은 木의 탄생과 오행의 탄생을 의미한다.

또 구약성서 창세기 편을 보면 6일간에 걸친 천지창조의 이야기가 나온다. 첫째 날에 빛을 만들고, 둘째 날에 물을 궁창 위의 물과 궁창 아래의 물, 즉 구름과 바다로 나누고, 셋째 날에서 다섯째 날까지 식물과 동물을 만들고, 마지막으로 여섯째 날에 흙으로 사람을 만들었다고 한다. 흙은 모든 오행(五行)이 중화되어 포함되어 있는 상태를 말한다. 그것은 인간만이 모든 오행을 다 갖고 있다는 것을 의미한다고 볼 수 있다.

참고로 주역의 양의에서 水가 먼저 탄생했다는 것과 같이 성경에서도 둘째 날에 물을 궁창 위의 물과 궁창 아래의 물로 나누었다고 한 것으로 보아 물은 이미 빛을 창조하기 이전에 우리가 알고 있는 물과 다른 형태, 즉 거대한 수증기 층과 같은 형태로 이미 존재했음을 짐작해 볼 수 있다.

또한 음양의 생성에 관한 학설로 천지가 아직 열리지 않아 우주 전체가 혼돈과 고요 속에 있던 상태를 무극(無極)이라 하고, 이 상태에서 하나의 기운이 얽히고설키면서 하나의 테두리가 생긴 것을 태극(太極)이라고 하는데, 이 가운데 오랜 세월 동안 밝고 양적인 기운은 양이 되고 어둡고 음적인 기운은 음이 되었다. 바로 이때부터 음양이 탄생해 음양오행의 변화 속에 우주의 역사가 시작되었다는 학설도 있다.

2. 음양(陰陽)의 본질적 이해

음(陰)은 하나의 독립된 음이고, 양(陽)은 하나의 독립된 양이다. 그러나 우주론적으로 볼 때 어둠(陰)이 없다면 빛(陽)이란 존재할 수 없고, 또 빛(陽)이 없다면 어둠(陰)이란 존재가 있을 수 없으니 이들은 공존(共存) 공생(共生)의 관계로 영원히 함께한다.

그렇다면 '각각 독립된 음과 양을 공존시키는 중성자(中性子)란 있는가?'라는 의문이 든다. 결론부터 말해 그간 사주학의 음양론에서 다루어지지 않았던 중성자는 존재하고 있다는 게 필자의 소견이다. 중성자가 전기적(傳奇的) 중성으로서 원자핵(原子核)이 양성자(陽性子)와 전자(電子)로 구성된다는 생각만으로는 원자핵 모형을 설명할 수 없다. 따라서 그 존재가 입증되어 새로운 원자핵 모형을 완성시켜준 것이 입자(粒子)다.

길신(吉神)과 흉신(凶神)으로 구분되는 신살(神殺)은 음양과 오행처럼 기에 파워가 있지 않다. 그럼에도 길흉작용이 드러나는 것은 신살이 음양을 아우르는 중성자의 역할을 하고 있다가 그 역할이 잘 안 될 때 음양의 축(軸)이 흔들려 흉사가 발생하기 때문이다. 또 중성자 역할이 잘되어 음양의 축이 안정될 때 하늘에서 내리는 길신의 도움을 받을 수 있다. 마치 하늘에서 조화되어 내리는 천둥이나 단비처럼 말이다.

또 개인의 사주보다 더 크게 작용하는 지구, 국가, 지역 등의 사건도 신살의 조화(造化)일 가능성을 배제할 수 없다. 길신이 작용할 때는 올림픽과 월드컵이 열리거나 지하철이 들어와 갑자기 땅값이 뛰거나 하며, 흉신이 작용할 때는 전쟁이나 폭발 같은 참사, 그리고 수해(水害)로 무너지는 등의 일이 발생한다. 그러나 이것은 필자의 개인적 견해이며 더 많은 연구가 필요하다. 참고로 필자는 명리학에서 신살을 배제하지는 않으나 사주분석에는 활용하지 않는다.

우주에서의 음양

음	양
어둠, 수성, 금성, 해왕성, 냉, 음극, 음지, 달, 블랙홀, 항성	밝음, 목성, 화성, 명왕성, 열, 양극, 양지, 태양, 화이트홀, 행성

지구에서의 음양

음	양
바다, 북극, 한습지역, 소국, 약국, 종교, 가을, 겨울, 달, 비, 눈, 밤, 아래, 오른쪽, 짝수	육지, 남극, 온난지역, 대국, 강국, 사상, 봄, 여름, 태양, 바람, 낮, 위, 왼쪽, 홀수

생명체에서의 음양

음	양
죽음, 정맥, 등, 오장, 폐, 신장, 혈액, 내장, 깃털, 아가미	생존, 동맥, 배, 육부, 간, 심장, 정신, 피부, 비늘, 부리

사물에서의 음양

음	양
작다, 낮음, 아래, 각, 바위, 물, 소, 소금, 해조류, 부드러움, 적음, 가득 참	크다, 높음, 위, 원, 나무, 불, 말, 고추, 조류, 단단함, 많음, 빈 것

인간에서의 음양

음	양
여자, 늙음, 육체, 하체, 후면, 오른쪽, 슬픔, 증오, 인내, 느림, 방어, 선행, 약자, 허약, 이성, 보수, 추위	남자, 젊음, 정신, 상체, 전면, 왼쪽, 기쁨, 사랑, 조급, 빠름, 공격, 악행, 강자, 건강, 감성, 진취, 더위

음양의 심리와 지식

음	양
수축심리, 은폐심리, 내밀성, 내향성, 수용성, 축소, 검소, 수수함, 반작용력, 냉소적, 우울, 애증, 무의식, 꿈, 참고서, 침묵	팽창심리, 개방심리, 실험성, 외향성, 배타성, 확대, 낭비, 화려함, 작용력, 희망적, 명랑, 사랑, 의식, 현실, 교과서, 웅변

2

인류와 오행의 관계

1. 오행설(五行說)

 오행설(五行說)은 만물을 조성하는 오종(五種)의 원기(元氣), 즉 木, 火, 土, 金, 水의 이치에 관한 것이다. 태고(太古) 天에 木星, 火星, 土星, 金星, 水星이라 칭하는 오성(五星)의 혹성이 있었다. 천체(天體) 운행이 지구(地球)에 미치는 영향력은 강약(强弱)의 차이는 있으나 영향을 행사하고 있으며 이(理)가 존재한다. 지구가 영향을 받는 것이라면 일개의 소우주(小宇宙)인 인간(人間)에게도 당연히 그 영향이 행사된다. 작금엔 서양의 점성가도 그 과정을 기초한 논의에 동의하고 있다.
 태양계를 중심으로 헤아릴 수 없이 많은 행성들이 있는데 그 모든 별들은 공전(空轉)과 자전(自轉)을 병행한다. 또한 기의 상대성을 이루며 일정한 간격을 유지하는데, 이들 중 지구 가까이에서 직접적으로 기를 미치는 행성은 木星, 火星, 土星, 金星, 水星 다섯 개의 행성이다. 그러므로 사주명리학은 천문학과도 연관성이 깊으며 초자연적인 기에 의한 천체운행의 법칙에 따라 인간지능이 인식하는 기호적 논리로 이해할 수 있다.

여기서 잠시 오행성의 영향을 좀더 생각해보자. 지구 가까이에 있는 달은 밀물과 썰물에만 영향을 주는 것이 아니라 여성의 생리주기에도 영향을 주며, 심지어 임산부들에게도 영향을 끼쳐 보름 이후에 출산할 확률을 높인다. 하루를 단위로 볼 때에도 만조(滿潮) 시에 진통을 겪고 간조에 출산하는 확률 또한 25퍼센트나 더 높게 나타난다. 또한 굴·조개는 달의 인력의 영향으로 만조 시에 입을 크게 벌리며 바닷게는 보름에 난소가 커져 생식행위를 한다. 더욱 흥미로운 것은 극지방에 백야가 계속되는 시기에는, 달이 뜨지 않는 기간에 그 지역 여성들의 생리가 일어나지 않는다는 것이다.

미국의료기후학연구소(The American Institute of Medical Climatology)가 내놓은 「보름달이 인간의 행동에 미치는 영향에 관한 보고서」는 그런 점에서 흥미롭다. 보고서는, 방화나 병적인 도벽, 파괴충동, 살인을 범하는 경향이 있는 알코올 중독과 같은 정신병적 동기에서 유발되는 범죄의 상당수가 보름달이 뜰 때 두드러지며, 구름이 껴도 그런 현상이 누그러지지 않음을 보여준다.

이런 점을 통해 볼 때 지구 주변의 木, 火, 土, 金, 水 오행성의 영향이 우리에게 작용한다고 볼 수 있다. 이를테면, 전자레인지의 마이크로파 자체는 열이 아니지만 물을 만나면 열에너지를 발생하듯이, 오행성에서 오는 기운 자체를 우리가 직접적으로 느낄 수는 없더라도 그 기운들이 우리 인간에게 구체적으로 영향을 끼칠 수 있음을 유추할 수 있다.

오행을 나무나 불, 흙, 쇠, 물 등의 물질로 표현하지만 형태(形態)와 형질(形質)이라기보다는 엄밀하게는 대기 속의 기(氣)이자 정(精)을 표현한 것이다. 무형(無形)인 오행의 기를 감각이나 느낌으로 표현하고 이해하기 어렵기 때문에 유형적(有形的) 예를 적용한 것이며, 또 물질과 같은 유형적인 성질의 무형인 것으로 木, 火, 土, 金, 水의 물상(物像)으로 비유해서 논하는 것이다. 음양과 오행설은 동양의 전통적 사

오행	성정과 속성		음양
木	인(仁) 성품-자상, 의욕, 정신, 의지 속성-성장, 약진. 발육을 의미 계절-봄	방위-동방 인체-간담 맛-신맛 색-청색 수-3, 8	양
火	예(禮) 성품-예의 바르고 명랑 속성-위로 치솟아 타오르는 氣로 만물을 정화, 소화시키는 기운 계절-여름	방위-남방 인체-심장과 소장 맛-쓴맛 색-적색 수-2, 7	
土	신(信) 성품-신용이 있고 참됨 속성-모든 만물을 번식, 번성시키는 근원이자 중심의 기운 사계절	방위-중앙 인체-비장과 위장 맛-단맛 색-황색 수-5, 10	중용
金	의(義) 성품-의리와 결단성이 있음 속성-사물의 형태를 바꾸고 변형시켜 따르게 하는 기운 계절-가을	방위-서방 인체-폐장과 대장 맛-매운맛 색-흰색 수-4, 9	음
水	지(智) 성품-슬기롭고 계획성이 탁월 속성-만물을 적셔주고 흐르고 굽이치며 변화, 변동하는 기운 계절-겨울	방위-북방 인체-신장과 방광 맛-짠맛 색-흑색 수-1, 6	

상으로 여러 학설이 있으나 처음 쓰인 문헌은 중국고전인 『사서삼경(四書三經)』 중의 하나인 「서경(書經)」의 '홍범' 편에 자세하게 기록되어 있다.

동양에서는 그리스의 자연철학처럼 물질단위만을 가지고 유동, 변화하는 것을 측정하지 않는다. 대신 정신이나 생명을 가진 살아 있는 물질(인간, 동물 등)의 동정(動靜)하는 모습을 측정 가능한 자연 그대로의 법칙으로서 오행법칙을 가진다. 사주분석의 기본원리는 십천간(十天干)과 십이지지(十二地支)에 속한 음양오행의 변화작용에 의한 것이다.

지금까지 음양과 오행에 대해 살펴봤다. 이 음양과 오행은 그 의미가 서로 상이하게 느껴질 수도 있으나 밀물이 있음으로 썰물이 생기고, 작용이 있기에 반작용이 생기는 것처럼 서로 불가분의 관계에 있다. 음이 그 끝을 다하면 다시 양이 시작되고 양이 그 끝을 다하면 이것은 양의 마지막이 아니고 새로운 음의 시작이 되는 것이다. 이런 관계가 이어져 음양이 순환하고 흐르며 오행이 이 음양에서 파생되어 지금의 우주 만물을 이룬다.

계절로 보면 음이 극에 달한 한겨울이 지나야 비로소 솟구쳐 오르는 양의 시작, 즉 스프링(spring)으로 불리는 봄이 시작되는 것이다. 양이 시작되어 그 기운이 극에 달하는 여름이 되면 양은 또 다른 양을 불러오는 것이 아니라 양의 기운을 수렴할 음에게 자리를 양보하게 된다. 이러한 음양의 순환의 고리가 이어져 木, 火, 土, 金, 水의 오행이 순환하고 변화하는 자연법칙을 이루게 되는 것이다. 이렇게 음양과 오행은 우주만물의 근원이 되고 우주의 역사가 시작된 이래 우주라는 시공간을 설명하는 원리가 된다.

2. 인간의 탄생과 오행(五行)

인간은 태어나는 순간 수없이 많은 별들의 영향을 받지만, 대표적으로 각기 다른 위치에서의 다섯 개의 행성으로부터 기(氣)를 전달받는다. 이미 부모의 유전인자(遺傳因子)에서 미치는 오행의 기를 중심으로 출생지의 오행기운과 함께 다섯 개의 행성에서 보내는 오행을 흡수하게 된다.

사주로 구성하면 출생 당시의 음양과 오행의 기운을 받은 정도가 나타나는 것이므로 같은 날, 같은 장소, 같은 시간대에 태어난 사람이라면 사주가 동일하게 구성되는 것이 당연하다. 그 이유는 바로 같은 행성의 오행을 받아들였기 때문이다.

이는 서양의 점성학과 동양의 사주학이 천문학에서 비롯된 것이라는 점을 생각할 수 있는 대목이다.

여기서 꼭 참고해야 할 것은 같은 사주가 같은 모습, 같은 성격, 같은 직업을 가질 수 없다는 것이다. 그 이유는 부모에게서 받은 유전인자가 다른 것은 물론, 출생 당시 순간적인 시간차에도 행성(行星)들의 각도는 이미 편차가 나 있었으며 출생 당시 불과 몇 미터의 거리 차만 나도 이미 행성의 각도가 다르기 때문이다.

그러나 사주는 여덟 글자로만 표기하기에 그 세부적인 편차를 측정해 기록할 수 없음을 분명하게 알고 있어야 한다. 하지만 동일한 사주가 같은 삶을 살수는 없으나 선천적인 공통점이 많이 나타난다는 점은 분명하다.

동일한 사주의 두 사람이 있다고 하자. 한 명은 조각을 전공한 대학교수이고 나머지 한 명은 소매치기 전과범이다. 이들에게는 성장배경과 부모의 관심, 경제 편차로 인해 전혀 다른 삶을 살았어도 공통적으로 '솜씨가 좋다'는 점이 발견된다. 이로부터 유추할 수 있는 점은 선천적으로 타고나는 소질(적성)을 미리 알 수 있다는 점이다. 따라서 소매치기 전과범도 음양오행이 출생에 미치는 영향을 알았다면 성공할 수 있는 이니셔티브를 찾아 좀더 긍정적인 방향으로 삶을 계발할 수 있었을 것이다.

3. 오행(五行)의 본성

우주 내의 모든 것은 시간과 공간, 물질과 기로 활동하게 된다. 그 속에는 오행이 배속되어 있는데, 오행은 시간과 공간, 물질과 기로 분류할 수 있다. 그러니 지구의 만물과 생명뿐 아니라 우리의 인생과 육체도 결국 오행의 범주에서의 존재이며, 그 오행에는 본성이 있다. 오행의 분류는 아래 도표와 같다.

시간적 오행

구분	木	火	土	金	水
인생주기	영, 유아기 청소년기	청년기	평생교육기간	장년기	노년기
하루	새벽, 아침	낮	수면시간	저녁	밤

공간적 오행

구분	木	火	土	金	水
국가별	동북아시아	열대지방	서북아시아	북유럽, 북미	극지방
지역별	신도시	수도	이어주는 도로	전원도시	그린벨트 지역
방송국	리허설 무대	생방송 무대	방송 중간멘트	정리 중인 무대	구상 중인 무대

물질적 오행

구분	木	火	土	金	水
식물	떡잎	꽃잎	과육	열매	씨앗
도자기	초벌구이	완성품	일상용품	골동품	박물관 소장
책	초고	인쇄	독자 대면	서재 보관	작가의 구상
기타	나무, 옷, 책상, 책	전깃불	흙, 도자기	금속, 금반지	물, 생수

사회적 오행

구분	木	火	土	金	水
국가별	개발도상국	선진국	중립국	고대국가	씨족국가
사회변화	경제 도약기	문화 발전기	안정기	정신문화 발전기	새로운 모색기
기타	정보, 교육, 문학	광고, 빛, 사교문화	중용	개혁, 의리	지혜, 창의

인간의 오행

구분	木	火	土	金	水
인생 시기별	학업의 시기	사랑의 시기	불혹의 시기	사색의 시기	지혜의 시기
심리의 구분	인자함	명랑함	허용심	신뢰감	평정심
신체	머리카락, 신경, 머리	시력, 정신어깨, 심장, 가슴	비, 위장, 복부, 겨드랑이	폐, 대장, 골격, 단전, 허벅지	신장, 방광, 종아리

3
실용문화의 음양오행

1. 건축과 생활문화

서울의 사대문

우리나라 수도 서울에는 동서남북의 사대문(四大門)이 있고, 중앙(中央)에는 보신각(普信閣)이 있는데 이것은 오행의 방향과 인의예지신(仁義禮智信) 사상(思想)을 통해 건축 배열을 한 것으로, 원리는 도표와 같다.

오행의 방향과 성정	서울 사대문
木은 동방의 - 仁	동대문 - 興仁之門
火는 남방의 - 禮	남대문 - 崇禮門
土는 중앙의 - 信	종 각 - 普信閣
金은 서방의 - 義	서대문 - 敦義門
水는 북방의 - 智	북 문 - 弘智門

동물의 행동

옛 조상들은 제비가 낮게 나는 것을 보면 비가 내릴 징조가 있음을 알았는데 비는 수(水)로 음(陰)이다. 음은 아래로 가라앉는 것이니 높게 나는 제비가 낮게 날면 비가 내리는 것이다.

또 가을 하늘이 높으면 말이 살찐다고 했는데 이는 양(陽) 기운이 높게 솟는 것으로 말(馬)은 양 기운의 동물이기 때문이다.

이름의 돌림자

우리 이름의 돌림자는 한자의 자원(字源)오행을 중심으로 대대로 내려가는 상생을 이루도록 설정되어 있다. 즉, 오행이 끊임없이 상생되어 한 가문의 대를 이어가고자 했던 조상들의 지혜인 것이다.

일례로 경주 김씨의 족보를 보면 漢(물水 변) - 東(나무木 변) - 煥(불火 변) - 基(흙土 변) - 鍾(쇠金 변) - 洙(물水 변) 순으로, 한자의 부수변이 모두 水生木, 木生火, 火生土, 土生金, 다시 金生水 순으로 오행의 상생(相生)됨을 볼 수 있다.

이처럼 음양과 오행은 우리의 전통사상과 정신세계와 행동양식은 물론 주거 및 관습에 이르기까지 함께하고 있다.

2. 색(色)과 음양오행

음양오행과 관련해 오행에는 청, 적, 황, 백, 흑이라는 오색(五色)이 있고 각각 방위도 따른다. 이와 관련해 의생활에서 녹의홍상(혼례 때 부인들의 가례복)은 오행의 상생과 관련해 장수하고 부귀가 충만하도록 하는 기원의 뜻이 있으며, 신부의 얼굴에 바르는 연지곤지도 혼인

(婚姻) 시 음귀(陰鬼)에 대한 축출의 의미에서 사용되었다. 또 돌이나 명절에 어린아이에게 입히는 색동저고리 역시 오행을 갖추어 나쁜 기운을 막고 무병장수를 기원하는 의미가 있다. 황(黃)색은 오행 가운데 토(土)로 우주 중심에 해당하고 오행 중에서도 중심으로 가장 고귀한 색으로 인식되어 임금만이 황색 옷을 입었다.

식생활에서 간장항아리에 붉은 고추를 끼운 금줄을 두르는 것은 나쁜 기운을 막기 위한 것이며, 팥죽과 시루떡도 음(陰)의 기운을 물리치고자 하는 것이다. 또, 잔칫상 국수 위에 오르는 오색고명은 오행에 순응하는 복(福)을 비는 의미가 더해져 있는 것이다.

이 외에도 미국에서는 이미 '파이브 어 데이(Five a day : 하루에 5가지 색의 채소, 과일, 곡류를 섭취하는 운동) 캠페인'을 통해 식생활 개선은 물론 각종 질병의 발병률을 30퍼센트 이상 낮출 수 있었다고 전한다. 이것은 음식의 오색을 오장육부와 연결시켜 음식과 건강과의 관계를 강조한 우리 선조들의 음양오행설과도 어느 정도 통하는 점이라고 볼 수 있다.

간·담(木), 비·위(土), 폐·대장(金), 신장·방광(水), 심장·소장(火)으로 짝을 이루는데, 붉은색 식품은 순환기기관인 심장(心腸)과 흡수기관인 소장(小腸)에 영향을 주고, 흰색 식품은 배설기관인 폐(肺)와 대장(大腸)에 좋으며, 검은색 식품은 배설과 생식기관인 신장(腎臟), 방광(膀胱), 그리고 생식기에 효과가 있고, 녹색 식품은 간에 좋으며, 노란색 식품은 소화기관인 위장(胃腸)에 좋다는 것이다. 하지만 한 가지 다른 점은 반드시 고른 영양섭취가 바람직한 것이 아니고 그 사람이 가진 음양오행 면에서의 과부족을 살펴서 먹어야 한다는 점이 미국의 '파이브 어 데이 캠페인'과 다른 점이다.

4

정신적 문화

1. 훈민정음(訓民正音)

우리가 현재 자랑스럽게 사용하고 있는 한글을 창제하게 된 이유는 한국 사람이라면 누구나 알고 있듯이 다음과 같은 이유에서다.

國之語音異乎中國 與文子不相流通 故愚民有所欲言而 終不得伸其情者多矣 予爲此憫然 新制二十八字 欲使人人易習便於日用耳

'우리나라의 말이 중국말과 달라서 한자와는 서로 통하지 아니하므로 이런 까닭에 어진 백성들이 말하고 싶은 것이 있어도 그 뜻을 담아서 나타내지 못하는 사람이 많으니라. 내가 이것을 딱하게 여겨 새로

스물여덟 글자를 만들어 내놓으니 모든 사람으로 하여금 쉽게 깨우쳐 날로 씀에 편하게 하고자 할 따름이니라.'

현재 훈민정음은 국보 제70호로 지정되어 있으며, 그 가치를 세계적으로 인정받아 1997년 유네스코 세계기록유산으로 등록이 되어 있다. 더 나아가 유네스코에서 문맹퇴치에 공헌한 사람에게 세종대왕 상을 주고 있는 점에서도 알 수 있듯이 우리글의 문화사적 가치가 얼마나 큰지 확인할 수 있다.

이 훈민정음은 그 형성에서부터 음양오행의 이치를 담은 문자다. '훈민정음해례본'의 '제자해'를 보면 '천지지도 일음양오행이기'라는 문구로 시작하고 있다. '천지자연, 즉 우주만물의 원리는 음양오행뿐이다'라는 의미다.

천지인(天地人) 삼재(三才)의 원리를 따서 만든 모음은 점의 위치에 따라 음양으로 구분이 되어 있는데, 선의 위나 오른쪽에 점이 찍히면 양의 기운을, 아래나 왼쪽에 찍히면 음의 기운을 뜻하게 된다. 또한 발성기관의 모양을 본떠 만들어진 것이 다섯 개의 기본 자음이며 이것도 오행의 원리에 따른 것이다. 사람이 소리를 낼 때는 입 안의 목구멍에서 시작해 어금니, 혀, 입술을 통해 소리가 나오게 되는데, 이때 혀 꼬리가 목구멍을 막는 모양에서 기역(ㄱ, 木), 혀끝이 윗잇몸에 닿는 모양은 니은(ㄴ, 火), 입술의 모양은 미음(ㅁ, 土), 이가 서로 엇갈려 있는 모양은 시옷(ㅅ, 金), 목구멍의 모양을 본떠서 이응(ㅇ, 水)이 만들어졌다. 현재의 한글 자음 발음 오행과는 다소 차이가 있으나, 훈민정음 해례본에서는 사람의 소리를 깨닫지 못했을 뿐이지 원래 음양이 있어서 처음부터 슬기로 마련하고 애써서 찾은 것이 아니라 음양오행상의 성음의 원리를 바탕으로 그 이치를 다했을 뿐이라고 전한다. 그렇기 때문에 한글은 세상의 모든 소리를 표현할 수 있는 위대한 문자로서 그 가치가 더해지는 것이다.

2. 단동십훈(檀童十訓)

일제강점기 일본은 한반도의 전통문화를 말살하는 정책으로 일관했다. 그러나 그들은 우리 민족의 정신문화까지 없앨 수는 없었다. 우리 민족의 문화보존 사례 중의 대표적인 예가 입에서 입으로 전해져온 '단동십훈(檀童十訓)'이다. 엄마가 아이에게 처음 말을 가르칠 때 도리도리하며 머리운동을 시키는 것은 우리 조상들이 뇌의 중요성을 알고 시작한 두뇌교육이다. 이 '단동십훈'은 단군(檀君)시대부터 내려져온 왕족(王族)들의 교육(敎育)방식이었다. 아래 십훈의 뜻과 의미를 보자.

- 제1훈 : 불아불아(弗亞弗亞). 걸음마를 막 시작한 아이의 허리를 양손으로 잡고 좌우로 기우뚱거리며 '부라부라' 하며 들려준다. '불(弗)'은 하늘에서 땅으로 내려온다는 뜻이고 '아(亞)'는 땅에서 하늘로 올라간다는 의미다. '불아'는 단군신화에서처럼 신이 사람으로 땅에 내려오고, 신선이 되어 다시 하늘로 올라갔다는 상징에서 영원한 생명을 지닌 어린이에 대한 예찬으로 풀이된다.

- 제2훈 : 시상시상(詩想詩想). 아이를 앉혀놓고 앞뒤로 끄덕끄덕 흔들면서 '시상시상' 하며 흥얼댄다. 천지인(天地人) 삼재(三才)는 한에서 시작되었다는 조상들의 생명 시원이 나타난 말이다. 우리

아버지의 아버지를 거슬러 올라가면 끝간 데는 '한'의 자리라는 것이다. 때문에 '시상시상'은 어른 공경을 품고 있는 경로사상의 표현이기도 하다.

- 제3훈 : 도리도리(道理道理). 머리를 좌우로 돌리면서 아이에게 가르치는 십훈 중 최초의 교과목이다. 자라면서 천지만물이 무궁한 하늘의 도리로 생겼듯이 너도 이런 도리로 태어났음을 잊지 말라는 자연의 섭리를 가르치는 도 교육이다.

- 제4훈 : 지암지암(持闇持闇). 두 손을 폈다 쥐었다 하는 동작과 함께 '지암지암(잼잼)' 하며 손놀림을 가르친다. '암(闇)'은 어둡고 혼미스럽다는 뜻이다. '지암'은 세상의 혼미한 것을 가려서 파악하라는 의미다. 손을 폈다 쥐는 동작을 반복하는 잼잼은 한자어 지암지암(持闇持闇)의 줄임말로 세상의 밝고(양) 어두운(음) 것을 가리라는 뜻이다.

- 제5훈 : 곤지곤지(坤地坤地). 아이를 무릎에 앉히고 왼손바닥을 펴게 한 다음 오른손 검지로 왼손바닥을 찧게 하며 '곤지곤지' 한다. '십(十)'이라는 글자의 모양새는 음(─)을 양(│)이 관통하는 모습으로 음양조화의 상징이다. 곤지곤지는 음인 땅의 이치를 깨닫고 양인 하늘과의 조화로움을 배우란 말이다.

- 제6훈 : 섬마섬마(西魔西魔). 아기의 다리 힘이 생기면서 한 발짝 두 발짝 걸음마를 시킨다. 섬마는 '서의 마귀'라는 의미다. 서마도(西魔道), 곧 서쪽의 마귀 정신에 물들지 말라는 조상의 경고다.

섬은 '서다(立)'의 준말이다. 동도(東道)만으로는 안 된다. 동도
서기(東道西器)의 조화로 홀로서기, 자주독립을 하라는 민족의 염
원이 담긴 가르침이다.

- 제7훈 : 업비업비(業非業非). 아이에게 해서는 안 되는 것을 말할
때 약간 겁주는 말이 '업비'다. 무서움을 가르치는 말이기도 하
다. 올바른 도에 맞지 않는 생활은 정업(正業)이 아니다. 접화군생
(接化群生)이어야 한다. 이런 일에 접하는 모든 것을 살리는 것이
올바른 업이라는 말이다.

- 제8훈 : 아함아함(亞合亞合). 손바닥으로 입을 막으며 소리 내는
동작이다. 두 손을 가로세로로 포개면 '아(亞)'자 모양이 된다. 이
것은 천지 좌우의 형국을 내 가슴속에 모시는 것을 상징한다. 시
천주(侍天主)의 의미와 상통한다.

- 제9훈 : 작작궁 작작궁(作作弓 作作弓). 머리 운동을 하는 교육이
끝나면 손바닥으로 손뼉을 치며 노래를 배운다. 천지좌우와 태극
을 맞부딪쳐서 흥을 돋우며 궁(弓 : 태극)의 이치를 알았으니 이제
는 손으로 궁(弓)을 만들어보고 그 이치를 깨달으라는 것이다. 사
람으로 와서 신(神)으로 가는 이치(弓)를 알았으니 그 기쁨, 손뼉
을 치며 기쁘게 노래하며 춤추자는 의미가 들어 있다. 한자로는
작작궁 작작궁(作作弓 作作弓)으로 이 모든 이치를 깨닫고 즐겁게
춤을 추라는 의미다.

- 제10훈 : 질라아비 훨훨의(地羅阿備活活議). 나팔을 불며 춤추는

동작이다. 이제 천지우주의 모든 이치를 깨달았으니 기쁘다. 이제 지기(地氣)를 받아 태어난 이 육신, 활활(活活) 잘 자라도록 살아가자는 뜻이다. 이밖에도 '깍꿍(覺弓)'이라는 것도 있다. 아이를 놀라게 하려고 눈을 크게 뜨고 '깍꿍' 한다. 궁(弓)은 새을(乙)자 모양의 음양을 말하며 우주의 근본을 의미한다. 각궁은 근본을 깨달으라는 뜻이다.

이처럼 옛 선조들은 아이가 태어나 옹알이를 시작할 때부터 단동십훈을 통해 아이에게 미리 자연(自然)과 이치(理致)에 부합하는 삶을 살 것을 당부하는 가르침을 행했다. 최근에는 아이들의 두뇌개발에 좋다는 이유로 각광을 받고 있지만 '곤지곤지, 잼잼'에 담긴 뜻을 알고 나면 부모부터 먼저 달라진 마음가짐으로 양육에 임할 수 있을 것이다.

'단동십훈'의 열 가지 교훈에는 천지인 사상과 밝고 어두운 음양의 이치가 모두 들어 있음을 볼 수 있다. 이미 조상들께서는 유아기 때부터 음양오행을 통해 교육에 활용했다는 것을 알 수 있는 중요한 자료이므로 소개해본다.(기사인용)

3. 놀이문화

우리는 설날에서 대보름 사이 윷놀이를 한다. 윷놀이에는 한민족 신선철학의 정수와 한단(桓檀)시대의 통치조직이 담겨 있다고 한다. 즉, 동양철학의 핵심인 오행(五行)의 방위관념(동청룡, 서백호, 남주작, 북현무, 중앙해태)과 성수(聖數)신앙—칠성신앙(七星信仰), 삼신신앙

(三神信仰)—이 들어 있다. 우리는 흔히 오행사상(목화토금수)과 삼재(三才 : 天地人)사상, 태극기에 그려진 팔괘(八卦), 오행상수철학, 신선사상, 유교사상, 제천문화 등을 중국에서 들어온 것으로 잘못 알고 있지만 사실 그것은 우리 민족의 것이다.

윷판을 보면 29개의 원점이 있으며 중앙에 있는 원은 천원점(天元點)이라고 해서 황극(皇極 : 임금자리)에 해당하는 중심이기 때문에 세지 않는다. 따라서 윷판에서는 원이 28개, 바둑판에서는 360개이다. 윷판의 28개의 원은 하늘의 28수(宿) 별자리를 나타내며 바둑판의 360점은 지구의 1년 360일을 나타내는 것이다. 28수 별자리는 중국 도교에서 들어온 것이 아니라 하늘의 별자리를 우리 민족이 체계화시킨 것이다.

칠포리 암각화, 단양군 영춘면 하리의 윷판바위, 수곡리 신선바위, 만주 집안현 고구려 고분 인근바위 등 곳곳에 윷판이 새겨진 것이 확인되고 있다.

우리나라에서 윷에 대한 본격적인 연구는 일찍이 조선시대의 학자 김문표(金文豹, 1568~1608)에 의해 시도되었다고 한다. 그의 주장을 요약하면 윷을 만든 사람은 도(道)를 알고 있었으며 윷판의 둥근 외곽은 하늘을 형상하고 네모진 속은 땅을 본떴다고 한다(天圓地方). 또 안팎으로 늘어선 것들은 28수인데, 소위 북극성이 제자리에 머물고 뭇별들이 그것을 향해 있는 모습이라고 했다. 이것은 북극성과 북두칠성의 별자리의 형상을 통해 황극자리의 체(體)인 한 분의 칠성신과 칠성신의 용(用)인 동서남북 사방의 28수 삼태칠성신을 의미하는 것이다. 그밖에 윷가락이나 말의 모양, 또는 숫자까지도 음양오행의 심오한 이치가 담겨 있으며 본래 천시(天時)를 점쳐 한 해의 풍흉(豊凶)을 알아보기 위한 것으로 설명했다.

윷놀이에서 쓰는 도개걸윷모는 고조선, 부여의 마가, 우가, 구가, 저

가, 양가의 5가(5加)를 뜻하는 말이라고 한다. (한민족의 뿌리와 미래 참조)

기후와 인간

3장

1
기후와 인간의 진화

　음양오행과 인간을 이해하기 위해서는 음양이 주관하는 기후와 인류의 진화과정을 알아야 한다. 인류의 기원지는 초원기후와 열대우림기후가 주기적으로 교체되었던 남서아시아라는 가설이 설득력 있게 받아들여진다. 이들을 라마피테쿠스(Ramapithecus)라 한다. 인류의 발생지가 열대우림기후라고 하는 것은 이 지역이 水火가 충분하다는 것을 의미하고 인류에게는 水와 火가 가장 필요하다는 것을 보여준다.

　이곳으로부터 인류는 사방(四方)으로 이동하기 시작했다. 사방으로 이동한 사람들의 신체는 그곳의 기후에 적응하기 위하여 오랜 기간 변화했고, 더불어 성격과 행동도 뚜렷하게 변화했다.

　마찬가지로 사주에서도 출생 월(계절)과 음양오행의 배속에 따른 영향에서 성격과 행동반경을 유추할 수 있는데, 이제부터 기후에 따른 신체상의 특징과 민족성이라고 불리는 그 지역민의 성격을 알아보자.

1. 기후와 피부색(皮膚色)의 관계

인류(人類)의 피부색은 일반적으로 저위도로 갈수록 짙어진다. 저위도 지역은 자외선의 과다조사(過多照射) 지역으로 다른 곳에 비해 피부암, 백내장, 화상(sunburn), 발한정지(發汗停止) 등의 외형적 증상과 체내에 칼슘과다증이 더 빈번하게 나타난다. 자외선 흡수가 과잉이 되면 과(過)칼슘으로 인한 혈증(血症)이 발생해 폐(肺), 위(胃), 심장(心腸), 갑상선(甲狀腺), 그리고 피부 등의 연부에 칼슘이 침착해 기관의 기능이 약화된다. 중증이 되면 신장결석에 의한 사망까지 초래한다. 이를 예방하기 위해 저위도 사람들은 피부에 멜라닌 색소를 침착시켜 과다한 자외선을 차단한다. 이들은 피부색뿐만 아니라 눈과 모발까지도 검게 순화된다. 멜라닌 색소는 어느 인종에게나 있지만 온대지방에서는 계절에 따라 피부색이 변하며, 이 현상은 비타민D의 생성량에 의해 결정되는 칼슘을 조절하려는 절묘한 인체(人體)의 생물학적 조응(調應)이다.

그러나 자외선의 과소조사(過少照射)도 문제가 된다. 즉, 자외선은 혈압과 혈당을 낮추고, 백혈구, 적혈구를 증가시키기 때문에 인체는 이를 필요로 한다. 그러나 이보다 더 중요한 것은, 자외선이 피부에 흡수되어 피하지방의 콜레스테롤 성분과 작용해 광화학작용(光化學作用)을 일으키고, 이로 인해 칼슘대사에 긴요한 비타민D를 생성해 생체(生體)의 뼈 골격을 만든다는 데 있다.

유럽의 전형적인 기후인 서안해양성기후의 유럽인들은 일조량(日照

量)이 부족한 상황에서 경험적으로 칼슘대사 방법을 알고 있었다. 즉, 그들은 유목민들과 마찬가지로 성장기는 물론 성인이 되어서도 우유를 많이 마시는 식음문화를 지녀왔다. 그러나 아직도 다른 식품이나 일광욕으로 이를 보충해주지 않으면 어린이는 구루병, 어른은 골다공증이라는 병이 될 가능성이 상존하며, 생육(生育)기에 정신적 장애는 물론 빈번한 골절의 연골병이나 척추장애를 일으키기도 한다. 그리고 여성의 경우는 골반형성의 미숙에 의한 분만 장애나 사고를 가져온다. 그들의 문학작품이나 전래동화 중에 척추장애인을 소재로 하는 경우가 많은 것도 이런 이유에서다.

이를 비추어볼 때 서양인들이 백색 피부인 것은 일조량이 필요한 이유가 될 수 있고, 적도의 사람들이 흑색 피부인 것은 자외선을 차단하기 위해서라고 볼 수 있다. 그러나 동양인들의 사주에서는 자신이 火형이나 金형인 사람들은 피부가 흰 경우가 많고, 土형이나 水형은 검은 사람들이 많은데 이것은 사계절이 주관하는 영향과 유전인자가 관여되고 있는 것으로 볼 수 있다.

몽골로이드들이 거주하는 아시아 지역의 광열(光熱) 환경은 적절한 태양광선 조사량으로 인해 멜라닌 색소세포(色素細胞)에 더해 케라토히아린(Keratohiarin) 색소세포라는 것이 우세하게 침착되어 있다. 따라서 황색 피부를 가진 인종에게 구루병은 드물게 발생한다. 대신에 여름의 다습한 지역에서는 세균(濕菌)에 의한 질환이 있기 때문에 일광욕 대신 삼림욕(森林浴)을 지향하게 된다.

같은 몽골로이드라도 위도에 따라 멜라닌 색소의 침착이 달라져 저위도로 가면 갈색, 중위도로 오면서 담색의 피부를 갖는데, 한국에서 '남남북녀(南男北女)'라는 말과 울릉도가 미인도(美人島)로 알려진 것은 이러한 자외선 순화(馴化)와 관련된 것이다.

2. 기후와 모발(毛髮)의 관계

　모발은 저위도로 갈수록 길이가 짧아지고 곱슬이 된다. 이는 자외선을 차단하고 발한(發汗)을 촉진시킴으로써 모발 내의 함기량(含氣量)을 극대화하고 통기성(通氣性)을 높이기 위해서다. 고위도로 올라가 유럽을 보면, 대륙서안의 냉량다습(冷凉多濕)하고 편서풍이 부는 기후 탓에 웨이브형인 파상모(波狀毛)가 된다. 또 아시아는 대륙동안의 한랭건조(寒冷乾燥)하고 바람이 약한 기후 탓에 직상모(直狀毛)가 된다. 한랭 환경의 자극이 있을 때는 입모근(立毛筋)이 수축해 머리털의 각도가 변하고 일어서게 되고, 이때 모발층의 두께는 단열재 구실을 하도록 함기량이 최대가 됨과 동시에 열방산(熱放散)은 최소화되어 항체온(恒體溫) 유지에 유리하다.

　다시 말하면 火氣가 강하면 곱슬머리 형태가 되고, 金水氣가 많으면 직상모(直狀毛)가 된다고 볼 수 있다. 이는 기후와 관련된 모발의 관계며, 사주에서는 아직 한난조습으로 인한 모발의 관계가 밝혀지지 않았지만 한의학에서는 머리가 곱슬머리일수록 몸에 열이 많다고 보고 있다. 그러나 부모가 곱슬머리인 사람은 자녀도 곱슬머리인 유전적 요인을 배제할 수 없다.

3. 기후와 비(鼻)의 관계

　코의 모양은 높이보다는 폭이 기후의 영향을 많이 받는다. 저위도로 갈수록 코의 높이에 비해 폭이 넓어지고, 고위도로 갈수록 폭이 좁아진다. 이것은 열 방산과 비강(鼻腔) 내의 습도유지를 위해 적응된 것이다. 즉, 더운 지방에서는 콧구멍이 넓고 밖으로 드러나 통풍이 잘되어 열 방출이 용이하고, 추운 지방 사람들은 콧구멍이 좁고 콧등이 높아 열 방출이 적다. 그래서 동양인의 대부분은 서양인들에 비해 코가 낮다.

사주에서 금(金)기운이 강한 사람들은 그렇지 않은 사람에 비하여 코가 높은 것이 특징이다.

4. 기후와 신장(身長)·안면(顔面)의 관계

저위도로 갈수록 신장(身長)이 작으며 체표면적이 넓고, 고위도로 갈수록 신장이 크고 체표면적이 좁다. 안면(顔面) 역시 저위도는 표면면적이 넓은 둥근형이고, 고위도로 갈수록 표면적이 적은 길쭉한 형으로 변한다. 사지(四肢)의 길이는 저위도로 갈수록 동체의 길이에 비해 길고, 고위도로 갈수록 동체의 길이에 비해 짧다. 이것은 저위도에서는 열방산(熱放散)을 최대화시키기 위해 체표면적을 넓힌 것이고, 고위도로 갈수록 항체온(恒體溫) 유지를 위해 체표면적을 최소화하는 것이 유리하기 때문이다. 광대뼈의 모양도 저위도로 갈수록 불거져 있고, 고위도로 갈수록 광대뼈가 없다. 사주에서 상관(傷官)이 발달하거나 火氣가 많으면 광대뼈가 튀어나온 것과 일치하는 경향이 있다.

이 같은 사실로 미뤄봤을 때 저위도지방은 과도한 자외선을 차단하고 체내의 열을 발산할 수 있는 조건으로 진화해왔고, 고위도 사람들은 부족한 자외선을 흡수하고, 체내 열의 발산을 막는 방향으로 진화해온 것을 알 수 있다.

참고로, 사람은 물을 먹지 않고 7일 정도 살 수 있다고 하는데, 그 중 여자가 남자보다 더 오래 살아남을 수 있다고 한다. 그 이유는 사람이 물을 먹지 못하면 체내에 있는 지방질, 당질, 단백질 등이 대사수(代謝水)를 만드는데, 그 중 지방은 100그램당 107.1그램의 대사수량을 만들 수 있고, 여자의 엉덩이는 남자보다 지방질이 많기 때문에 물을 먹지 않고도 더 오랜 시간 생명을 연장할 수 있다고 한다. 남부 아프리카의 호텐도트는 대사수를 만들 수 있는 둔부를 가진 최상의 인류가 된다.

사주에서는 水를 생명의 근원이라고 보는데, 사주가 조열한 사람은 수가 있는 사람에 비해 질병이 많고 인내심이 부족하며 단명한다는 통계도 있다.

2
풍토와 심성

1. 동양과 서양의 정신적 특징

동·서 분화 가설에 의하면, 동서양은 머리의 좌반구(左半球)가 우세하게 발달해 수학적(數學的)이며, 동양은 우반구(右半球)가 우세하게 발달해 직관적(直觀的)이다. 음양론과 관련해, 동양에서 순리론(純理論)을 기저(基底)로 한 윤리학이 발전한 이유다.

동양인과 서양인은 생활환경, 특히 지리적 환경이 다르기 때문에 두뇌(頭腦) 구조와 기능이 다르고 정신문화의 차이가 생긴다. 즉, 동양인은 우반구의 뇌가 발달해 공간 지각력에 민감하고, 대상을 외형에 의해 직관적으로 종합 판단할 수 있는 능력을 갖추고 있으며, 언어(言語)나 오성(五性)에 의한 판단보다 실천이나 감성에 의해 정신적 알고리즘을 찾는다. 다음은 정신적인 면에서의 동, 서양을 비교한 표다.

동양 · 서양 정신의 비교

동양	서양	동양	서양
평화(석가상, 문인)	전쟁(십자가, 무사)	지성(실천, 인간윤리)	지혜(이론, 사상진리)
사색(심적 욕구)	사고(지적 욕구)	자연(동양화, 무아)	인간(서양화, 자아)
경어(경로)	반어(육아)	목조(지향)	석조(천향)
상황(감성, 주관)	원칙(이성, 객관)	표의문자 (직관, 지각, 연역)	표음문자 (논리, 개념, 귀납)
정숙(식물적)	육감(동물적)	산사(산소, 은둔)	회당(묘정, 참여)
절(서열, 순종)	악수(평등, 상존)	한의(자연적)	양의(인위적)
혈통(혈연, 연고주의)	전통(지역, 현지주의)	멋(융통, 도)	미(규격, 이데아)
보수(상고, 전승)	모험(야망, 진취)	열반(이승, 해탈)	천당(승천, 지복)
체면(형식, 권위)	명예(내용, 긍지)	예의(수직적)	에티켓(수평적)

동양 : 동아시아(중국, 한국, 일본)

종교를 좀더 살펴보면 서양종교가 金水의 특징처럼 내면적이고 보편적인데 반해, 동양의 종교는 내면적인 神心(도덕심)의 추구보다는 木火의 특징처럼 외형적 행동만을 중시해왔다. 또한 神이 협소한 조상신으로 계절 축제 때도 씨족마다 대상이 되는 신이 다르다. 따라서 자신들의 신에게만 봉사하고 민족 공동체의 神에 대한 개념은 없었다. 여기에 神은 절대자로서가 아니라 인간이 속일 수 있고, 부릴 수 있는 신이었다.

2. 남북 지역인의 정서적 특성

사람은 어느 지역에 사느냐에 따라서 특성이 나뉜다. 더운 지방에

사는 사람은 火의 특성이, 추운 지방에 사는 사람들은 水의 특성이 나타난다. 흔히 '두한족열(頭寒足熱)'이라는 말을 하곤 한다. 이것은 정신이라고 표현될 수 있는 두뇌활동과 기상·기후와 관계가 있음을 시사하는 것으로, 기온이 냉량할 때 두뇌활동이 적절하다는 것을 가리키는 말이다. 오행으로 보아도 상체부위는 목화(木火)에 해당해 열을 식힐 필요가 있고, 하체는 금수(金水)에 해당해 열이 필요한 것과 일치하는 말이다(水昇·火降).

한습한 사주의 특징은 사색적이고 분석적이며, 난조한 사주의 특징은 동적이며 기교적인 사교성을 갖는다. 이 점에 대해서는, "중위도 북부 냉온(冷溫)한 환경에 사는 주민들은 몽상적이며 정관적 성격을 갖고 있고, 남부 난온(暖溫)한 환경에 사는 주민들은 도취적이며 격정적 성격을 갖고 있다"는 니체(Friedrich Nietzsche)의 말과 일치한다.

봄이 되어 강광장일(强光長日)이 되면 밝은 빛이 간뇌(間腦)를 자극하게 된다. 그 자극은 뇌하수체(腦下垂體)에 전해져 성호르몬의 분비를 증가시킴으로써, 이성에 대한 관심을 증대시키고 기분은 들뜨고 격정적으로 만든다. 더운 풍토에서 여성의 결혼 적령기가 열 살 내외인 점도 이러한 점과 무관하지 않다.

일반적으로 남방민은 고온에 명광(明光)의 혜택에 힘입어 궁핍이 덜한 삶을 살 수 있으므로 나태함을 보이나, 북방민은 저온에 기상 변화가 상대적으로 없어 근면하지만 둔중(鈍重)함을 보인다. 남방민에 비해 자연의 혜택을 덜 받은 북방민은 충족되지 못한 많은 욕구를 해소하는 과정에서 자연스럽게 근면성이 발달하게 되었고, 남방민은 그 반대의 경향을 보이는 것이다.

3. 남북 지역인의 행동적 특성

몽테스키외(Charles Montesquieu)는 남·북방민의 성격을 고려해 "제국의 수도는 북방에 두어야 한다. 수도를 남쪽에 두면 북쪽을 상실할 위험이 있으나, 북쪽에 두면 남쪽을 보유할 수 있다'라고 말하며, 주민의 성격을 고려한 수도 입지를 제안하기도 했다. 이는 북방민의 성격이 보다 강인하고 정복자적인 기질을 가진다는 점을 시사해주는 예이다.

좀더 구체적으로 유럽을 한정해서 성격을 보면 북유럽의 독일인에게서는 침울한 느낌을 받지만, 남부 독일로 오면서 이 느낌은 감소되고 더욱 일사가 강한 남쪽으로 옮겨가면 기질은 점차 다혈질적이거나 격정적(激情的)인 경향을 띤다.

프랑스로 오면 침울(沈鬱)함은 사라지고, 남쪽의 이탈리아로 넘어오면 오히려 소란스럽다고 말해도 좋을 정도가 되고 나태한 기질이 드러난다. 이를테면, 북유럽인의 기질적 특징은 아폴론형의 점액질(粘液質)로 근면, 인내, 둔감, 냉담, 과묵, 이성적 등으로 표현되고 남유럽인은 디오니소스형의 다혈질(多血質)로 나태, 다변, 민감, 쾌활, 다언, 감성적 등으로 표현된다. 이와 같은 경향은 이웃 일본에서도 발견된다.

일본의 난온한 西南(추고쿠, 규슈, 시코쿠) 지방민이 명랑하고 미려한 것은 東北地方(혼슈, 홋카이도)에 비해 강한 일사(日射)를 받기 때문이다. 그들은 기후가 난온(暖溫)하기 때문에 야외에서의 활동이 용이하고 활동적이며 기민한 성격을 갖는다. 다만, 난온한 기후가 농업생산에 혜택을 주어 그다지 농업활동에 노력하지 않아도 됨으로써 근면성이 부족하다.

동북과 서남아시아 지역민의 특성 비교

東北地方民	西南地方民
기억, 망각 느림	기억, 망각 빠름
정적이다	동적이다
습관, 보수, 퇴영, 소극, 정지적	적응, 진취, 향상, 적극, 활동적
진지, 착실, 조야	경박, 나태, 사치
자극에 대한 반응 완만	자극에 대한 반응 기민
내용 중시	외형 중시

중국의 경우, 북쪽 사람들의 생활상이나 사고방식에는 단순한 사고력과 고난을 극복할 수 있는 생활력이 배양되어 있다. 또한 건강하고 위풍이 넘치는 체구에 익살스러움이 배어 있으며, 양파를 즐겨먹고 어린아이와 같이 천진난만하다. 그리고 남방에 속하는 상해 부근의 사람들보다 보수적이며, 몽고인다운 기질이 있는 대신, 자신들의 민족성에 위반되는 말이나 행동은 하지 않는다. 그들은 마치 호남(湖南)의 권투선수 같은 투지력을 소유하고 있어서 일찍이 산동성 일대에는 억센 산적들이 많았고, 중국의 전쟁소설과 모험소설 등을 장식했던 야성적 기질로 옛 왕조의 지주가 되어왔다.

양자강 남방과 남동해안 지방 사람들은 모든 것을 간단하게 생각한다. 교양은 있으되 말솜씨가 교활하고, 정신적으로는 천사와 같이 깨끗하나 육체적으로는 타락하고 안일만을 탐닉한다. 따라서 젊은이들은 멋을 즐겨 옷을 잘 입으며, 여자들은 교태가 넘친다. 글을 좋아하지만 나약해 무력에는 겁이 많아 도와줄 사람을 찾는 데에 급급하다. 그러나 상술에는 비상한 솜씨가 있다.

광동(廣東) 남쪽에서는 활력 넘치는 사람들을 볼 수 있다. 이 지방 사람들은 사나이답게 일하고 돈을 아끼지 않으며, 싸움을 좋아하고 매우 모험적이며 성질이 급해 다혈질이다. 그리고 수다스럽고 술수를 잘 쓴다.

전체적으로 보아 북쪽 사람들은 근본적으로 정복자적인 기질을 갖는다. 그리고 중국 역대 왕조를 살펴볼 때 관직에 몸담고 있었던 사람들 중에 양자강 이남 출신은 한 사람도 없었음을 알 수 있다. 쌀을 주식으로 하는 남쪽 사람들은 왕좌를 차지할 수가 없고, 밀가루를 주식으로 하는 북쪽 사람만이 보좌(寶座)를 차지할 수 있다는 전통이 성립된 것이다. 실제로 역대 왕조를 분석해보면 대부분이 동쪽의 산동(山東), 서쪽의 안휘(安輝), 남쪽의 하남(河南), 북쪽의 하북(河北)을 포함해 원형(圓形)안에 들어가는 산악 지역 출신들에 의해 관직이 독점됐다. 다시 말해서 오늘날 농해철도선(隴海鐵道線 - 황하를 따라 동서로 이어지는 철도로 蘭州, 西安, 鄭州, 徐州 등을 지난다)을 중심으로 역대 중국의 황제들이 탄생하고 성장했다.

한(漢)나라의 시조 유방(劉邦)은 지금의 강소성(江蘇省) 패현(沛縣) 출신이고, 진(晋)나라 시조 시황제(始皇帝)는 하남출신, 송(宋)나라 시조 조광윤(趙匡胤)은 하북의 탁현 출신, 명나라 시조 홍무(洪武)는 안휘의 봉양(鳳陽) 출신이다.

현대에도 가문이 밝혀지지 않은 장개석을 제외하고 대부분의 장군들 역시 농해선을 중심으로 한 하북, 산동, 안휘, 하남 출신들이다. 예외로 청조 말에 화남 지방의 호남성 출신의 장군인 증국번(曾國藩)이 있었지만 패도(覇道)를 이루지 못했다. 이상으로 보아 황제가 되려면 북방의 거침과 강인함, 거기에 천하를 두루 다닐 수 있는 호연한 기개가 있어야 하며, 전쟁을 위한 전쟁을 즐기고 언제나 사건을 일으키기를 즐기는 성품을 타고나야 한다는 것이다.

야성적이고 강인한 북방과 부드럽고 온화한 남방과의 차이는 그들의 말씨, 음악, 시에서도 많은 차이를 보인다. 북방의 노랫가락은 마치 딱딱한 목판이 울리는 듯이 둔탁하고 금속적이다. 그리고 음정이 높아 흡사 사막의 모래 위에 일어나는 바람과 같이 거친 색조를 띤다. 반면에 남방의 노랫가락은 한숨과 비통함이 뒤섞인 듯한 매우 느린 템포를 가진다.

　다음에 말씨를 보면 북경을 중심으로 하는 북쪽은 우렁차고 리듬이 분명하며 명암(明暗)이 질서(秩序) 있게 반복되는데, 남방의 말씨는 혀끝을 굴리는 듯이 여자들의 부드럽고 나긋나긋한 속삭임 같은 데다 속에 강한 모음이 굴절하고 있는 듯한 음정이다. 우리나라도 북한 사람들의 노래나 말은 절도 있고 강하며 남한은 부드럽고 기교가 있으며 유연한 것이 다르다.

3

풍토적 정서와 문화

1. 풍토와 인간심리

추운 풍토(風土)의 사람들은 좀더 강한 체력을 가진다. 심장의 작용과 섬유(纖柔) 말단(末端)의 반작용이 활발히 행해지고 있어서 체액(體液)은 보다 잘 균형을 유지하고, 혈액은 심장을 향해 더 강하게 인도되므로 반대로 심장은 더 많은 힘을 갖게 된다. 또한, 이 큰 힘은 많은 성과를 만들어냄으로써 보다 큰 자아신뢰감과 용기, 자기우월에 관한 인식과 안전감 내지는 보다 많은 솔직성, 보다 적은 의심·정략·위계(僞計)를 만들어낸다.

그리고 추운 지방 사람들은 쾌락에 대한 감수성을 거의 갖지 않지만, 따뜻한 지방에서는 보다 크고, 더운 지방에서는 극도에 이르러, 기후가 위도(緯度)에 의해 구분되는 것처럼 감수성의 정도도 이와 일치한다. 한 가지 예로, 같은 오페라 공연을 보고도 영국인은 아주 조용하고 이탈리아인은 몹시 흥분한다.

이 외에도 기후는 남녀의 비율에도 영향을 미치는데, 유럽의 여러 지역에서 산출한 근거에 의하면, 유럽은 여자보다도 남자가 더 많이 태어나며 아시아 및 아프리카는 남자보다 여자가 훨씬 더 많이 태어난다고 한다. 아시아에서도 추운 풍토에서는 유럽과 마찬가지로 여자보다 남자가 더 많이 태어난다. 라마교의 승려들은 '이것이 그들 나라에서 아내에게 다수의 남편을 가지는 것을 허락하는 법의 근거'라고 말한다.

역설적으로 본다면 한랭한 지역의 남자들은 개척과 지도력을 발휘하며 먹이를 구해야 하는 과정에서 남자가 많이 필요할 수 있고, 더운 지방에서는 생존의 경쟁이 치열하지 않으므로 여자가 많이 출생된다고 보는 것이다. 이것은 사주의 음양으로 볼 때, 음이 강하면 양이 필요하고 양이 강하면 음이 필요한 중화의 목적과도 같은 이치가 된다.

사주에서도, 통계적으로 언행이 강하고 조급한 사람은 실제로는 부드럽고 애교스러우며 느리고 나태하거나 변덕스런 면이 많다. 이들은 화(火) 기운이 강하다. 반면에 부드럽고 느긋한 사람은 실제로 강한 인내심과 모든 면에 철저한 면이 많은데, 이들은 금수(金水)의 기운이 강하다. 기후와의 연관성을 생각해보게 하는 부분이다.

2. 한습지역인(寒濕地域人)의 정서와 문화

날씨가 한(寒)하고 습(濕)하면 정적(靜的)이고 이론적이다. 따라서 이곳의 사람들은 실내 공간에서 사색을 통해 발현하는 예술집약적 구성력이 발달하게 된다. 이러한 사고력 체제는 분석적, 탐색적, 내밀성을 바탕으로 음악, 작곡, 그림, 집필, 분석철학, 경제이론, 물리학, 사상이론, 건축공법 등의 심층적인 이론의 탄생과 발전에 유리하게 작동한다. 북서유럽 쪽에서 사상가, 철학가, 심리학자, 음악가, 작곡가 등의 유미주의(唯美主義)적 정서의 예술혼이 발달한 것은 그 한 예에 속한다.

3. 온난지역인(溫暖地域人)의 정서와 문화

날씨가 온난(溫暖)하면 동적(動的)이어서 실천적이며, 개방화된 생활패턴을 가지게 된다. 주로 실외에서 인간과의 직접적 사교에 의한 리듬에 맞춰져 있다 보니 감정과 정서가 타인 지향적이며 행복지수를 고조시키는 대중문화가 발달하게 된다. 열광적이며 탐락적인 성향으로 자유분방한 테크닉을 구현하는 스포츠, 무용, 춤, 유흥, 오락, 탐정 등에서 두각을 보인다. 동남유럽, 브라질, 남미, 아프리카 사람들이 스포츠에 능하고 현란한 율동의 춤을 잘 추는 것은 이러한 요인이 작용한 탓이다.

* 우리나라의 남북에 나타난 문화적 특성 중 한랭한 북한 지역에서 시인, 소설가, 등의 많은 작가가 나왔고, 남한 지역에서는 소리, 연극, 탈춤 등이 더 발전했음을 볼 수 있다. 남부 지방인 부산에서 국제영화제(火 - 정신문화 예술)를 개최하는 것에서도 나타나듯이, 사주명리학과 음양의 연관성을 이해하는 데에는 기후가 인간의 탄생과 진화에 지대한 영향을 받아왔다는 점을 간과할 수 없다.

사주명리의 원리론

1
사주의 구성

1. 천간지지(天干地支)와 육십갑자(六十甲子)

　천간(天干)은 甲·乙·丙·丁·戊·己·庚·辛·壬·癸로서 열 개의 천간을 말하는 것이며, 사주를 구성할 때 필요한 육십갑자를 이루는 과정의 천간을 말한다. 열 개의 천간은 양으로, 음인 열두 개의 지지(地支)가 짝을 이루며 나가는 부호(符號)다. 간지(干支)를 사용하기 시작한 시점의 기원 및 그 근거에 대한 것은 사학의 태종(太宗)이라 할 수 있는 연해자평에 기술되어 있다.
　지지(地支)는 子·丑·寅·卯·辰·巳·午·未·申·酉·戌·亥로서 열두 개의 동물로 배속한 것으로, 사람들은 모두 자신이 출생한 해년의 띠별로 동물적인 관계를 전통 민속적 사상을 받아들인다. 따라서 새해를 맞거나 삼재의 원리에 동물의 신적 영험을 통한 길흉관계를 예지하면서 간다. 이 열두 띠 동물을 나타내는 것을 십이지(十二支)라고 하며, 땅을 상징하는 지지에 해당하니 크게는 음(陰)으로 분류한다.

천간은 하늘을 상징하며 양에 해당하고, 지지는 땅을 상징하며 음에 해당한다. 십간과 십이지가 한 번씩 상교(相交)하면 60이 된다. 甲이 子를 만나 甲子가 되고 乙이 丑을 만나 乙丑이 된다. 순서대로 계해(癸亥)까지를 육십갑자라 하고 다시 갑자가 되는 데 이것을 환갑이라고 한다. 육십갑자는 은(殷)나라 날짜를 세는 데 쓰였고, 십이지는 달을 세는 데 쓰였다고 한다. 육십갑자는 출생 연주, 월주, 일주, 시주에 적용되어 사주(四柱)가 된다. 육십갑자는 60년을 주기로 계속 반복 순환되며, 또 상원갑자 육십년, 중원갑자 육십년, 하원갑자 육십년으로 180년의 커다란 주기가 있다. 상원갑자는 양 기운이 강하고, 중원은 음양 기운이 고르고, 하원갑자는 음 기운이 강하다. 그러므로 시대별로 사회적, 문화적, 인간 발달 과정 등 현상적인 차이는 다르게 나타난다.

현시대(1984년~2033년)가 음이 강한 하원갑자의 운행에 있으므로 여성(음)의 활동이 왕성하다고 논하는 것은, 학자들이 이를 근거로 하는 말이다. 우주의 삼라만상은 우주의 상대성원리로 생성되어, 그 기가 적절한 조화와 배합을 통해 존재하며 유지된다.

2. 사주구성의 원리

사주명식(四柱命式)은 개개인의 잠재능력을 분석하는 기본적인 틀이다. 모든 사람은 출생하기 전까지 호흡이나 영양섭취 등 생물적 본능이 오직 모체(母體)를 통하여 이루어진다. 즉, 입태(入胎)의 순간부터 출생하기까지의 기간 동안 생성, 변화, 발전의 형태가 이루어지다가 출생과 동시 외기(外氣)를 순간적으로 받아들이는 기체(氣體)의 결합 시점을 나타내는 출생 연월일시는, 곧 육십갑자의 부호(符號)로 표시하여 기록하게 되는 사주명식이 된다.

　이처럼 사주팔자의 구성은 수학공식과 같은 것으로서 만일 잘못 구성될 경우 전혀 맞지 않는 판단을 하게 되므로 오차(誤差)에 대한 관용(寬容)이 없다. 사주팔자를 구성하는 데에는 반드시 출생연월일시에 육십갑자를 적용시켜 순서대로 기록할 수 있도록 표본화된 만세력이 필요하다. 여기서는 사주를 구성하는 원리에 대한 이론적 설명은 생략하며, 사주를 구성하는 사례를 들어 이해를 돕고자 한다.

2006년 양력 9월 1일 오후 12시 10분 출생(남)

時　日　月　年
戊　癸　丙　丙
午　巳　申　戌

2대운

甲 癸 壬 辛 庚 己 戊 丁
辰 卯 寅 丑 子 亥 戌 酉

　위와 같이 사주가 구성되며 각 글자에는 음양과 오행이 배속되어 있게 된다. 또 이 글자들은 각자의 독특한 심성(心性)이 내포되어 있으면서도 상생과 상극, 회합(會合 : 결속)과 상충(相沖 : 배타) 등을 하며 오묘하고 수없이 많은 인간의 내면적 심성과 물질적 작용을 표면화한다. 또한 성격특성과 흥미, 가치관, 타고난 지능, 선천적성 등을 검사할 수 있고, 또 외부와의 작용으로 인한 삶의 방향의 변화, 자신의 능력이나 학업 및 직업 관계, 부귀빈천 등의 변화를 예측 판단하는 인생 청사진(靑寫眞)과 같은 것이다.

2

오행과 상생상극

1. 오행(五行)

오행은 木·火·土·金·水 오종의 행성 기운으로, 지구에 미치는 관계에서는 대기에서의 氣와 물질적인 質로 반영되어 활동하는 동시에 온갖 변화를 주동하는 상생과 상극, 협조와 배타하는 상관관계를 지닌다.

목(木)

木은 仁의 성정으로 정신적인 의미를 부여하는 동시에 나무와 같은 고체의 물질로 水를 만나서 성장하는 生木과 火를 만나면 생하는 관계로 자신의 분신을 태워 재로 변하는 死木으로 희생한다. 생목과 사목으로 분류하여 어느 곳에 쓰임이 있는가를 판단함이 관건이다.

- 木과 木의 관계

  木에게 木은 동종관계로 협조와 버팀목의 공조관계를 유지하게 되는 한편, 같은 木의 양분의 섭취를 분배하는 관계가 되어 경쟁관계가 되기도 한다.

- 木과 火의 관계

  木은 火를 만나 성장하고 더욱 큰 재목으로 발전하며 인의를 발휘하여 나가지만, 한편으로 火氣는 木이 성장해야 할 水分을 증발시키게 되어 원력을 소진시키기도 한다.

- 木과 土의 관계

  木은 土의 성분에 뿌리를 박아 자신의 입지를 구축하고 성장을 도모하는 한편, 土는 木의 성장원료인 水를 흡수해갈 수 있고 토질(土質)이 나쁘면 올바른 성장에 장해를 주기도 한다.

- 木과 金의 관계

  木은 자신이 너무 왕성하게 성장했을 때나 무리가 지어졌을 때 스스로 절제를 할 수 없으니 金으로 제재를 받아 중용을 지킬 수 있으나, 한편 木에 가해지는 金의 무력으로 인하여 올바른 성장이 힘들 수도 있다.

- 木과 水의 관계

  木은 水의 생으로 인해 성장을 도모하고 생명을 오래도록 유지하여 발전을 꾀할 수 있으나, 반대로 水로 인해서 지나친 성장을 하게 되거나 때에 따라서는 木의 근본이 썩어 본질적인 피해가 따르기도 한다.

화(火)

火는 禮의 성정으로 밝은 빛의 의미와 함께, 물질적으로는 뜨거운

열을 의미하기도 한다. 다른 오행에 비해서 손에 잡히는 형체가 없으므로 그 변화의 정도가 매우 즉각적이고, 긴 생명력을 위해서는 木의 도움이 절실하다. 土를 만나 생명탄생의 환경을 잘 조성해주는지, 金을 만나 의욕적인 삶을 풀어가는지 살펴보는 것이 중요하다.

- 火와 木의 관계
  火는 木의 도움이 없으면 생명력이 떨어지고 순식간에 사그라드는 등 허무해지기 쉬우므로 반드시 木의 생이 있어야 한다. 그러나 木이 너무 많아 불이 꺼지는 역행작용이 되면 오히려 연기만 날 뿐 木生火를 이루기 힘들게 된다.
- 火와 火의 관계
  火와 火는 동종관계로 협조적인 도움을 받게 되어 입지적인 상황으로 발전할 수 있으나 강한 火에게는 분배의 경쟁관계가 되고, 火가 지나쳐 화염에 휩싸이게 되면 모든 생명의 근원이 되는 것들을 불살라버리고 허망하게 된다.
- 火와 土의 관계
  강한 火에게는 시원스런 설기를 유도할 습토(濕土)가 좋으며, 다소 약한 火에게는 조토(燥土)가 뿌리와 같은 작용과 함께 水의 극으로부터 방어하는 역할을 하므로 주의 깊게 살펴보아야 한다. 심약한 火에게 강한 土는 불꽃을 설기하니 어두워지듯 어려움을 가중시킨다.
- 火와 金의 관계
  제련할 金을 만난 火는 매우 의욕적이 되어 활동력이 강해진다. 木이 있다면 金이 木을 쪼개어 火를 더욱 생하여주는 역할도 하게 된다. 그러나 약한 火에게 오는 金은 부담스러울 뿐 아니라, 金生

水를 하여 더욱 어려움을 가중시키기도 한다.

- 火와 水의 관계

    화염에 휩싸인 火는 모든 것을 불살라버리게 되어 허무해진다. 이런 때에 水는 적당히 조절작용을 하여서 도움이 되나 木 기운도 강하다면 水生木, 木生火가 되는지 주의 깊게 보아야 하며, 또한 약한 火에게는 치명적인 피해를 주게 된다.

토(土)

土는 信의 성정으로 신용과 믿음직한 중화를 그 덕으로 한다. 다른 오행에 비하여 능동적이지 못하므로 더욱 더 水, 火, 木, 金의 활동을 기대하게 되며, 특히 알맞은 습도와 온도를 유지하여 木을 잘 키워낼 수 있는지를 잘 살펴보아야 한다.

- 土와 木의 관계

    木을 만난 土는 水火가 잘 조화된 경우에 생명을 키워내는 제 역할을 잘 감당하여 좋은 결실을 맺게 된다. 그러나 木도 너무 많으면 아무리 좋은 땅이어도 햇빛과 양분의 분탈작용과 土의 붕괴를 일으키게 된다.

- 土와 火의 관계

    생명을 잘 길러 자신의 존재가치를 높이고자 하는 土는 火를 만나게 되면 생기가 도는 땅이 되어 기쁘다. 하지만 이 火가 작열하는 태양처럼 작용한다면 도리어 이 土는 아무 생명도 키울 수 없고 쓸모없는 땅이 되어버린다.

- 土와 土의 관계

    좁은 땅이었다면 자신의 더 넓은 영토를 확장하여 지지기반을 구축하게 되어 좋으나, 흙만 쓸모없이 늘어난 경우라면 오히려 생명이 묻히고 더욱 단단해져서 변화가 없고 외로운 흙무더기에 지나지 않게 된다.

- 土와 金의 관계

木을 잘 키우고자 하는 땅에 의외의 존재인 金은 木이 없으면 보석과 광물을 채취하는 용도의 땅으로 활용케 하기도 하며, 木이 자라고 있는 땅이라면 알맞게 벌초를 해주는지 오히려 생명을 죽이고 있는지를 잘 살펴야 한다. 또한 水가 부족한 땅에서는 金生水로서 수원지의 역할을 맡기도 하며 강한 土 기운을 土生金으로 빼주는 등 그 역할이 매우 다변적이므로 잘 살펴보아야 한다.

- 土와 水의 관계

생명을 잘 키우기 위한 환경적인 요인으로서 水는 火의 기운을 알맞게 조절해주고 촉촉하게 땅을 적셔서 경작에 좋은 땅으로 만들어준다. 그러나 水 기운이 넘쳐 진흙탕이 되는지 비록 적당하게 있더라도 많은 土로 인하여 순식간에 땅에 흡수되는지도 잘 살펴야 한다.

금(金)

金은 義의 성정으로 의리를 그 덕으로 하며 차갑고 단단하여 상승하고 확산하려는 木火의 기운을 수렴하므로 가을의 수확과 결실을 의미한다. 火를 만나 더욱 쓸모 있게 제련되는지 水을 만나 정교하게 세공되는지를 잘 살펴보아야 하며 강한 土에 묻혀 그 존재 의미를 잃어버리지 않도록 살피는 것이 중요하다.

- 金과 木의 관계

  木을 본 金은 할 일을 만나게 되어 많은 수확을 거두어들이게 된다. 매금된 金이라면 木의 도움으로 빛을 봄과 동시에 결실도 얻는 이득이 생기게 되나, 土가 약한 金의 근원지 역할을 하는 경우라면 오히려 木이 피해를 주는 경우가 된다.

- 金과 火의 관계

  金은 火를 만나 비로소 木을 거둘 만한 도구로 제련이 되나 이미 제련된 金이라면 火가 직접적으로 도움이 되지 않는다. 火가 강한 경우의 金은 도리어 끓어 넘치게 되며 이때 木까지 가세한다면 아주 난감한 경우가 된다.

- 金과 土의 관계

  金은 많은 土로 인하여 묻히게 되는 것을 아주 싫어한다. 자신의 존재가 흙에 묻혀 빛을 보지 못하게 되는 경우가 된다. 그러나 약한 金에게는 土生金으로 金의 근원이 되어 든든한 후원자의 역할을 다한다.

- 金과 金의 관계

  金이 더욱 강해진다면 火로도 제련이 어렵고 木을 수확하기보다는 죽이는 결과가 된다. 그러나 약한 金이라면 조력자를 만나 크게 도움이 되며 더군다나 묻힌 金은 비로소 자신의 존재감을 찾게 되는 기쁨이 오게 된다.

- 金과 水의 관계

  金은 水의 수원지의 역할을 하지만 반대로 水 덕분에 자신이 쓸모 있고 빛나게 세공이 되기도 한다. 그러나 水도 많으면 金은 生水를 하는 가운데 기력을 잃고 결국 그 물에 빠져 제 역할을 잃게 된다.

수(水)

水는 智에 해당되어 지혜를 그 덕으로 하며 항상 흘러가면서 형체가 변하므로 적응력이 뛰어난 특징이 있다. 만물의 근원으로서 水는 木을 생하여 생명을 키우는 역할을 하며 火를 만나 비로소 활동력이 강해지고 변화가 시작된다.

- 水와 木의 관계
  水는 木을 만나면 자신의 할 일을 다하며 木을 키운다. 그러나 너무 많은 木을 만나면 순식간에 빨려 들어가 흔적을 찾을 수 없게 되며, 반대로 水가 지나치게 많게 되면 木은 썩거나 뿌리를 잃고 물에 떠내려가게 된다.
- 水와 火의 관계
  차가운 水는 火를 만나야 비로소 자신의 고정된 모습에서 벗어나 변화하고 흘러가며 활동력이 강화된다. 水火 모두 고정된 형체가 아니므로 이 둘은 변화무쌍한 형태를 이루게 되나, 만일 火가 지나치면 水는 증발되어 도리어 흔적도 찾기 힘들다.
- 水와 土의 관계
  방향 없이 흘러가던 水는 土를 만나야 비로소 안정을 찾고 조용하고 평화로운 호수나 강을 이루게 된다. 하지만 水에 비해 土가 지나치다면 水는 흔적을 찾기 힘들게 土에 흡수되어버리고, 반대로 水가 지나치다면 이 土는 진흙탕을 이루어 쓸모를 찾기 어렵게 된다.
- 水와 金의 관계
  金은 水의 수원지로서 끊임없이 물이 샘솟게 돕는 역할을 하여 무한한 에너지를 공급받는다. 그러나 金이 많아지면 水가 濁해지는 작용으로 일을 그르치며 자칫 만용의 오류를 범할 수 있다.

• 水와 水의 관계

약한 水가 水를 만나면 조력자의 역할과 함께 木을 생하고 土의 극으로부터 자신의 위치를 방어하거나 회복하게 된다. 그러나 더욱 강한 水라면 재물이 되는 火를 나누어야 하는 투쟁적인 관계로 그릇된 사건을 야기하는 폐단이 있다.

2. 상생상극(相生相剋)

상생(相生)

상생이란 하나의 오행이 하나의 오행을 위해 生해주는 관계로서 木生火 · 火生土 · 土生金 · 金生水 · 水生木이 이루어지는 관계다. 일간을 기준으로 사주명식 내 간지에서 이루어지며 상생은 배려와 희생정신이 우선 수반되며, 자신의 성장, 특기와 노하우, 노력과 서비스 정신을 기반으로 하여 활동하는 동시에, 욕구충족, 소모와 소비, 배설, 과욕 등의 성정과 행동양식을 주조(主調)한다.

상극(相剋)

상극이란 상생과 반대로 하나의 오행이 하나의 오행을 극하는 관계로서 木剋土 · 土剋水 · 水剋火 · 火剋金 · 金剋木이 이루어지는 관계다. 일간을 기준으로 사주명식 내 간지에서 이루어지며 상극은 억제와 권위정신이 우선 수반되며, 자신의 권력, 통제와 절제, 힘과 분배, 인내와 판단 정신을 기반으로 활동하는 동시 과시욕, 과감성, 잔인, 지배, 억압 등의 성정과 행동양식을 주조한다.

3
합과 충의 변화

1. 간지(干支) 합(合)의 변화

합(合)이란 우호적인 의미로 해석한다면 상호 간의 협조와 조력의 관계를 긴밀히 도모하여 대외적으로 그 목적하는 바를 성공리에 수행할 수 있음을 의미한다. 그러나 한편 합이 되어 강하게 발생하는 오행의 세력이 뭉쳐, 생각과 행동을 도모하는 의미가 좋지 못할 경우에는 결과적으로 피해가 더 크게 드러나게 된다는 점을 간과할 수 없다. 또한 합으로 인해 묶인다는 의미로 작용하면 합하는 오행들이 길한 의미일 때는 모두 소용지물이 되어버리고, 합하는 오행들이 흉한 의미일 때는 오히려 좋은 결과를 가져오기도 하니 합의 변화에는 매우 신중한 판단이 요구된다. 여기서 합의 원리에 대하여는 이미 『명리학정론』에서 밝혀놓았으므로 설명하지 않는다.

천간(天干) 합(合)의 변화

천간 합은 양간이 음간을 음간이 양간을 합하는 것으로, 각각의 합에서 새로운 오행의 생성과 방위로 바꾸어나가는 변화를 분석할 수 있다. 이는 이미 필자의 기존 저서 『사주심리치료학』에서 그 원론적인 작용을 세세히 해설하였기에 여기서는 간단히 작용에 대해서만 설명한다.

단, 천간의 합은 일간과의 합이 될 때 묶인다는 의미는 성립이 안 되나, 일간을 떠나 각자 독립적으로(대운과 세운 포함) 합을 하게 될 때 하나의 간이 묶인다는 점을 알아두어야 한다.

천간의 합의 작용은 첫째, 새로운 오행이 탄생된다. 둘째, 합하여 오행의 힘이 강해진다. 셋째, 합하여 작용력이 묶이거나 정지된다. 넷째 합하여 오행의 힘이 약하거나 제거된다.

천간의 합	탄생오행	변화작용
甲己合	土	작용정지
乙庚合	金	세력강화
丙辛合	水	새로운 창출
丁壬合	木	방향전환
戊癸合	火	이동변동

• 참고

남자의 사주에서 양간이 음간을 합할 경우 성격이 여성스럽고 소극적인 성품이 엿보이고, 음간이 양간의 합하는 경우는 부드러운 외면에 강한 내성을 갖추고 있음을 알 수 있다. 반대로 여성의 사주에서 양간이 음간을 합할 경우 외향적인 성향의 내면에 여성의 본성이 엿보이고, 음간이 양간을 합할 경우 섬세한 여성적인 면의 내성에는 대범하고 강한 내성이 갖추어졌음을 알 수 있다. 이것은 개인의 심리와 사회성과 인간관계에서도 다를 바가 없다.

지지(地支) 합(合)의 변화

지지의 합은 1:1로 합을 꾀하는 육합(六合)과 각각의 세력을 규합하는 삼합(三合), 춘하추동의 방위에 따라 세력을 규합하는 방합(方合)이 있다. 이들이 합하는 세력이란 각기 다른 목적을 두고 있으므로 합하여 변화를 모색하는 방법과 그 의미에 중점을 두고 판단해야 한다.

● 육합(六合)

지지의 육합은 12지지가 각각 다른 지지와의 1:1로 합하는 관계로 여섯 개의 특질적인 합을 이룬다. 여기서 오행의 상대성이 이루어지며 상생관계의 합이 있고, 상극관계이면서 합을 도모하는 관계가 있다.

지지의 합	탄생오행	합의 관계
子丑合	土	상극의 합
寅亥合	木	상생의 합
卯戌合	火	상극의 합
辰酉合	金	상생의 합
巳申合	水	상극의 합
午未合	없음	상생의 합

상생관계의 합은 상대의 깊숙한 이해와 사랑이 내포된 합으로 상대의 마음과 자신의 마음에 교감을 유도하는 연대성이 강하다. 반면에 상극의 합은 합을 해야 하는 필요성에 의한 목적의식이 뚜렷하므로 결국 기회주위가 된 합으로서 심리적으로 연대성이 불급하다. 이들 육합은 합의 결속으로 일간이 요구하는 것을 충족시킬 수 있으나 필히 참고해야 할 것은 결국 하나의 독립적인 요인을 묶어버리기도 한다는 것이다.

- 삼합(三合)

삼합은 개체적(個體的)인 본질과 본능을 연대하고 규합하는 관계로 3개의 지지가 요건의 성립을 갖추고 있을 때 이루어지는 작용이다. 여기서 중요한 것은, 삼합이 방합과는 달리 각기 다른 지지 오행 삼자가 연합하여 왕지의 오행으로 강력한 기를 발현시키기는 하지만, 지지오행들이 자신의 실체를 버리고 변하는 것은 아니라는 점이다. 그러므로 삼합의 연대로 발현되는 오행은 일간에게 강한 사상(思想)이 되어 사회적 역할을 수행케 한다. 하나의 예로, 甲木 일간에 지지로 申子辰의 삼합이 이루어졌다면 강하게 발현되는 水가 인성의 사상으로 일간에게 학문적인 기조를 이루게 하지만, 관성 申金과 재성 辰土는 일간에게 여전히 존재하는 것이므로 개개인의 특성적인 사회성을 강하게 고착시키는 성향으로 나타난다. 비록 기신으로 작용한다 해도 개인의 성격적 성향과 흥미와 소질, 지능, 적성까지도 관여된다. 삼합은 공간기능이 된다.

삼합의 양기		삼합의 음기	
규합	세력오행	규합	세력오행
寅午戌	火	巳酉丑	金
亥卯未	木	申子辰	水

삼합이 사회성으로 드러나는 체계는 합하여 규합된 오행이 일간과의 관계가 인성인가 재성인가 관성인가 식상인가에 따라서 자신의 절대적 전문성과 사회적 능력이 발현된다. 천간의 합과 지지의 육합과는 다르게 삼합은 합하여 묶인다는 의미가 없다.

- 방합(方合)

방합은 춘하추동(春夏秋冬) 4계절 간의 연대로 볼 수 있으며 이는 기후에 관여되는 합이다. 그들의 특징은 우선적으로 지역적인 규합으로 볼 수 있으며, 사주에 미치는 영향이 오행의 강약을 주관하게 되니 일간의 사회성을 유발시킬 수 있다. 그러나 그것은 삼합과는 다르게 철저히 태양과 어둠의 거리가 관여되어 미치게 되는 음과 양의 관계라는 것이다. 하여 방합은 기후에 따라 개화되어진 인종적 특성이나 동족관계, 가족, 동창 등과 같은 본질이 같은 성분의 연대가 된다. 예로 亥子丑 삼자 중 어느 것이라도 월지에 있다면 수기(水氣)가 왕하고 기온이 냉(冷)한 겨울이며, 또 巳午未 삼자 중 어느 것이라도 월지에 있다면 화기(火氣)가 왕하고 기온이 난(暖)한 여름으로 기후와 오행의 본질이 동일한 합인 것이다. 방합은 시간기능이 된다.

방위합의 양기		방위합의 음기	
연대	계절	연대	계절
寅卯辰	봄	申酉戌	가을
巳午未	여름	亥子丑	겨울

방합 중 특히 亥子丑 합이 있는 사람은 음이어서 감성적이며 내밀성과 사색적이며 분석적인 심리가 강하고 巳午未 합이 있는 사람은 양이어서 느긋하고 자유스러우며 상황이 주어지면 가무와 율동적이 된다. 여기서 월지를 포함한 방합이 되어야 한다.

2. 간지(干支) 충(沖)의 변화

沖이라함은 충돌과 파괴, 방해와 같은 극단적인 상황을 초래하고자 하는 본질적인 속성을 지니며, 분리, 상처, 손실, 파괴 등이 발생되는 부정적인 의미가 부여된다. 그러나 때에 따라서는 이 충을 통하여 새로운 탈출구가 창출되거나 갈등을 해소하고 막힘이 풀리기도 하며 악을 물리치기도 하는 변화가 이롭게 작용하기도 한다. 따라서 충 자체만으로 흉적인 판단으로 몰고 가서는 그 충의 해석이 희석될 수 있다. 천간의 충은 정방위 충 외에는 극으로 봐야하고 사건의 발현이 미미한 경우가 많다.

천간(天干) 충(沖)의 변화
천간은 드러난 성정과 사회성으로서, 심리적으로나 가치관의 변화에 민감함을 우선적으로 인식하여야 한다. 그러니 천간의 충이나 극이

천간의 沖과 剋									
甲	乙	丙	丁	戊	己	庚	辛	壬	癸
庚	辛	壬	癸	甲	乙	丙	丁	戊	己
沖	沖	沖	沖	剋	剋	剋	剋	剋	剋

일간을 기준으로 하여 상호 간 어떤 조력관계가 형성되는가에 초점을 맞춰 그 상황에 따라서 해석을 달리해야 한다. 예컨대, 甲庚이 沖이라 하나 강한 甲木은 庚金으로 제재(制裁)함이 필요하고, 丁癸가 沖이라 하나 丁火가 치열하다면 癸水로 화기(火氣)를 조절함이 요구된다. 오행의 변용은 모두 이와 같이 논할 수 있다.

지지(地支) 충(沖)의 변화

동(木)과 서(金)의 沖	남(火)과 북(水)의 沖
寅 卯 辰 – 木氣	申 酉 戌 – 金氣
沖 沖 沖 – 正方	巳 午 未 – 火氣
亥 子 丑 – 水氣	沖 沖 沖 – 正方

지지의 충이 성립되는 조건은 음양의 조건으로서 음은 음과 만나 충을 하고, 양은 양을 만나 충을 하며, 오행이 서로 상극의 조건이 될 때 충을 하며, 지지가 정반대 방위가 만날 때 충을 하게 된다. 이는 복합적인 설명이나, 결국 아래의 六沖이 그와 같은 조건으로 이루어졌음을 의미한다. 지지의 충은 그 의미가 천간과의 뿌리에 해당하는 것으로 근본적인 사건과 사안의 결과를 초래하게 된다. 그러니 지지에서 충이 되는 것이 용신의 뿌리가 되는가, 기신의 뿌리가 되는가의 현상은 극과 극으로 다르게 나타난다. 천간이 드러난 심성과 사회성이라면 지지

는 자신의 본성이 감춰져 있는 곳이고 내면의 실리적인 결과를 축적해 나가는 곳이므로, 충이 되어 있는 그 자체만으로 자신의 성정이나 해당되는 인사에 성정과 유동성을 읽어낼 수 있다. 외부와의 충은 자신의 긍정적인 변화를 요구하거나 부정적인 사건으로 피해를 감당할 것을 요구하기도 한다.

辰戌丑未 土의 沖은 土 성분의 본질이 상하지는 않는다. 즉, 辰戌 沖은 방합의 沖으로 寅卯辰의 木局에서 辰의 여기 乙木이, 申酉戌의 金局에서 戌의 여기 辛金이, 乙辛 沖을 하게 된다. 또한 丑未 沖 역시 방합의 沖으로 亥子丑의 水局에서 丑의 여기 癸水가, 巳午未의 火局에서 未의 여기 丁火가, 丁癸 沖을 하는 것이다. 진술축미는 계절을 주관하는 오행의 힘이 강하여 月支를 차지한 土의 여기오행도 강한 것으로 본다. 마찬가지로 辰 중의 癸水, 戌 중 丁火, 丑 중 辛金, 未 중 乙木의 중기도 본신의 오행이 월지를 차지하고 있을 때 더 강하게 되니, 암충을 할 때 우위를 점하게 된다. 土의 지장간에 뿌리를 두고 투출한 干이 있다면 지지의 섬세한 관찰이 필요하고, 土 沖은 겉모습보다 내부에서 이루어지는 것에 세심한 관심을 기울여야 한다.

4

십성의 작용

1. 십성(十星)의 의미와 설정

사람은 누구나 태어나면서부터 인간관계를 형성한다. 가깝게는 부모, 형제를 비롯한 혈연관계부터, 친구를 비롯한 타인과의 관계들이 두루 포함된다. 세상을 살아감에 있어 자연환경을 잘 만나야 되는 것이 일차적인 요건이며, 더불어 인간적인 환경요건을 잘 타고 태어나는 것 또한 지극히 중요하다. 십성(十星)은 사주팔자의 주인공인 일간과의 관계를 나타낸 것으로, 육친(六親)이라고도 한다. 다시 말하면 일간과 다른 천간지지와의 상생상극 관계와 음양의 차이를 가려 부모 형제와 배우자, 자식 같은 혈연관계뿐 아니라 사회적 지위와 명예, 대인관계, 지식과 기술, 권리와 의무, 의식주와 재산 등을 구분한 것이다.

일간 기준 십성의 형성과정

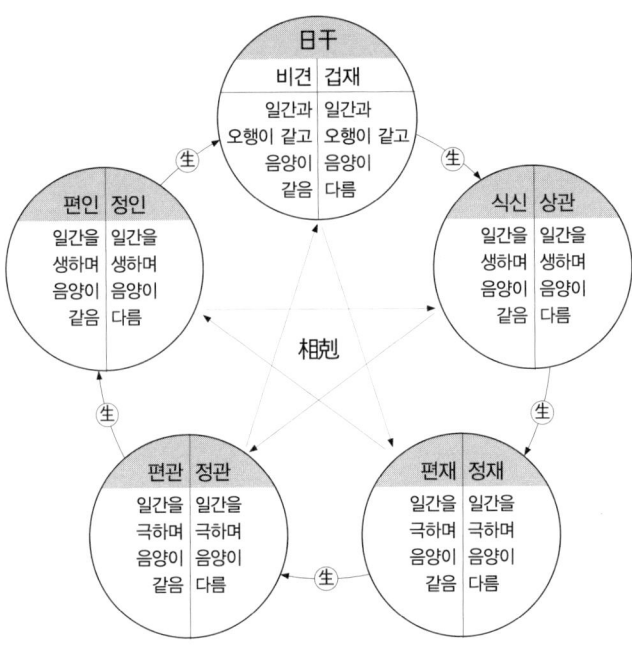

  십성은 육신을 세분화한 명칭이다.
  사주에 배속된 음과 양, 오행 들은 일간(본인)을 기준으로 하는 상호 간 작용 반작용에 의한 열 개의 십성으로 표출되는 것이며, 이들은 각자 독특한 기질과 작용력이 나타나 심리와 심성, 성격 등은 물론 독자적인 지능을 소유하였다. 또한 수학능력, 친화력, 섭외력, 공간지능, 논리성, 기억력, 예술성, 결단력, 분별력 등을 사주에 배치된 십성의 상황적 관계를 판단하여 작용을 유추하게 된다.

  열 개의 십성은, 〈일간과 음양오행이 같은 - 비견(比肩)〉, 〈일간과 오행이 같고 음양이 다른 - 겁재(劫財)〉, 〈일간이 생하며 음양이 같은 - 식신(食神)〉, 〈일간이 생하며 음양이 다른 - 상관(傷官)〉, 〈일간이 극하며 음양이 같은 - 편재(偏財)〉, 〈일간이 극하며 음양이 다른 - 정재(正財)〉, 〈일간을 극하며 음양이 같은 - 편관(偏官)〉, 〈일간을 극하며 음양이 다른 - 정관(正官)〉, 〈일간을 생하며 음양이 같은 - 편인(偏印)〉, 〈일간을 생하며 음양이 다른 - 정인(正印)〉이다.

위 그림에서와 같이 십성은 오행의 상생상극에서부터 음양에 따라서 표출되고 각기 고유한 명칭을 부여하게 되는 것을 알 수 있다. 인간은 누구나 열 개의 천간 중 하나가 자신을 나타내는 일간(주, 主)이 되며 자신이 타고난 일간을 기준으로 다른 천간과 열두 개의 지지에 대입되어 십성을 형성시키게 된다.

2. 십성의 욕구

사주는 천간(天干)과 지지(地支)로 구성되며, 각 간지는 육신(六神)으로 다시 이름 붙여져 사회적 성패(成敗) 작용과 친인척 관계를 논(論)할 수 있다. 육신은 '열개의 별'이란 뜻으로 십성(十星)이라 하며, 사주에 배치된 십성의 상호관계가 곧 생극제화로서 이것을 근거로 개개인의 운명을 분석하고 예측할 수 있다. 각각의 고유한 성정(性情)과 심리구조를 지닌 십성 간의 상대적 작용인 '상대성(相對性)'과 '특성별 욕구(欲求)'를 잘 이해한다면, 거기서 나타나는 긍정적인 면과 부정적인 면을 통하여 한사람의 성격이나 적성, 인간관계, 경쟁력 등에 대한 면밀한 특성을 알게 되고 대안과 방안을 제시할 수 있다.

십성은 기본적으로 일간에게 주는 영향(氣)이 있는 반면, 타 간지에

분포되어 있는 육신에게서 원하는 욕구도 있다. 이 욕구가 충족되거나 충족되지 못할 때 자신의 인생이 성공하거나 실패하며, 행복과 불행을 느끼게 되는 것이다. 이 또한 오행의 生·剋·制·化 작용에서 나타나는 것이다.

인성은 생리적 욕구

인성(印星)은 부모가 지속적인 관심과 사랑으로 아이를 양육(養育)하는 것에 비유할 수 있다. 일간은 인성을 통해 부족한 자신의 생리적인 욕구를 충족시키려 한다. 마치 아기가 배고플 때 어머니의 젖을 먹음으로써 식욕(食慾)의 욕구를 충족시키려는 것과 같다. 인성은 빈 곳을 채우려는 가장 기본적인 욕구로, 알고 싶은 것을 배우고 익혀 자신의 두뇌(頭腦)공간에 채워서 실행으로 옮길 때 이것을 에너지로 사용한다. 즉, 말을 익혀 대화에 활용하고 다양한 기술을 습득하여 생활에 이용하며, 현사회의 문명(文明)과 문화적(文化的) 발전에 합당한 지식과 방법론을 구(求)하여 삶에 활용하게 된다. 새로운 아이디어를 머릿속에 채우는 것도 결국은 자신이 필요한 새로운 이익을 생산하고자 하는 목적이 있는 것이다. 인성은 내가 받고자 하는 생리적(生理的) 욕구(欲求)이며 나에게 조건 없는 희생을 한다.

비겁은 자아의 욕구

비겁은 권위(權威)와 성공(成功), 자존심(自尊心)과 허영심(虛榮心) 등 모든 것을 인정받고 싶은 욕구다. 그러므로 자신의 주관적인 독립체계를 통하여 주변에게서 동질감을 유발하고, 모든 일들의 결과에 대해 자기관철을 목적으로 하는 이기적인 자아(自我)의 욕구(欲求)라고 할 수 있다. 자아의 욕구는 타인의 지배를 싫어하고, 양보와 무조건적인 희생을 기피하는 성향이 강하다. 자신감이 넘쳐 당당한 면과 배짱 있는 범위는 존경할 만하나, 경우에 따라서는 자신만의 우월주의에 사로잡히는 오류를 범하다가 종종 고립의 세계에 빠지게 된다. 비겁의 만족감과 자신감은 다른 사람의 존중과 평가로 인한 것뿐만 아니라 스스로 느끼는 자부심과 자존심을 포함하며, 언제나 존중과 인정을 받고 싶은 욕구다.

식상은 친화의 욕구

집단에 소속되어 신뢰와 수용을 바탕으로 사랑을 주며, 또 받고자 하는 욕구다. 식상은 희생(犧牲)과 양보(讓步), 배려(配慮)를 의무적으로 실행하고자 하는 마음을 갖고 타인과의 관계를 지속함으로써, 친화(親和)의 욕구(欲求)를 드러낸다. 호기심이 많아서 참고 기다리는 것에는 결코 익숙하지 못하여 말 없이 인내(忍耐)하는 것이 고통스럽다. 이 때문에 앞서서 자신의 의견과 뜻을 피력하는 것이 일상화되어 있으며, 상대가 있는 것에 대한 두려움보다 상대가 있으므로 자신의 마음을 열 수 있다는 것이 더 상쾌하게다. 식상은 인간과 인간의 공간 속에 존재하는 친화적 커뮤니케이션이다.

재성은 실현의 욕구

잠재(潛在)된 자신의 가능성을 최대한 실현하여 결과(結果)를 만들어낼 수 있다는 자신감이다. 삶에서 자신의 영역 확보가 가능할 때 실현의 욕구를 충족할 수 있다. 그러므로 재성은 물질(物質)에 대한 소유의 실현가능성을 의미하기도 한다. 명예를 얻고자 한다면 부(富)를 구축할 때 가능하다는 논리가 성립되듯, 인간은 누구나 재물 부분에 철저한 관심과 분석을 하게 되어 있다. 수입에 맞춰 계획을 하거나, 더 많이 확보하기 위해 계산을 하다 보면, 결국 모든 욕구실현은 가능하다. 예컨대, 모든 욕망에서 비롯되는 욕구들은 '실현'이라는 최종 결과만을 목표로 삼을 때 가능하듯, 재성(財星)은 남녀를 막론하고 목적이 있는 실현(實現)의 욕구(欲求)다.

관성은 안정의 욕구

질서(秩序)를 바로잡고 규범(規範)을 준수하여, 불안하고 고통스런 일들을 정리하며 안정(安定)을 얻고 싶은 욕구다. 즉, 위험, 위협, 협박, 박탈 등으로부터 자신을 보호하고, 불안을 회피하고자 한다. 사회적 신분인 관성을 자신의 권위(權威)와 권력(權力)을 행사하는 척도라고 볼 때, 관성은 이를 통하여 불안정한 질서와 비윤리적 행태를 구속하여 공존(共存)을 유지하려는 목적이 있다. 역설적으로 약자(弱者)가 강자(强者)에게 보호받고 싶어하며, 강자는 약자를 보면 보호본능이 발동하게 된다. 인륜(人倫)이 존재하는 본질적인 면은 알고 보면 강, 약에서 질서가 함께 공존하고 있다는 것이며, 각계각층 제도권이 형성된 사회구조는 그 속에서 강자와 약자가 모두 안정을 원하기 때문이다. 관성은 인간이 누리고 싶은 귀(貴)를 통한 안정(安定)의 욕구(欲求)다.

5

격국과 용신

1. 격국(格局)과 용신(用神)의 정의

격국

격국(格局)의 명칭과 의미는 하나의 사주구성이 완결된 후 일간오행에게 월지에 대입하는 것이며, 이 대입된 각각의 형태를 놓고 격을 갖추었다는 의미로 격국이라 하고, 또 각각의 형태에 따라 십성의 명칭을 붙여서 격명을 표현한다. 격(格)을 통하여 사주그릇의 크기와 부귀빈천(富貴貧賤)의 무게를 가늠할 수 있는 기본적인 짜임새를 말하는 것이다.

형성된 격국은 자신의 타고난 인간적, 물질적 환경과 체질 및 기질 등과 귀천을 파악할 수 있는 선제조건으로 격이 상(上)이면 귀격(貴

格)이고 하(下)면 천격(賤格) 등의 여러 단계로 구분한다. 이와 같이 격국은 선천적으로 타고난 적성과 사회적 성공 여부에 대한 정도를 측정한다. 그런 측면에서 지능과도 밀접한 상관관계가 있음은 분명하다.

격은 比肩格·劫財格·食神格·傷官格·正財格·偏財格·正官格·偏官格·正印格·偏印格으로 열 개의 격으로 편성되며, 예외로 일반 격을 벗어나 하나의 오행으로 편중된 從食格·從財格·從官格·從印格과 합의 작용에 의한 변격(變格)으로 化土格·化金格·化水格·化木格·化火格이 있다.

용신

용신(用神)의 근본 어의(語義)는 소용지신(所用之神)의 준말이다. 어떤 사주를 막론하고 완전무결한 사주는 없다. 즉, 일주를 중심으로 재성(財星), 관성(官星), 인성(印星), 식상(食傷)이 고르게 균형을 이루기란 인간이 완벽하지 못한 것과 다를 바 없다. 용신의 취용법이 매우 중요하고 복잡하여 사주명리학을 연구하는 사람들은 용신의 설정과 활용방법에 많은 연구가 요구된다. 용신을 정하는 법으로 다섯 가지의 원칙에는 억부용신(抑扶用神)법, 조후용신(調喉用神)법, 통관용신(通關用神)법, 병약용신(病藥用神)법, 전왕용신(專旺用神)법의 원리를 이용하게 되는데 상황에 따라 각각 사용하는 원리가 다르다.

용신이라고 하는 것은 사주팔자의 음양과 오행의 조화와 균등을 위하여 필요한 것을 말하는데, 조후와 절기로서 참작되어야 하고 사주의 체질이 되는 격국에 합리적으로 응용되고 유효하게 활동할 수 있는 오행을 선택하는 방법이다. 따라서 앞서 말한 용신의 설정방법의 원리를 모두 참작하여서 보아야 한다.

용신은 일주(日柱), 격국(格局)과 더불어 삼위일체가 되니 삼자(三

字) 모두를 대비하여 판단해야 하는 것으로, 한 국가로 비유하면 일주는 통치권자(君主)며 격국은 내각이고 용신은 내각을 총괄하는 국무총리(首相)와 같다. 그러므로 운에서 용신을 잘 도우면 발전하고 용신을 극하면 어려움에 봉착하여 사업가는 실패하며 학생은 시험에 떨어지는 등 사주 일주인 자신에게 직접적인 영향을 끼치게 된다. 운명추론의 요체는 바로 용신이 된다.

사주의 대체적인 성패(成敗)는 용신과 관계되지만 심리적으로 나타나는 성향이나 직업적성의 활용성은 사주의 환경에서 나타난다. 특히 용신의 작용은 한 사람의 부귀빈천과 학업의 성과에 많은 영향이 있으며 지능과도 밀접한 관계가 있다. 사주에서 격국과 용신은 각기 다른 명칭을 갖고 있지만 별개의 것으로 생각해서는 안 된다.

격국용신은 누구나 사주를 구성할 때 십간(十干)의 하나로 자신이 정해지며 월지와 생극비화(生剋比化) 관계를 나타내는 것을 말한다. 여기에 기후(氣候)가 관여되면서 하나의 사주가 근본적인 체질(유전적 요인)이 드러난 것을 볼 수 있는 것이 격이다. 그 사주가 갖게 되는 음양의 체질로부터 절실히 요구되는 음양과 보충되어야 하는 오행이 바로 용신이 되는 것이다.

그러므로 격국과 용신은 하나의 사주체질로부터 정확히 무엇이 요구되는가를 동시에 알게 되는 시스템(system)이다.

사주의 신강과 신약, 오행의 소통관계, 기후관계 등을 참고하여 설정하는 원리의 명칭이다. 사주에서는 기신이 해를 준다지만, 어느 집이나 화장실이 있어야 집 안의 실내가 깨끗이 유지될 수 있듯이, 정신적으로는 힘드나 재물은 불어날 수 있는 것처럼 정신은 안정되거나 지능이 높아도 공부에 흥미가 없을 수 있는 이원적(二元的) 작용은 있을 수 있다.

2. 신강(身强)과 신약(身弱)

격국을 정하고 용신을 선택하기 위하여 무엇보다 신강(身强)과 신약(身弱)을 구별할 수 있는 능력이 있어야 한다. 신약하면 일간을 돕는 오행이 용신이 될 수 있고, 신강하면 일간의 기를 억제(抑制), 설기(洩氣), 분산(分散)하는 오행이 보편적으로 용신이된다. 그러나 단지 신강과 신약에 국한하지 않고 조후(調候) 관계와 통관(通關) 및 극제(剋制) 등 사주의 환경적 조건에 따라서 용신의 역할이 주어지기도 한다. 사주가 신강인지 신약인지를 구별하는 방법은 이미 필자의 저서『명리학정론』에 수록되어 있으므로 여기서는 생략하고, 사주를 심리학적으로 접근하기 위해 필요한 한 차원 높은 신강과 신약의 이해를 논하고자 한다.

사주에는 일간을 돕는 오행이 적은 신약(身弱)이 있고 일간을 돕는 오행이 많은 신강(身强)이 있다. 그러나 신약사주가 된다고 해서 사회에서 성공을 못하는 것이 아니며, 반대로 신강사주가 된다고 해서 성공하는 것도 결코 아니다.

즉, 육체의 부피가 크다고 힘이 강하거나 육체의 부피가 작다고 힘이 약하지 않으며, 머리가 좋다고 공부를 잘하거나 전문성을 갖추었다고 인격이 훌륭하다거나 존경을 받게 된다거나 하지 않다는 말이다.

한 사람이 정의롭고 품성이 훌륭하며 성공하기 위해서는 사주의 강약을 떠나서 일간의 그 기상(氣像)이 정의로워야 한다는 것이다. 즉, 사회성이 강하게 이루어져야 한다. 그것은 일간이 신강(神强)해야 한다는 말과 같다. 그러기 위해서 일간은 강약보다는 자신의 근간이 튼실해야 하고 격국이 정의로워야 하며, 관인상생의 코스나 식상생재의 코스가 명료하거나, 또 인성과 비겁 식상의 상관관계 등이 순수할 때로 이런 관계가 모두 어그러짐이 없어야 한다. 아울러 그들 역시 근간이 투철해야 하고, 용신과 희신의 역할 역시 그와 같아야 한다. 예컨대, 신약한 사주라도 일간의 근간이 있고 격이 정의롭고 관인상생이 잘 이루어진 사주라면 사회적 성공이 낮다 하더라도 그의 삶은 지극히 평화로울 수 있으며 극한 어려움을 겪지 않게 될 것이다.

신강(身强) – 사주가 강한 것을 말함.
신약(身弱) – 사주가 약한 것을 말함.
신강(神强) – 사주의 강약에 상관없이 일간의 기상이 강한 것을 말함.
신약(神弱) – 사주의 강약에 상관없이 일간의 기상이 약한 것을 말함.

예1) 身强 사주이며 神强 (男 : 의사)

時 日 月 年
甲 癸 壬 辛
寅 亥 辰 亥

위 사주는 癸亥 일간이 壬辰월 출생에 비겁 水가 많아 태강하고 습하여 탈재의 문제와 이기적이고 다혈질의 성격 등 편협한 편이 드러나 문제가 많은 사주로 보인다. 그러나 시간의 甲木 상관이 좌하 寅木에 근간을 확실히 두고 일간의 기를 유감없이 설기시키니 일간은 그 기상이 신강(神强)하게 되었으므로 이비인후과 의사가 된 것이다.

예2) 身强 사주이며 神弱 (파경의 여인)

```
時 日 月 年
丙 己 癸 乙
寅 巳 未 巳
```

　위 사주는 己土 일간이 未月 생에 인성 火가 많아 조열한 신강사주다. 월간의 편재 癸水가 재물이 되고 火氣를 식혀줄 것 같아 보인다. 그러나 일점 근간이 없고 생을 받지 못하는 중 시지의 정관 寅木이 있어 강한 己土 일간을 다스려줄 것 같지만, 시간의 기신 丙火만 강하게 하니 역시 무모할 따름이다. 비록 신강(身强) 사주나 일간의 기상이 매우 신약(神弱)하게 되었으니 이혼과 함께 삶이 어렵게 되고 만 것이다.

예3) 身弱 사주이며 神强 (男 : 서울대 졸)

```
時 日 月 年
辛 丙 乙 戊
卯 申 丑 午
```

　위 사주는 丙火 일간이 丑月 생으로 신상과 재성이 많아 지극히 신약하여 문제다. 그러나 丙火는 연지의 午火에 근간을 두고 시지의 卯木 인성에서 乙木이 월간으로 투출함으로써 기상이 강하게 되었다. 공부를 잘하여 서울대학교를 졸업하고 자신의 미래를 위해 정진하고 있는 사람이다. 비록 신약하나 일간의 정신이 투철한 신강(神强)이 되었기에 성공의 진로를 가고 있는 것이다.

3. 격국(格局)과 용신(用神)의 설정사례

격국과 용신의 설정방법은 이미 일반화되어 있으며 앞에서 말한 대로 사주명리학을 다루기 위한 매우 중요한 기본 학습체계다. 필자의 저서 『명리학정론』과 『명리대경』(명운당)에 상세히 밝혀놓았으므로 여기서는 격국과 용신설정의 십성사례를 도표화하는 것으로 이해를 돕고자 한다.

비견·겁재의 격과 용신설정

비견 격과 용신	겁재 격과 용신	구분
時 日 月 年 丙 丙 辛 庚 申 申 巳 子	時 日 月 年 丙 乙 甲 戊 子 丑 寅 申	사주 명식
丙火 日干이 巳 중의 丙火가 時간에 투출하여 비견격이다	乙木 日干이 寅月에 甲木이 투출하여 겁재격이다	격의 설정
신약하여 日干을 돕는 時干의 丙火 비견을 용신한다	신강하여 日干의 기를 유출시키는 時干의 丙火 상관 이용신이다	용신 설정

식신·상관의 격과 용신설정

식신 격과 용신	상관 격과 용신	구분
時 日 月 年 甲 壬 庚 辛 辰 午 寅 亥	時 日 月 年 乙 丁 戊 丙 巳 卯 戌 申	사주 명식
壬水 日干이 월지 寅 중 甲木이 時干에 투출하여 식신격이다	정화 日干이 戌月에 戊土가 투출하여 상관격이다	격의 설정
신약하여 日干을 돕는 월간의 庚金 편인을 용신한다	신강하여 日干의 기를 유출시키는 月柱 상관이 용신이다	용신 설정

정재 · 편재의 격과 용신설정

정재 격과 용신	편재 격과 용신	구분
時 日 月 年 壬 庚 己 庚 午 辰 卯 午	時 日 月 年 庚 辛 乙 癸 寅 卯 卯 酉	사주 명식
庚金 일간이 卯月에 출생하여 정재격이다	辛金 일간이 卯月에 乙木이 투출하여 편재격이다	격의 설정
신약하여 日干을 돕는 월간의 己土 인수를 용신한다	신약하여 日干을 돕는 時干의 庚金 겁재가 용신이다	용신 설정

정관 · 편관의 격과 용신설정

정관 격과 용신	편관 격과 용신	구분
時 日 月 年 己 壬 癸 丁 酉 寅 丑 酉	時 日 月 年 辛 壬 戊 丙 丑 辰 戌 寅	사주 명식
壬水 日干이 丑土에 己土가 時干에 투출하여 정관격이다	壬水 日干이 戌月에 戊土가 투출하여 편관격이다	격의 설정
신강하여 日干을 설기하는 일지 寅木 식신을 용신한다	신약하여 日干을 돕는 時干의 辛金 인수가 용신이다	용신 설정

정인 · 편인의 격과 용신설정

정인 격과 용신	편인 격과 용신	구분
時 日 月 年 乙 庚 丁 己 酉 申 丑 卯	時 日 月 年 癸 辛 己 癸 巳 亥 未 卯	사주 명식
庚金 日干이 丑土의 己土가 時干에 투출하여 인수격이다	辛金 日干이 未月에 己土가 투출하여 편인격이다	격의 설정
신강하여 日干을 극하는 月干의 丁火 정관을 용신한다	신약하여 日干의 기를 돕는 月干의 己土 편인이 용신이다	용신 설정

십성의 심리와 사회성

1
십성의 본성과 심리

1. 십성의 사회성(社會性) 개요

사주의 십성분포와 기후관계를 통하여 개인의 사회성 검사를 할 수 있다. 이는 지능과 관련학과 검사 결과와 상당히 밀접한 상관성이 있으며, 검사방법도 십성의 원소적 작용을 통하여 상관관계를 이루는 기질적인 성향을 측정하는 것으로 크게 벗어나지는 않는다. 다만 특별한 것은 다음과 같다.

첫째, 기후에 따라 특성적으로 나타나는 행동심리와 문화적 사고의 차이를 알 수 있다.

둘째, 십성의 개체적인 심리적 기질에서도 개개인이 지향하는 면과 사회적 논리의 사고편성에 대한 부분을 세밀하게 검사할 수 있다.

셋째, 이런 십성의 독자적인 작용과 함께 사주명조 내에서 천간과 지지, 연월일시 궁위별로 십성의 위치에 따라 일간의 사회적 적응능력을 세밀하게 검사할 수 있다.

이 장에서는 십성의 강약에 따른 분포와 궁위별로 위치한 십성에 따라 일간으로 하여금 어떤 심리적 사상을 소유하게 하는지, 그리고 자신만이 지향하게 되는 사회적 가치관을 파악하여 개개인의 사회적응에 대한 능력을 검사해보고자 한다.

2. 십성의 심리구조(心理構造)

사주의 십성(十星)에는 심리체계가 잠복(潛伏)되어 있으며, 발현되는 지능에 이르기까지 지대한 영향력을 끼친다. 즉, 오행의 과부족과 상생상극의 관계, 격(格)을 이루는 형태나 용신(用神)의 관계까지 복합적인 상관관계를 이룬다. 이것은 크게 내향성(introversion)과 외향성(extroversion)의 성격이 형성되는 것이며 지능발현의 축을 이루는 것과 크게 관련된다.

동시에 일간을 생하는 편인과 정인은 지식을 받아들여 프로그램 개발과 아이디어를 생각해내는 기능이며, 일간을 설기하는 식신과 상관은 받아들인 지식에서 개발된 아이디어와 프로그램을 호기심(好奇心)과 창의력(創意力)을 발휘하여 응용하고 생산해내는 기능이다. 정재와 편재는 수리능력으로서, 정재는 치밀한 계산에 능하고 편재는 신속한 가치평가의 기능이다. 정관과 편관은 인성의 프로그램과 아이디어를 저장하고 지식을 정형화하여 판단과 분별력을 높여(Upgrade)주는 기능을 소유한다.

이런 기능들은 당면한 사안과 사건, 삶의 목적의식, 사회구조나 구성원 간의 상호작용은 물론, 처해 있는 환경과의 긍정적, 부정적 적응관계까지도 심리적으로 밀접하게 작용하는 메커니즘(mechanism)이 된다. 사주명식에서 인성과 식상이 호환(互換)적이며, 긍정적으로 작용하는 관계는 성공과 상관없이 특별히 지능이 높으며 전문성 또한 높다.

아울러 십성이 소유한 심리는 긍정과 부정적으로 이원화(二元化) 되어 있다. 그렇게 소유된 심리는 표면적으로 드러나 있게 마련이다. 하지만 적당히 잠재적이거나 깊이 잠복하고 있기도 하므로 선뜻 외향적으로 드러나지 않는 경우가 있으니, 단편적인 판단에 혼란을 초래하기도 하는 것이다. 이런 잠재성들은 성장하는 과정에서 받게 되는 교육에 의해서나 인간관계 등으로 인해 인격이 형성되는 과정 속에서 긍정적으로 개발되거나 부정적으로 표출되기도 한다. 또 대운의 영향을 받게 될 때에도 그렇다. 심리성향과 열 개의 십성에서 각각 발현되는 지능에 관여될 심리구조는 다음과 같다.

십성의 심리구조 표

구분	긍정심리	부정심리
비견	독립적 주체성	편향적 자기심리
겁재	주도적 지배성	배타적 우월심리
식신	능률적 생산성	주관적 도취심리
상관	창의적 예술성	파격적 이탈심리
편재	구조적 정밀성	탐욕적 소유심리
정재	다변적 유용성	소극적 회의심리
편관	조직적 자율성	공격적 경쟁심리
정관	기획적 생산성	자학적 수축심리
편인	학문적 탐구성	냉소적 가학심리
정인	분석적 직관성	폐쇄적 극단심리

3. 구조(構造)에서의 사회적 심리

사주명조는 여덟 개의 간지로 구성되고 있으나, 일곱 개의 십성이 연간, 연지, 월간, 월지, 일지, 시간, 시지의 위치에서 각각 주체인 일간과 대면하여 상대하게 된다.

세상의 모든 사람들이 똑같은 인생을 살 수 없는 것처럼, 그 십성들이 고르게 분포되기는 불가능하다. 즉, 어느 십성 중 하나라도 강하거나 약하고 또는 없기도 하다.

그런 강약과 결원은 결국 위치관계에 적용되며 성격심리와 행동성향, 외향적 내향적, 미래와 현실성, 구상과 욕구, 목적의식과 가치관 등이 다르게 나타난다. 아래는 사주의 구조에서 볼 수 있는 사회성이다.

사주의 구조에서 미치는 사회성 도표

음		양	
미래구상, 대외적인 자기표출	일간	사회적 · 외향적인 가치관을 지향	양
자신의 욕구세계와 협조체계 관망		대내외적 목적의식 자신의 근성지향	음

2

십성의 위치별 사회성

　열 개의 십성(十星)은 각자 고유한 성정(性情)과 지능(知能)을 소유하고 있으며, 사주명식 내에서 타 십성과의 상관관계 작용에 의하여 반사적(反射的)인 성향이 드러나는 동시에, 강약(强弱)에 의한 역할분담이 주어지게 된다. 또한 십성은 독자적인 기질(氣質)로부터 어디(위치)에 있는가에 따라 중요하게 담당하는 역할과 심리(心理)와 사회성(社會性)이 있다. 위치별로 정해진 십성이 격국(格局)에 해당하거나 용신(用神) 및 희신(喜神)에 해당한다면 그 심리나 사회성은 자신에게 보다 직접적이고 현실적으로 관여될 것이며, 기신에 해당한다면 반사적인 작용이 적나라하게 드러날 수 있다. 다만 사주명식 내의 십성 중 극약(極弱) 무근(無根)하거나 합변(合變) 충거(沖去)되는 등으로 역할이 미미할 경우는 그 심리적, 사회적 작용은 작거나 혹은 드러나지 않을 수도 있다. 아래는 사주명식 내 위치에 따라 드러나는 개별적인 십성의 심리관계와 사회성을 검사할 수 있는 내용이다.

1. 비견(比肩)의 위치별 심리와 사회성

연간의 비견
- 심리 – 사회적 인맥유대와 자아공조 심리.
- 사회성 – 근본이 일간과 같으니 첫 인상이나 실제적 모습에 동질성이 유발되고, 성장배경, 학연, 지연 등의 인맥들과의 친숙한 유대관계가 입지적인 결과로 이어진다. 공동분배의 원칙과 동병상련의 공감대가 형성되고 사교성이 좋아 인적자원의 실효성이 크다.

월간의 비견
- 심리 – 우호적 인맥결성과 희생적 자아주체 심리.
- 사회성 – 가까이에서 친분을 가진 사람들과 좋은 관계를 가지려 하며, 사리사욕보다는 윈윈(win-win)정신이 강하다. 인간관계를 중요시하고 이를 추구하므로 자기 가정보다는 친구가 우선이며, 재물 소비가 많을 수 있고 독립적, 주체적이고자 한다.

시간의 비견
- 심리 – 사회공익에 기여하는 주체적 개성심리.
- 사회성 – 개인의 안위보다는 사회와 공익을 우선하면서 더불어 사는 세상에 상부상조하려고 생각하는 경향을 가진다. 상호유대에

서 오는 경쟁적인 체면이 강하니, 떳떳하고 깨끗하게 자신만의 주체적 개성을 가지고자 한다.

연지의 비견
- 심리 – 사회의 공적인 연대 속 자아발전 추구심리.
- 사회성 – 환경에서 받은 지원을 사회 속에서 공식적이고 공공적인 일로 승화시키려는 욕구가 강하다. 공식적인 조직력과 상위관계와의 연대를 도모하여 자신의 입지를 확고히 해 비약의 발전을 추구한다.

월지의 비견
- 심리 – 조직결속을 통한 자아근성의 만족심리.
- 사회성 – 대표가 되어 단체나 모임을 결성하는 능력이 뛰어나고, 팀웍에 강하며 의협심과 사명감으로 유대관계를 이루고자 한다. 사회공익에 의의를 두고 단체 및 공동생활에 적응력이 좋으며 자아근성이 투철한 유형이다.

일지의 비견
- 심리 – 현시적 욕구에 의한 자기만족심리.
- 사회성 – 현시적인 욕구가 강하고 현실적으로 당면한 관계에 있는 모든 것들과 우호적이고 직접적인 도움을 받아 현실 속에서 실리적인 만족을 느끼고자 하는 성향이다.

시지의 비견
- 심리 – 보장된 가치평가를 통한 미래구상심리.

- 사회성 – 부하나 후계자에게 신의관계를 돈독히 하고 후견인이나 스폰서를 찾아 나의 미래에까지 보장되는 든든한 입지를 만들고자 희망하며 대체적으로 물질적인 지원과 투자자를 원하는 성향이다.

2. 겁재(劫財)의 위치별 심리와 사회성

연간의 겁재
- 심리 – 경쟁에 강요된 자기보호심리.
- 사회성 – 비견과 대체로 같은 특성이나 음양이 다르므로 타인과의 경쟁력이 더욱 강하고, 처한 입지가 불안정하여 자신만의 터전을 찾아 유학이나 이민을 선호하며, 약자에게는 측은지심이 동요되어 보호본능을 가진다.

월간의 겁재
- 심리 – 명분에의 희생과 동정을 수반한 주체심리.
- 사회성 – 전체라는 명분을 내세워 개인적인 희생을 감수하고 배려와 동정심이 강하여 인정받으나, 완강함과 일상생활의 부조화로 파생되는 예견치 못한 난처한 일들을 감당하는 성향이다.

시간의 겁재
- 심리 – 대의적 안정과 명분지향의 의협심리.
- 사회성 – 단체나 대의를 위해서 명분을 지켜나가기 위하여 자신의 수고로움은 당연시하는 의협적인 마음을 가지게 된다. 그러나 무조건적인 수고가 아니라 자존심 유지라는 내면적 바탕 위에 드러

나는 행동이므로 경쟁적이고 성취동기가 강하다.

연지의 겁재
- 심리 – 동질감이 상실된 이질적 부조화심리.
- 사회성 – 나와는 배타적인 곳에서 이질적 관계의 대인관계를 형성하고 소속되려 하고 미지의 영역과 연관되어 신앙적인 성향이 짙다. 또한 경쟁에서 승부적 긴장감의 연속으로 마음의 안식처를 항상 갈구한다.

월지의 겁재
- 심리 – 정의와 공익의 명분을 위한 희생심리.
- 사회성 – 정의와 명분, 공익과 의리를 위한 소임을 맡고 보장된 영역 확보를 위해서는 희생이 따른다. 사회적 필요에 부응하여 권력 행사를 담당하며 승부지향적이고 경쟁적인 이미지의 유형이다.

일지의 겁재
- 심리 – 주종관계의 동질성과 측근의 협력심리.
- 사회성 – 든든한 보좌관과 같은 존재의 도움으로 자아실현을 이루고 현실적으로 소중한 관계들에게 동등한 권리보장과 그 수고에 대한 정당한 분배로 협력관계를 지속시킬 수 있다. 독특한 노하우를 소유한다.

시지의 겁재
- 심리 – 미래지향적 후견인 기대심리.
- 사회성 – 자신을 보좌할 수행인을 통하여 일신의 편안함과 안정을

도모하는 생활을 추구하는 유형으로 투자자의 협조와 연대로써 장기적이고 미래지향적인 안정을 얻고자 한다.

3. 식신(食神)의 위치별 심리와 사회성

연간의 식신
- 심리 – 사회적 진보성과 경제보장의 안정심리.
- 사회성 – 선대로부터 전승된 경제적 안정에 유리하며 이를 바탕으로 사회적으로 진보의 노력과 긍정적인 활약으로 일찍 선두 위치를 확보하고 안정적인 기반을 추구한다.

월간의 식신
- 심리 – 안정과 여유의 추구로 진보적 획득심리.
- 사회성 – 의식주에 대한 보장과 여유 있는 문화생활을 추구한다. 명랑하고 관용적이며 온화하게 사회생활을 이끌며, 때로는 우유부단하지만 항상 새로운 경험 속에서 생산력을 가지려고 노력하는 유형이다.

시간의 식신
- 심리 – 생산적인 자아의 미래상 추구심리.
- 사회성 – 자아실현을 목표로 꾸준히 미래를 준비하는 동시에 사회활동은 실리를 기반으로 하여, 매사에 항상 준비하는 전형적인 성향으로 모든 사안에 대항력이 강하다.

연지의 식신
- 심리 – 낙천주의적 생활유지의 요구심리.
- 사회성 – 안정과 풍요로움의 성장환경이 우선적일 수 있으므로 이로 인해서 자연스럽게 지속적인 문화생활을 접하게 되며, 사회적인 공헌과 기여에 대한 뜻은 개인적인 풍요로움 속의 낙천주의자로 비치게 될 수 있다.

월지의 식신
- 심리 – 고유한 특기의 사회생활과 풍요 추구심리.
- 사회성 – 자신만의 고유한 특기를 살려 사회생활에 적극적으로 활용하며, 나아가 안정되고 풍요로운 삶을 추구한다. 관을 보면 경제나 교육계통 활동에, 재를 보면 생산가공 사업과 예술에 관심을 보이고 인성을 보면 학문을 통한 전문성이 강하다.

일지의 식신
- 심리 – 고유한 라이프 스타일을 즐기려는 심리.
- 사회성 – 자신의 재능을 발현하고자 하는 심리로 현실적인 기능성의 특기를 추구하게 된다. 일정한 자기 스타일을 가지고 사회생활과 여가생활을 풍요롭게 도모하므로 취미생활에도 의미를 많이 두는 유형이다.

시지의 식신
- 심리 – 미래지향적인 안정과 풍요 추구심리.
- 사회성 – 먼 미래에까지 충분한 여가와 풍요가 지속되기를 바라는 개인적인 희망이 소유되어, 노후에도 활동적이고 생산적인 일에

시간을 투자하여 안정을 구축하는 성향이 강하다. 자녀의 안정적인 생활에 보상적 기대심리가 있다.

4. 상관(傷官)의 위치별 심리와 사회성

연간의 상관
- 심리 – 영리한 두뇌활용과 보편성에 대한 적대심리.
- 사회성 – 항상 언행이 예리하므로 주변을 긴장시키며, 사건이나 사물의 이면을 보는 영리함의 소유로 독특한 사업을 추진하여 재물을 얻고자 한다. 집안과 본인이 부조화의 길을 걸을 수 있다.

월간의 상관
- 심리 – 감각적인 모방을 통한 창의성 활용심리.
- 사회성 – 현실에서 오는 직감력과 추리력을 바탕으로 모방에서 오는 응용적 창조능력이 뛰어나며, 탁월한 언변으로 기회포착에 능하다. 그러나 직언과 다언에서 오는 문제는 주의해야 할 부분이며, 안정적인 공직생활보다는 개인적 능력을 중요시하는 유형이다.

시간의 상관
- 심리 – 영원한 자유의 갈망과 개성추구심리.
- 사회성 – 규칙과 속박을 싫어하며 언제나 자유인이기를 소망한다. 개성적인 형으로 대인관계에서 해결사이고자 하며 항상 새로운 일을 추구한다. 여자는 자식과 인연이 일생을 함께하고, 남자는 자식으로 인한 근심이 있기 쉬우며 겁재가 동주하면 탈취욕구가

강하다.

연지의 상관
- 심리 – 내적으로 잠재된 반발심리와 변혁심리.
- 사회성 – 성장기에 건강과 상해를 주의해야 하고 내적이면서 장소라는 공간적인 활용으로 모든 정보업무에 능력을 발휘한다. 언론이나 예술적인 성향이 강하며 깊은 인도주의적 사고의 함양으로 종교적인 성향이 짙다.

월지의 상관
- 심리 – 언변을 활용한 경제활동 추구와 일상탈피심리.
- 사회성 – 변화에 능동적으로 적응하는 체질로 단기적인 승부에 유리한 중간역할이나 소개업에 능한 동시에, 개인적인 기예가 특출하여 전문성의 직종에서 두각을 보인다. 평범한 일상의 안정을 뛰어넘어 자유를 추구하는 유형이다.

일지의 상관
- 심리 – 고정관념을 탈피한 자신만의 스타일 추구심리.
- 사회성 – 직접적인 상황에 대처하고자 하는 개인적인 공간을 활용하는 능력이 탁월하여 차별화된 개성의 어필로 사회적인 실리를 구축하고 최대한 응용하는 성향이다. 감정 컨트롤이 부족한 것이 대인관계에 주의할 점이다.

시지의 상관
- 심리 – 물질과 육체적 욕망 갈망심리.

- 사회성 – 개인적인 욕망을 충족하고픈 강한 욕구로 남자는 재물을 추구하며 여자는 자식을 위한다. 생각과 행동이 이질적이며 미래 지향 사고가 내면으로 유입되니 항상 재테크에 집착하고 육체적인 욕망의 충족을 원함이 강하다.

5. 편재(偏財)의 위치별 심리와 사회성

연간의 편재

- 심리 – 불안정을 감수한 재정적 확대심리.
- 사회성 – 선대의 유산상속 혜택을 입을 수 있고, 일찍 사회생활에 진출하여 경제활동에 관심을 가지는데, 안정적이고 계획성 있는 재물의 축적보다는 위험을 고사하고 큰 재물에 목표에 둔다.

월간의 편재

- 심리 – 성취과욕의 도전과 능동적 풍미심리.
- 사회성 – 결과보다는 과정을, 작은 것보다는 큰 것을 취하려는 마음이 강하여 다소 투기적이고 과욕적인 성향이 강하다. 능동적이고 인생을 즐기려는 풍미의 자유적 기질과 사물의 가치 환산에 능하다.

시간의 편재

- 심리 – 동요에 의한 탐욕과 물질 투기심리.
- 사회성 – 편재가 생왕하면 남자는 이성에 편집성향이 많다. 막연한 공간에 대한 호기심이 항상 새롭게 동요되는 욕구는 탐욕과 취

욕으로서 과감한 투기성이 발현된다. 능동적인 관념이나 권위의식이 강하다.

연지의 편재
- 심리 – 안전한 보호망 속 경제영역 확보심리.
- 사회성 – 천연자원으로 얻어지는 금은보석이나 유산, 부동산과 같은 투기사업이나 무역업과 같은 체인망을 가진 기득권을 선점하는 능력으로 고양된 경제활동의 기조를 추구한다.

월지의 편재
- 심리 – 사업가적인 기질과 경제활동의 주도심리.
- 사회성 – 금융계통과 경영에 인연과 관심이 많은 사업가 기질을 소유하여 경제활동에 참여하는 것이 본성적이다. 일정한 수입에 안주하지 않고 모험을 체험하는 것에 스릴을 느끼므로 대범한 경제활동을 주도한다.

일지의 편재
- 심리 – 기득권의 경제활동과 재물소유심리.
- 사회성 – 부친과의 관계를 지속코자 하며 맏이의 역할에 순응하고, 항상 재물과의 직접적이고 현실적인 교류관계가 많아 물질이 부족하여도 정신적인 풍요 속의 인생을 항해한다. 재물에 대한 기득권을 행사하고 활용성에 목적을 둔다.

시지의 편재
- 심리 – 현실을 벗어난 새로운 공간추구심리.

- 사회성 – 개인적 용도가 되는 별장과 같은 신선한 나만의 장소를 추구하고, 미래의 안정을 목표로 하는 장기적인 분산투자를 확대해나가는 욕구가 강한 성향이다.

6. 정재(正財)의 위치별 심리와 사회성

연간의 정재
- 심리 – 안정과 풍요의 실리적인 경제활동 추구심리.
- 사회성 – 선대로부터 유산상속이나 경제적인 배경에서 풍요와 안정을 유입하며, 성실근면하고 정당한 노력의 대가로 능동적이고 실리적인 생활과 자기관리에 치밀한 성향이다.

월간의 정재
- 심리 – 현실적 경제활동을 통한 안정추구심리.
- 사회성 – 현실적 유지능력이 탁월하고 집착적 인내심과 지구력이 강하며, 노력을 수반시킨 경제활동으로 일정한 고정수입을 구축하여 안정되고 정당한 삶의 품질을 유도하는 근면절약을 솔선하는 기상의 성향이다.

시간의 정재
- 심리 – 절도 있는 경제생활과 재물계승 희망심리.
- 사회성 – 노력하여 득한 재물이 가치 있고 보람 있게 활용되기를 원하므로 사회와 후손에게 공헌하려 한다. 재물의 적절한 분배에 합리적이므로, 자식의 학자금이나 가족의 부대비용에도 세심하며

정리정돈이 정확한 형이다.

연지의 정재
- 심리 – 경제적 기반으로 인한 안정감 영위심리.
- 사회성 – 자연에서 얻어지는 공기나 음료수처럼 나의 노력과는 무관한 사회적 기반이나 선대의 유산, 묵혀진 재산과 같이 잘 정리된 것들이 안정된 기반으로 작용하여, 사회의 활동에는 소심하고 정직하고자 하는 성향이 강하다.

월지의 정재
- 심리 – 정확성과 신용의 사회적 기반 수행심리.
- 사회성 – 부모의 경제적 안정을 의미하니 유산으로 받는 재물이나 상속된 사회적 공간을 의미한다. 사회적 기반이 은행이나 금융업체 등의 업무에 정확과 신용을 기반으로 맡겨진 임무에 능동적이고 책임성이 강하다.

일지의 정재
- 심리 – 물질과의 대면활동과 정직성의 고착심리.
- 사회성 – 직접적으로 현금을 다루고 출납업무 등 총무성향의 활동이 많이 주어지며, 치밀한 자기관리와 정확성으로 인하여 소심한 이면이 있다. 정직성이 돋보여 대의적인 신뢰를 구축하여 나가는 것이 가능하고, 사회적 역할이 고무적이며 현실적인 관념과 실행능력이 우수한 성향이 강하다.

시지의 정재
- 심리 – 지속적이고 현실적인 안정추구심리.

- 사회성 – 미래를 위한 현실안정에 충실하고자 하며 유산과 비자금 저축 등에 능동적인 관리를 수행한다. 경제적인 안정성이 지속되기를 원하는 현실적인 마인드로 매우 계획적이고 정확한 설계와 준비성이 우수한 성향이다.

7. 편관(偏官)의 위치별 심리와 사회성

연간의 편관
- 심리 – 권위의식과 살신성인 정신의 기반심리.
- 사회성 – 용감한 선발대와 같이 본인의 희생으로 국가사회에 투신코자 하는 경향을 갖는다. 임시적이고 혼란한 속에서도 권위와 체면을 중시하며 성장시기부터 리더로서의 역할에 많은 경험이 관여되므로 판단력과 결단성이 확연하다.

월간의 편관
- 심리 – 책임과 사명감을 동반한 권력추구심리.
- 사회성 – 군인이나 법관 같은 권위직이 적성이나 사주에 편관을 감당할 수 없을 때에는 노동력을 활용하는 일을 하게 된다. 명예와 권위, 그리고 책임과 사명감으로 공을 세워가는 사명감으로 명분 있는 직책을 중요시한다.

시간의 편관
- 심리 – 사회구조의 종적 추구와 강박관념의 이탈심리.
- 사회성 – 시상일위귀격이 되면 남자는 귀한 자식을 두며 노후의

명예가 보장되는 반면, 여자는 만혼하는 경우가 많다. 타인에게는 관대하나 자신에게는 엄격하며, 강박관념에 사로잡히기 쉬워 마음의 동요가 많은 성향이다.

연지의 편관
- 심리 – 절제와 통제 속의 내면적 사회구조 추구심리.
- 사회성 – 선대에 특수직이나 별정직 군관 등의 영향을 받아 선천적으로 명예와 권리업무를 내적으로 원하게 된다. 절제와 통제력으로 목표는 조직을 구성하고 관리하는 리더로서 개인보다는 소속된 단체의 명예를 앞세우고 중시한다.

월지의 편관
- 심리 – 독행자의 고뇌와 지배구조의 군중심리.
- 사회성 – 선천적으로 권력형의 성향이므로 방대한 조직이나 간담을 필요로 하는 업무의 스타일이고, 담백한 판단과 신속한 결정력으로 소속된 곳에서 중요한 직책을 맡아 분주한 업무를 수행하는 능력이 우수하다.

일지의 편관
- 심리 – 담백한 책임감과 시련을 극복하는 도발심리.
- 사회성 – 책임이나 중책을 맡은 실권자로서 활동하는 것을 원하며 묵묵히 솔선수범하고 주변의 소중한 것들에 대한 권리를 주관해 나간다. 인성과의 협조가 없으면 질병이나 재난을 직접적으로 감당하게 되고 남자는 자녀를, 여자는 남편을 소중히 생각한다.

시지의 편관
- 심리 – 외적인 압박을 수용하는 인내심 응집심리.
- 사회성 – 결과를 얻기에 노력과 수고가 많이 따르고 매래를 보장 받고자하는 사상으로 직업의 귀천보다는 직업과 명예를 갖고자 하는 자세가 정직하다. 불리한 상황을 헤쳐 긍정적으로 발전시키고 어려움을 극복하는 능력이 우수한 성향이다.

8. 정관(正官)의 위치별 심리와 사회성

연간의 정관
- 심리 – 정통성을 기조로 하는 사회활동 추구심리.
- 사회성 – 조상의 업을 계승하는 정통파로 정직한 사회적 관념의 발현으로 도덕적인 업무에 자부심이 강하다. 일찍 유망한 직종으로 사회활동에 진출하여 주목받으며, 개인보다는 대의적인 것에 목적을 두는 성향이다.

월간의 정관
- 심리 – 권한의 정당성에 의한 사회적 안정심리.
- 사회성 – 관료주의 성격과 실력을 바탕으로 입신양명하여 부정과 부패를 척결하고 청렴결백한 삶으로 꾸준히 노력하여 뜻을 이루려 한다. 주어진 법규와 원칙을 고수하여 행동하는 것을 최선으로 여기는 성향이다.

시간의 정관
- 심리 – 명예의 지속성을 요하는 권리추구심리.
- 사회성 – 명예나 권리 지위가 꾸준한 것을 원하며, 승진욕구도 강하므로 현실감각에 근거한 지속적인 사회활동을 추구한다. 자녀의 발전과 노후의 명예가 보장됨과 동시에 가문과 국가 공공단체의 번영을 염원하고 그런 길로 처세하는 성향이다.

연지의 정관
- 심리 – 사회배경에서 오는 자긍심과 자부심의 선정심리.
- 사회성 – 여자는 조혼하는 편이며 명식에서의 위치상 가깝고도 먼 작용으로 출장이나 외출이 잦은 배우자를 두게 된다. 국적이나 여권, 주민등록증, 영주권에 비유되는 일정한 자격이 갖춰진 것을 의미하고 명문가 출신의 성향이다.

월지의 정관
- 심리 – 공공의 이익을 중시하는 안정지향 구조심리.
- 사회성 – 정직성과 도덕적인 가치가 기본이 되어 있고, 부모나 남편이 공직생활로 명예나 공공의 이익을 중요시한다. 자영업이면 관공서나 브랜드가 큰 회사와 공식적인 유대관계로 특혜를 받아 이익을 도모하는 능력이 우수하다. 자격증, 공문, 임명장, 발령장, 선거권, 책임 있는 수행능력과 관련 깊은 성향이다.

일지의 정관
- 심리 – 신임과 책임을 선용하는 도덕적 가치심리.
- 사회성 – 책임과 명예를 중하게 여겨 매사에 신중을 기하므로 신

임을 받는 관리로서의 책임을 수행한다. 마음이 잘 맞고 상호 간 존중하는 부부생활을 영위하는 경우가 많고, 도덕적 타당도에 근거한 판단 후에 행동하는 성향이다.

시지의 정관
- 심리 – 안정을 기조로 하며 현실유지의 기대심리.
- 사회성 – 완성되고 안정적인 속에서 원칙대로 그 현실이 영원히 지속되기를 바란다. 결재를 기다리는 보류서류나 현실을 유지하고 보존하려는 관계기관에 비유할 수 있는 심리구조를 가진 성향이다.

9. 편인(偏印)의 위치별 심리와 사회성

연간의 편인
- 심리 – 비현실적인 세계로의 도피심리.
- 사회성 – 사물의 접근을 자유화하고 대적관계에 예민한 반응을 보인다. 상상과 공상에 의한 외적인 사회적 시각을 함유하여 해외의 업무나 유행에 민감하고, 현실보다는 비현실적인 것에 관심을 가지게 되어 광고성이나 홍보에 예외적인 창조능력이 있다.

월간의 편인
- 심리 – 독특한 외국적 반향과 특유성의 사고심리.
- 사회성 – 감상적이고 다변적이며 공상과 의구심의 영향으로 추구하는 것들이 지체된 연후에 성취하게 된다. 이중적인 사고가 기초

되어 특유성의 업무에 종사하거나 능력을 보이고, 기회포착에 뛰어나 두 가지 특기나 직업에 접근하는 성향이다.

시간의 편인
- 심리 – 차별화된 상상력과 고독자폐심리.
- 사회성 – 신경이 예민하고 미래의 방향성이 수시로 전환이 되어 이루고자 하는 꿈이 다양하다. 야간에 정신적 작업을 하는 직업에서 남과 차별화시키는 능력이 있고, 사고방식이 즉흥적이기에 오해의 소지가 따르는 성향이다.

연지의 편인
- 심리 – 종교문화를 수용하는 예술적 심취심리.
- 사회성 – 내면적인 사고와 사색이 깊어 일찍부터 종교문화에 심취하는 면이 강하고, 상상력이 풍부한 이상주의로 보편성을 초월한 사고방식을 지님으로써 저술이나 기술 및 문예 등에서 부각되어 명예를 이루는 성향이다.

월지의 편인
- 심리 – 교육, 문예 방면으로의 신비주의적 접근심리.
- 사회성 – 교육적인 심성과 문예적인 방면에 다재다능하나 순간의 발상에 근거한 신비주의적 이면적 사물접근심리가 강하다. 직업은 주로 이공계와 예체능계의 교수나 예술 및 기능적인 면에 돋보이는 성향이다.

일지의 편인
- 심리 – 이원적인 현실수용과 특이한 응용심리.
- 사회성 – 남들이 하지 않는 것에 관심사가 미치는 독특한 유형으로, 신기한 것을 생각해내어 문장에 창조성을 불어넣는다. 매사에 의심을 하면서 접근하며, 감정의 조절이 안 되면 까다로운 경향이고 변화에 능한 속성이다. 배우자와의 무난한 조화가 어려우나 신약이면 오히려 현명하고 도움을 많이 주는 사람을 만나게 된다.

시지의 편인
- 심리 – 염세주의적 사고와 미래의 다변적 공상심리.
- 사회성 – 허무한 마음이 존속되어 삶에 도통하고 달관된 언행으로 사회적 역할에 유쾌한 반면, 염세주의적 사고가 있고 미래에 대한 다변적인 생각과 자기만의 방법대로 행동하는 성향이다.

10. 정인(正印)의 위치별 심리와 사회성

연간의 정인
- 심리 – 계승적인 지식의 축적과 안정된 사회적응심리.
- 사회성 – 안정된 집안에서 사랑과 혜택을 받아 권익을 보장받으며 성장한다. 학문과 명분을 내세워 안정적인 사회적 진출을 모색하고자 하는 경향이 많으므로, 일생을 통해 지속적으로 배움의 길을 사랑하는 성향이다.

월간의 정인
- 심리 – 전통성의 수용과 대의와 이론적 의존심리.
- 사회성 – 어른을 존경하고 의외성의 도움과 행운이 많이 따르며, 타인에게 베풀기에 앞서 받기를 좋아하는 이기적인 경향이 있다. 외골수 성향이어서 인내심이 강하고 대의에 순응하는 이론적 성향이다.

시간의 정인
- 심리 – 보수적이며 지속적인 자기계발 욕구심리.
- 사회성 – 학문이나 공부에 마음이 많이 가므로 만학하는 경우가 많으며 사회생활을 유지하기 위해서 꾸준한 업그레이드가 필요한 전문직에 주로 종사하게 된다. 꾸준히 자기계발에 주력하는 성향이다.

연지의 정인
- 심리 – 조건 없는 사랑의 혜택에 의한 자아의존심리.
- 사회성 – 부모가 자녀를 양육하듯, 그리고 자연이 만물을 성장시키는 것과 같은 자연 친화적인 관심과 애정을 어디서나 받게 되는 행운이 따른다. 국가인증자격증, 호적, 성경책, 종교서적, 선대유물 및 유산, 국제공통규격 등과 관련성이 높다.

월지의 정인
- 심리 – 본성적인 이론의 틀을 구축하는 안정적 수용심리.
- 사회성 – 전통과 명예를 지키려는 선비기질이 강하고 보수적인 성격으로서 명분을 내세우며 행동하는 성향이다. 안정적인 인허가

증이나 각종 문서로서 재산을 구축하고 골동품, 유물, 임야, 토지, 자연자원 문화재를 존중한다.

일지의 정인
- 심리 – 현실적인 이론의 수직적 응용심리.
- 사회성 – 이론적이고 원칙적인 정신으로 무장되어, 이를 현실상황에서 적극적으로 활용하는 능력을 보이므로 융통성 부족과 고지식한 단면이 있기도 하다. 모친과 인연이 깊거나 사랑과 배려의 폭이 넓고 문필가의 이미지를 가진다.

시지의 정인
- 심리 – 자아존재감의 지속기대심리.
- 사회성 – 유산이나 문서, 저서, 회고록, 보고서처럼 자신에 관한 흔적을 자손이나 후대에 남기려 하는 마음이 강하다. 후계자나 문하생 등과 같이 나 자신의 분신과도 같은 존재와 인연이 깊고 전통과 명예를 오래도록 유지하고 싶어하는 성향이다.

2부

인간과 경영론

〈검사방법론〉

ET 테스트 1장

1
검사방법의 개요

1. ET 테스트

ET 테스트는 여덟 가지 유형의 성격테스트(Personality test of eight type)를 말하는 것으로, E·T란 에이트(Eight) 타입(Type)의 머리글자에서 따온 말이다.

즉, 출생 연월일시로 구성되는 사주를 간편하게 8가지 타입의 성격으로 나누어 테스트할 수 있는 검사도구의 명칭을 'ET 테스트'라 칭하였다.

사주명리학을 일정 기간 공부한 사람이라면 누구나 인간의 행동에 가장 중요한 영향을 미치는 성격유형을 객관적으로 일관성 있게 검증

할 수 있어야 한다. 필자는 이러한 이유로 일반인들과 학계에 과학적인 학문으로 인식될 수 있도록 적지 않은 시간과 노력을 쏟아 'ET 테스트'를 개발하게 되었다.

ET 테스트로 분류되는 8가지 타입별 성격테스트는 유아기로부터 성장기에 이르기까지 알맞은 양육방법은 물론, 진로지도, 학과적성, 교육방법, 행동발달, 흥미 등에 적합하고 올바른 심성교육과 행동지침을 제공한다. 또한 올바른 인간관계에 대한 안내와 합리적인 직업적성 및 방향을 제시할 수 있다. 다만 사주의 종합분석이 아니며 8가지 유형으로 분류되는 것에 한계가 있을 수는 있다.

여기서 잠시 성격검사의 한 가지로서 ET 테스트가 다른 검사방법들과 어떠한 차이가 있고 유사점이 있는지 비교 분석해보자.

성격검사는 큰 범주로 볼 때 심리검사의 한 분야다. 심리검사는 크게 지능관련 검사, 학업관련 검사, 진로관련 검사, 성격관련 검사로 나뉘어지는데, ET 테스트는 이 중에서 성격관련 검사와 진로관련 검사 2 가지 모두를 포함한다.

심리검사가 유용하게 쓰이려면 신뢰도와 타당도가 높아야 하는데, 지능과 진로관련 검사는 위의 두 가지가 높은 반면, 성격검사는 신뢰도와 타당도가 떨어진다. 그 이유로 성격은 물리적인 세계에서 측정이 불가능하므로 한 개인의 행동을 관찰하여 추론해 보는 것만으로 이 추론의 신뢰도와 타당도를 높이는 기준이 되기 때문이다. 그러나 ET 테스트는 개인의 환경적인 요인이나 유형의 단순화라는 한계 외에는, 추론이 아닌 직접적인 검사라는 장점과, 연령에 구애받지 않으며 본인이 직접 시간과 노력을 투자해서 검사받을 필요가 없는 간단한 검사라는 장점을 지닌다.

여기서 심리검사를 종류별로 몇 가지 소개하면 다음과 같다. 지능검사에는 고대 - 비네 검사, K - WISK - Ⅲ, 다중지능 검사 등이 있으며, 학업관련 검사에는 자기조절학습검사, U&I 학습유형검사, 오행진단검사 외 여러 가지가 있다. 다음으로 진로관련 검사에는 진로성숙도 검사, HOLLAND 진로탐색검사, STRONG 검사 등이 있고 성격검사에는 MMPI 다면적 인성검사, MBTI 성격유형검사, KIPA 인성검사 등이 있다.

ET 테스트와 관련된 진로, 성격검사를 더 살펴보면 거의 대부분의 검사가 질문지법으로 측정이 되고 있으며, 검사목적에 따라 다른 검사방법을 선택해야 한다. 즉, 성격검사만을 예로 들면, 성격유형을 보려면 MBTI 성격유형검사를 선택해야 하고 사회적응의 문제를 알아보려면 MMPI 다면적 인성검사를 선택하는 것이 좋다.

결론적으로 ET 테스트는 위와 같은 심리검사의 일종으로서 생년월일이라는 정보를 활용한 성격과 진로관련 사주심리검사다. 또한 올바른 유형을 찾기 위해서 피검사자보다 검사자의 역량이 더욱 중요하다는 특징을 갖는다.

2. 검사방법의 개요

사람은 잉태된 후 출생을 통하여 부모에게서 선천적인 유전인자(遺傳因子)를 받고 태어난다. 현대에는 과학의 발달로 인하여 이미 부모에게서 선천적으로 물려받을 확률이 높은 여러 가지 질병을 유전인자검사만으로도 알아내고 예방하기에 이르렀다. 발병 이전에 선천적인 질병에 대한 적극적인 예방치료가 실시되고 있다는 얘기다. 유전인자로 인하여 나타나는 것과 잠재되어 있는 것을 크게 분류하면 다음과 같다.

- 첫째, 외형적으로 드러나는 신체적 모습.
- 둘째, 내적으로 잠재된 유전적 체질.
- 셋째, 위와 같은 물질적 요소가 아닌 정신적 성격.

　유전은 내적으로 잠재되어 있으므로 쉽게 드러나지 않아 모르고 지나갈 수도 있으며, 외적으로 닮은꼴이 있어도 그 상(像)은 현저히 다를 수 있다. 그러나 부모의 작은 키를 유전받은 사람은 생을 마감하는 순간까지 큰 키가 될 수가 없으며, 곱슬머리를 유전받은 사람은 평생 생머리로 변화되지 않는다. 여기에 더하여 한 개인의 성격(性格) 또한 변화되지 않는다. 우리의 생각으로는 성격이야 쉽게 고칠 수 있다고 생각되지만 알고 보면 작은 키와 곱슬머리처럼 고칠 수 없는 것이다. 만일 그 성격을 고치고자 한다면 아마 뇌(腦) 조직이 변해야 가능할 것이다. 그러니 '제 버릇 개 못 준다', '세 살 버릇 여든까지 간다' 는 속담이 생긴 것이다. 그렇다면 만일 사람의 성격이 달라질 수 있다면 그 이유는 과연 무엇이겠는가?
　바로 마음(心)이 있기 때문이다. 종교에서는 마음을 다스리기 위해 기도를 하고 자신의 본성(本性)을 다스리려 참선(參禪)이나 수행(修行)을 하게 된다. 마음은 자신의 수양을 통해서 고쳐 행(行)하는 것이니 정신수양을 통한 심득(心得)이 가능하다. 역설적으로 성격을 쉽게 바꿀 수 있다면 참선이나 수양을 하지 않아도 얼마든지 자신이 원하는 행(行)을 실현할 수 있을 것이다.
　성격은 내적으로 잠재되어 있지만 언제든지 외적으로 표출되는 것으로 음양적인 요소가 결합되어 감추어지고 드러나는 것이다. 성격은 한 사람이 살아가는 데 여러 방면으로 중요한 영향을 끼치게 된다. 누구나 선천적으로 타고나는 성격을 파악할 수 있다면 마음을 다스리는 방법을 깨달아 모순된 단점을 개선할 수 있다. 사주에서는 그 선천적 성격을 다음과 같이 분류한다.

지금부터 소개할 3단계 분석체계는 종합적인 검사는 아니나 사주구성 유형별 음양의 배분에서 기본적으로 드러나는 인간의 심리체계와 행동성향에 대한 기본성격을 8가지 유형으로 신속히 분류할 수 있는 검사방법이다. 이 검사는 자신의 성격에 대한 유형별 정보와 사회성에 기초한 직업 적성 군을 적합 군과 취약 군으로 나누어 안내하는 것에 1차적 목표를 둔다.

2
검사기준의 3단계

검사기준은 사주 전체에서 한 인간의 성정과 체질과 사회성에 가장 영향을 많이 주는 일간의 음양, 월지의 기후적 음양, 일간의 신강신약, 이렇게 3단계이며, 검사 후 사주명조의 객체적인 모형을 구성해보는 기본적인 성격분석 방법이다. 이 검사에서는 객관적 이해와 보편성을 기준으로 삼는다. 즉, 검사기준이 될 수 있는 95퍼센트에 해당하는 일반 격을 이룬 사주만 적용하며, 특수 격은 적용에 있어서 더 많은 연구가 필요하다.

구분	음의 체성	양의 체성
간지	물질적인 면의 추구와 일차적 음성 표출	정신적인 면의 추구와 일차적 양성 표출
기후	내향적, 인내, 치밀성, 분석적	외향적, 조급, 단순성, 율동적
강약	소극적, 위축감, 피동적, 의타심, 방어심	적극적, 자신감, 능동적, 리더십, 자만심

1. 1단계 : 일간(日干)의 음양 체성(體性)

陽干 - 甲 丙 戊 庚 壬
- 정신적인 면의 추구와 일차적 양성 표출.
- 활동성이 강하고 외향적이며, 적극적인 동시에 실천적 행동이 앞서는 성향이다.

陰干 - 乙 丁 己 辛 癸
- 물질적인 면의 추구와 일차적 음성 표출.
- 수동적이며 내향적이고, 소극적인 동시에 행동보다 이론이 앞서는 성향이다.

2. 2단계 : 기후관계(氣候關係)의 체성(體性)

양의 체성 - 난조(暖燥)한 구조 · 木火로 편향(偏向)
- 난조의 사주 : 외향적, 조급, 이기성, 단순성, 율동적.

음의 체성 – 한습(寒濕)한 구조 · 金水로 편향(偏向)
- 한습의 사주 : 내향적, 인내, 사색적, 분석적, 정서적.

〔판단기준 참고〕
사주가 대체적으로 한난조습의 중화를 이루었을 경우와 그 판별이 어려운 사주는 일간의 오행과 월지를 반드시 기준으로 한다. 그러나 검사 측정자가 출생달의 계절 등을 감안하거나 하여 복합적으로 판단하여 정할 수 있다.

- 오행으로 본 음양 : (양성)甲 乙 丙 丁 戊 – (음성)己 庚 辛 壬 癸
- 寅月생이 지지에 火局이 없고 천간에 丙·丁火가 투출되지 않았을 때 음(陰)으로 판정.
- 辰月출생이 천간과 지지에 木火가 없고 金水가 대부분이면 음(陰)으로 판정.
- 戌月생이 지지에 火局이 있거나 천간에 丙·丁火가 투출되었다면 양(陽)으로 판정.

3. 3단계 : 사주강약(四柱强弱)의 체성(體性)

양성적 성향 – 신강의 구조
- 신강사주 : 적극적, 자신감, 능동적, 리더십, 자만심.

음성적 성향 – 신약의 구조
- 신약사주 : 소극적, 위축감, 피동적, 방어심, 의타심.

〔판단기준 참고〕

사주가 대체적으로 신강신약이 중화를 이루어 그 판별이 어려운 사주는 반드시 일간의 오행을 기준으로 한다. 그러나 검사 측정자가 판단하여 상생관계 및 得令관계 등을 복합적으로 판단하여 정할 수 있다.

- 일간기준 : (강)甲 丙 戊 庚 壬 - (음)乙 丁 己 辛 癸
- 종격사주 : (강)종인격, 종비격 - (약)종식격, 종재격, 종관격.
- 화기격사주 : (강)합화하여 일간오행으로 변했을 경우.
  (약)일간이 합하는 오행으로 변했을 경우.

3

검사방법론

　위 단계별로 분석되어진 검사결과의 사주 유형은 개개인이 소유한 고유한 체질이 되기에 타입이라 표현하며, 이 8가지 결과로 나오는 타입에 적합한 과일이나 채소, 열매 등의 명칭을 부여하여 한눈에 대입시켜 분석할 수 있도록 설명과 함께 패턴화해 놓았다.
　즉, 사주명식을 음과 양의 3단계로 분석하여 외향형 4타입과 내향형 4타입으로 분류하여 한 사람의 기본적인 성격과 사회성의 유형을 검사한다.

검사도구의 모형설정표

외향형	내향형
1. 양·양·양-배추형(외향적극형)	5. 음·음·음-고추형(내향소심형)
2. 양·양·음-꽈리형(외향소심형)	6. 음·음·양-알타리형(내향지속형)
3. 양·음·양-땅콩형(외향다변형)	7. 음·양·음-석류형(내향다변형)
4. 양·음·음-버섯형(외향신중형)	8. 음·양·양-알밤형(내향적극형)

1. 배추형 : 외향적극형(양·양·양)

opinion

배추형은 위로 벌어지고 퍼지면서 자신을 펼쳐 보이고 드러내려는 강한 속성을 가지고 있는 한편, 나름대로 부피만큼의 실속을 가득 채우고자 노력하는 외향적극형이다. 배추가 소금을 만나 삼투압 현상으로 수분을 배출하여 몸이 작아지듯, 양이 강하면 음이 탄생되는 것과 같은 변역(變易)의 이치도 생각해볼 수 있다.

기본적인 성격구조
- 매사에 자신의 감정을 드러내는 외향적인 성격으로 명랑하고 적극적인 동시에 실천적 성향으로 목적을 쟁취하는 형이다.
- 화려한 분위기를 선호하나 침착하고 단순한 것을 수용하는 한편, 많은 군중 속에서 생활하기를 좋아하며 혼자일 때는 고독을 즐긴다.
- 성정이 조급하여 행동이 앞서는 즉흥적인 면과 속단하는 성향이 장, 단점으로 나타나며 자기본위적인 성향으로 내면의 세밀하고 분석적인 면에서는 취약하다.
- 매사 된다는 긍정을 부여하고 시작하는 성격은 의외의 행운을 불

러다주기도 하나, 강한 만큼 침체의 국면을 맞아 후회를 낳는 원인이 되는 경우도 있다.
- 자신의 생각을 대체로 옳다고 믿는 성격이고 타인의 충고에는 민감한 반응을 보이나 수렴하지 않는 성격이다.
- 초인적인 야성미가 잠재되어 있으며 약자를 포용하고 배려하며 보호하는 본능적인 사랑이 아름다운 사람이다.

사회성
- 적극적이며 목표지향을 위한 투쟁정신이 강한 리더십을 갖고 있으므로 책임감 있는 지도자나 관리자의 역할에 우수하다.
- 명랑하고 달변가의 기질로 자신에게 역할이 주어지게 되면 분위기를 조성하고 선도하여 정해진 목표에 도달하는 수행능력이 탁월하다.
- 외향적이며 선동적이고 공익을 앞세워 전진하는 모습 이면에 내밀성과 치밀성이 부족하여 주변의 사소한 충고와 인간관계 등을 소홀히 하여 불만의 대상이 되므로 실리에는 약한 면이 드러날 수 있다.
- 열정적인 삶의 모습에서 크고 규모 있는 기획과 구상에 능동적인 스케일로 항상 중장기 발전계획과 멀리 보는 안목을 키우는 데에 시간적 물질적 투자를 해야 한다.
- 자신이 어느 단체에 소속되어 관리자나 지도자 역할을 하지 못하게 되면 스스로 정체성에 대한 고민을 하게 되고 자기 영역을 새롭게 구축하여 독립하고자 하는 성향이다.
- 공익을 우선함과 동시에 벤처적인 마인드와 시대의 흐름을 읽어내는 분석적인 예상능력이 우수하며 자신의 철학을 뚜렷하게 펼치는 이론과 현실주의의 복합적인 성향으로 순발력이 뛰어나다.

구분	적성 군
적합	정치가, 운동선수, 기자, 군인, 기계, 행정, 관리, 분양, 개발, 경호원, 개혁가, 개척자, 생산, 건축 등 리더십과 모험심이 필요한 책임자 및 관리자나 지도자에 적합
취약	영업사원, 참모, 상담업무, 서비스업, 작가, 민원업무

배추형의 모델 사례

축구선수 김남일

時 日 月 年
壬 戊 甲 丁
戌 午 辰 巳

위 사주는 1단계로 戊土 일간이 양이며 2단계는 辰月이니 양이며 3단계는 신강사주라 양으로 외향적극형이다.

현대 회장 현정은

時 日 月 年
丁 戊 戊 乙
巳 戌 寅 未

위 사주도 1단계로 戊土 일간이 양이며 2단계는 寅月이니 양이며 3단계로 신강사주라 양으로 외향적극형이다.

2. 꽈리형 : 외향소심형(양·양·음)

opinion

위로 더 부풀어져 싱싱하게 커지므로 아랫쪽은 상대적으로 움츠러들게 되는 속성을 지닌다. 나름대로 외적인 부피를 표출하며 무엇인가를 보여주려는 외향적 성향이 강하다. 그러나 커진 것에 비하여 최후에는 자신을 쉽게 터뜨리고 마는 외향소심형이다.

기본적인 성격구조
- 모든 일에 대하여 열성적이고 긍정적인 반응을 보이는 성격이며 밝고 활동적인 면으로 시작과 분위기를 띄우고 목적한 바에 대하여는 강한 집착과 추진력을 가지고 이론적 검증을 한 후에 현실감 있게 실천한다.
- 예술적인 방면에 대한 선호도도 높으며 사람들의 심중을 읽어내는 능력도 탁월하여 매력 있는 인간관계를 이끌어내나, 심도 있는 이야기로 분위기가 무거워지는 것을 기피하는 형이기도 하다. 화려함 속에서 로맨틱함을 병행하여 추구하는 형이다.
- 확산적인 사고방식으로 독특하고 사물의 이면을 보는 안목이 뛰어나며, 한편으로 자신의 의지와는 다르게 의존적이며 내심은 여리므로 양보와 포기를 할 수 있고 경쟁에서의 저력은 약하다.
- 활동적이지만 생활하는 가운데 수렴하는 기질도 적당히 조화된 성격이다. 이런 점은 분위기에 휩쓸려 원하지 않는 결과로 가지 않게 하는 좋은 강점으로도 작용하나, 자신의 소심한 면을 남들에게 보였다는 강박관념으로 한동안 자책하기도 한다.
- 타인과의 공협을 유도하는 면이 탁월하여 공존적인 지속력이 있

으며 어떤 성향의 사람이나 단체든 잘 적응하고 사교성이 우수한 편이나 상대방의 충고에 쉽게 자신감을 잃기도 한다.
- 뛰어난 순발력과 창의성은 당면한 문제상황에 대한 신속하고도 능동적인 해결을 모색하게 하며 활동적인 과감함 뒤에는 항상 자기보호본능이 살아 있다.

사회성
- 활발하고 활동적이며 외향적이고 대중적인 성향으로 주어진 역할에 적극적인 참여와 발전을 도모함과 동시에, 소심하고 침착한 성품은 문화와 예술적인 성향의 평화적인 리더십을 지닌다.
- 추진력이 강한 이면에 차분히 살펴보는 자신만의 시간을 반드시 갖고 싶어하며, 관찰과 방법론적인 모색기가 끝나면 한 가지 업무에 대하여 치밀하고 완성도 높은 결과를 낸다.
- 과감하고도 혁신적인 마인드를 가지나 불확실하고 보장되지 않은 결과에 대해서는 타협적이고 개인주의적인 모습을 보임으로써 자신의 평화에 안주하고자 한다.
- 활동적이고 미래지향적인 모습과 함께 현실감각과 실리를 다지는 두 가지가 공존하여 안정적인 면을 추구하나, 과감한 선택으로 좋은 기회를 놓치지 않는 것도 중요하다.
- 공익과 개인적인 이익을 모두 취하고자 하며, 인간관계가 중요한 업무보다는 자신의 결정에 근거를 제공하는 이론과 학문이 투입되는 분야나 인적자원 외에 여러 첨단기구들이나 자료들도 활용하는 분야에 탁월하다.
- 타인과 나 자신의 평화로운 공존과 협조를 추구하는 마인드로서 항상 어떤 일이든 충분한 준비를 하며 업무상 다음 단계에 대한

정보를 미리 확보하여 안정을 추구하는 성격이며 이론에 강하다.

구분	적성 군
적합	행정가, 예술가, 교육가, 종교가, 영업사원, 마케팅, 해결사, 컴퓨터, 언론, 소개업, 발명가, 고고학 등 온건하고 예술적이며 도전과 이론이 필요한 개성적 직업에 적합
취약	군인, 운동선수, 개혁가, 조직, 리더

꽈리형의 모델 사례

교황 요한 바오로 2세

時 日 月 年
丁 丙 辛 庚
酉 子 巳 申

위 사주는 1단계로 丙火 일간이 양이며 2단계는 巳月이니 양이며 3단계는 신약사주라 음으로 외향소심형이다.

사상의학 이제마

時 日 月 年
庚 丙 甲 丁
寅 申 辰 酉

위 사주는 1단계로 丙火 일간이 양이며 2단계는 辰月이니 양이며 3단계는 신약사주라 음으로 외향소심형이다.

3. 땅콩형 : 외향다변형(양·음·양)

opinion

위로 크고 아래로 크니 상하에 자신의 목적을 두게 된다. 양 기운이 내적으로 실속 있게 양분되어 성장하므로 한쪽을 잃어도 한쪽으로 살 수 있는 외향다변형이다.

기본적인 성격구조
- 대외적으로 강력하게 목적한 바를 추진하는 기질과 리더십으로 외향적인 활동파이나, 내면은 소심하고 섬세하게 분석하여 실리를 갖추고 매사 리듬을 타면서 지속적으로 자신의 영역을 확보하고자 한다.
- 주변이 항상 정리정돈되어 있는 깔끔한 환경을 좋아하고 자신을 위한 연찬의 기회와 시간을 갖고 싶어한다. 생활이든 주변 사물이든 모두 일관성을 유지하기를 원하고 담백한 삶을 추구한다.
- 감정적인 호소나 분위기에 따른 의견절충보다는 논리적 설득에 의한 타협을 더 선호하고 이성적이나 주변의 반응과 동료와의 의견절충을 중요시하므로 자신의 생각대로 밀고 나가지 못하는 경우가 많다.
- 타인을 책임지는 면으로 신뢰를 받으나 이러한 이타적인 행동의 이면에는 독자적이고 이기적인 내성이 있다.
- 인내심이 강하고 침착하며 항시 자신감이 있는 반면, 동료나 부하직원의 반발에 의한 감정의 앙금이 오래가는 특성이 있다.
- 어떠한 경우든 마지막까지 자신의 존재감을 느끼려 하는 심리가 잠재되어 있으므로 항상 마음속에 비장의 카드를 준비하는 본능

이 있고, 실제적으로도 어느 경우에서나 최후까지 저력을 과시하는 형이다.

사회성
- 외향적이나 개인주의 성향으로 지속력 있는 파워를 발휘하는 리더이고 침착하게 중간 계산을 하며 후반전까지 저력을 발휘하는 성향으로 사람들의 신뢰를 얻는다.
- 자신의 이상과 욕심보다는 이성적 판단에 근거하여 비전을 제시하면서 자신이 속한 집단을 이끌어가므로 주변 사람들에 대한 설득력이 우수하다.
- 심사숙고한 의견이나 계획을 제시한 후에 자신의 의견이 받아들여지지 않는 경우에는 소심하게 반응하는 단점이 있다.
- 인적 자원을 관리하고 각자의 능력을 활용하는 안목이 우수하므로 관리자로서 훌륭한 자질을 갖춘 리더형이다.
- 시간을 다투는 업무보다는 결과 중심의 업무가 적합하고, 위기에 대한 순간 대처 능력이 우수하므로 이를 통하여 직무상의 고유한 영역을 확보하려 한다.
- 매사 수렴하여 분석을 통한 결과로 강한 리더십을 발휘하면서 행동하는 형이므로, 적극적이고 외향적이며 많이 움직이고 분주하나 내면은 사색적이다.

구분	적성 군
적합	교직, 정치가, 외교, 운동선수, 연구가, 프리랜서, 기업가, 사상가, 심리학, 사회진행자, 기자, 탐험가, 작가, 종교 등 직접 몸을 움직이거나 사람을 관리하는 직업에 적합
취약	영업, 마케팅, 홍보, 공동사업

땅콩형의 모델 사례

```
대통령 노무현

時 日 月 年
丙 戊 丙 丙
辰 寅 申 戌
```

위 사주는 1단계로 戊土 일간이 양이며 2단계는 申月이니 음이며 3단계는 신강사주라 양으로 외향다변형이다.

```
프로골퍼 김미현

時 日 月 年
壬 庚 辛 丙
午 午 丑 辰
```

위 사주는 1단계로 庚金 일간이 양이며 2단계는 丑月이니 음이며 3단계는 신강사주라 양으로 외향다변형이다.

4. 버섯형 : 외향신중형(양 · 음 · 음)

opinion

위로 길게 자라 넓게 퍼지는 형이다. 기둥은 가늘고 습한 음지를 택하여 뿌리를 둔다. 양 기운을 넓은 머리로 받아 화려하지만 기둥은 음지의 영양분석을 철저히 하는 내밀성이 있다. 다소 약하여 쉽게 부러질 수 있는 외향신중형이다.

기본적인 성격구조
- 속없이 좋은 심성이며 밝고 분위기에 잘 흡수되는 형으로 자신의 약점을 보완하고 확실한 존립을 위해 타인과의 협력을 기대하며 약간의 정치적인 면을 표출하면서 자신의 위치를 다진다.
- 자신의 기분을 먼저 주장하기보다는 주변의 사건이나 변화에 의하여 자신의 생활이 민감하게 반응하는 성격이며 지적이면서 화사한 분위기를 선호한다.
- 밝게 사람들 속에서 잘 융화되는 형으로 내재된 감성이 크며, 자신 있는 방면에는 저력을 발휘하는 이면에 마음 깊은 곳에서는 주변을 살피는 의타심의 소유자다.
- 대외적으로 외향적인 모습이 잘 표출되나, 내면은 세밀하고 소심하므로 수동적인 행동을 할 때가 많아 이 두 가지의 이질감에 갈등을 가끔 겪는다.
- 강해 보이나 타인과의 교류 속에서 자신의 단점을 보완하려는 성향이 강하므로 의외로 상대방의 충고에도 매우 수용적인 태도를 취한다.
- 자신을 잘 포장하여 의연한 자세를 보이고 싶어하나 본성은 소심하고 신중하며 매우 현실적이다.

사회성
- 외향적으로 보이나 내성은 소심하며 주변을 활용하는 능력과 지략이 뛰어난 참모 역할에 우수한 능력을 보이는 형이다.

- 타협적이고 신중한 심성으로 정보수집에 막강한 능력을 발휘하며 이론적인 면 외에 사람들의 의견 수렴에도 관심을 보인다.
- 섬세한 내밀성의 소유자로 분석적인 면이 돋보이나, 결론에서 취약성이 나타나 마지막까지 일관된 모습을 유지하는 면이 약하다.
- 저돌적이거나 열정적이기보다는 자신의 현재의 위치와 상황 속에서 능력을 펼쳐 보일 수 있는 창조적인 일을 선호한다.
- 자신의 지식과 정보를 제공하는 가운데, 이러한 것들이 유용하게 활용되는 것을 자신의 사회적 위치에 대한 확보로 생각하고 안정감을 가진다.
- 매우 현실적이고 이론적인 바탕 위에 실리를 추구하는 형으로 치밀한 분석과 통찰력에 기초한 능력 발휘를 추구하며 항상 특별한 포지션보다는 실리를 더 지향한다.

구분	적성 군
적합	사무행정, 작가, 기획가, 연예인, 음악가, 심리학, 실험, 경영, 분석가, 간호, 광고, 비서, 상담, 저널리스트, 성직자, 판매 연구 등 감각과 창의성이 요구되는 직업
취약	오락, 정치가, 군인, 사업가

버섯형의 모델 사례

테레사 수녀

時 日 月 年
丙 甲 甲 庚
寅 子 申 戌

위 사주는 1단계로 甲木 일간이 양이며 2단계는 申月이니 음이며 3단계는 신약사주라 음으로 외향신중형이다.

```
가수 이미자

時 日 月 年
己 甲 丁 辛
巳 子 酉 巳
```

위 사주는 1단계로 甲木 일간이 양이며 2단계는 酉月이니 음이며 3단계는 신약사주라 음으로 외향신중형이다.

5. 고추형 : 내향소심형(음 · 음 · 음)

opinion

가늘고 길게 자라며 녹색이 짙다. 성숙 단계에 이르러 음답게 검은 빛을 잠시 띠다가 태양 빛(양)을 가하면 붉은 빛으로 자신을 완성시킨다. 음이 극에 달하면 일양이 탄생하는 것과 같다. 가늘고 여리며 사색적이나 독특하고 매서운 형이다.

기본적인 성격구조
- 극히 음성적인 성향으로 소심하고 대인관계에서 타인들의 객관적인 평가와 가치를 추종하나 내면적인 심성은 자아를 주관하는 섬세함과 강한 저력을 보인다.

- 엔티크한 분위기 속에서 자신만의 사색적인 분위기를 즐기고 싶어하며 정돈되고 일관성 있는 생활 가운데 안정을 추구한다.
- 자신의 존재감을 안정적으로 보존하기 위해 대의에 따르면서도 생각과 생활을 독립시키는 형으로 약한 심성의 이면적인 면이 있어 그의 속을 다 알기 어렵다.
- 소극적이고 수용적인 자세를 바탕으로 겸손하게 행동하는 것처럼 보이나 뛰어난 적응력의 바탕 위에 자아관념에 대한 집착이 가장 강한 형이다.
- 상대방의 의견이나 생각에 대하여 허용적이고 관용적인 태도를 취하면서 타인들의 장점과 강점을 내 것으로 활용하고자 한다.
- 연약해 보이는 외면과는 달리 완벽을 추구하는 본성으로 자신의 현재의 위치와 이상과의 괴리감에 감정적인 혼란을 겪기도 한다.

사회성

- 외유내강형으로 섬세하고 감성적인 내면을 다스려 의외로 강하면서 지속력 있는 사회성을 발현한다.
- 분석적이며 이성적으로 독자적인 저력을 발휘하고 시간적인 활용 능력이 우수하므로 이 점을 살리는 업무에 강하다.
- 침착하고 물리적이며 사고가 깊은 반면에 자신의 의견을 상대방에게 설득력 있게 이입하는 능력은 부족하다.
- 현실생활과 물질에 바탕을 두고 자신의 삶을 안정적으로 설계하고자 노력하면서 자신에게 주어진 모든 기회와 인적자원을 최대한 활용하고자 하는 형이다.
- 한 집단의 구성원으로서 업무의 경중에 관계 없이 최선을 다하려 노력하며 자신을 주장하지 않으나 자기세계가 확실한 형이다.

- 내면적인 강한 자아감에 기초한 이타적인 태도는 인간의 심리를 읽어내는 탁월한 능력을 키우게 하여 놀라운 적응력과 함께 사회현상에 대한 남다른 직관을 갖게 한다.

구분	적성 군
적합	언어, 문학, 교육, 법률, 기업, 생산, 과학자, 예술가, 사상가, 운동선수, 의료, 간호, 작가, 임상병리, 종교가, 심리, 철학, 생명공학, 실험 등 분석적이고 사색과 통찰력을 필요로 하는 직업에 적합
취약	정치가, 혁명가, 군인, 댄스

고추형의 모델 사례

현대그룹 정몽헌

時 日 月 年
乙 己 己 辛
丑 巳 亥 卯

위 사주는 1단계로 己土 일간이 음이며 2단계는 亥月이니 음이며 3단계는 신약사주라 음으로 내향소심형이다.

황산성 변호사

時 日 月 年
丙 辛 乙 甲
申 巳 亥 申

위 사주는 1단계로 辛金 일간이 음이며 2단계는 亥月이니 음이며 3단계는 신약사주라 음으로 내향소심형이다.

6. 알타리형 : 내향지속형(음 · 음 · 양)

opinion
가늘고 길게 내린 몸통 아래 열매를 맺듯이 속을 두텁게 꽉 채운 모습이다. 양분을 겸허히 수용하고 받아들이며 돌출되어 나서지 않으나 결실은 알차게 이루며 오래 지속시켜 보관하는 내향지속형이다.

기본적인 성격구조
- 음으로 수용하고 부드럽고 다정한 반면에, 내밀성이 강하고 분석적이며 자신만의 목표가 설정되면 초인적인 파워를 발휘한다.
- 고즈넉하면서 격조 있고 감성적인 분위기를 좋아하는 반면에, 실생활은 매우 실천적이고 능동적인 모습을 가지나 군중 속의 고독을 항상 감당하고 살아간다.
- 쉽게 자신을 드러내지 않는 성격이나 스스로의 판단이 정리되면 강한 추진력과 실천력의 저력을 발휘하는 내향지속형이다.
- 내면세계는 분석적 사색적인 반면에 행동은 실천적이고 저돌적이므로 스스로가 갈등구조를 만들어 감정적인 문제를 야기시키기도 한다.
- 수용적이고 긍정적으로 보이는 외면과는 달리 자신이 믿고 있는 바에 대해서는 상대방 의견보다는 자신의 판단을 더 우선시한다.
- 주관이 강하고 자신에 대한 내면적인 신념이 확고하므로 자신이

생각한 바를 집중하여 추진력 있게 성취해나가면서도 주변과 부드러운 융화를 원하는 형이다.

사회성

- 치밀하고 지속적이며 안정적인 성취 과정으로 일관하므로 저력 있는 리더의 역할을 인정받고 이로 인한 결과를 실속 있게 얻는다.
- 부드럽고 내향적이나 목적이 정해지면 외향적으로 강하게 표출하고 능력 이외의 것을 산발적으로 수렴하여 수행한다. 동시에 새로운 사업에 대해서도 확신이 있을 때에는 과감하게 도전하는 모험심도 있다.
- 업무 추진상 이론과 현 실정을 분석한 확신 있는 시도를 통하여 좋은 성과를 내고자 하나 다른 결과가 나오는 경우에는 심적 타격이 오래 간다.
- 자신의 미래를 이론적 분석과 이성적 판단을 통하여 거시적으로 계획하는 완벽주의적 냉철함 속에 자기가 속한 집단과 자신의 미래를 그 사회가 인정하는 방향으로 확실하게 책임지고자 노력한다.
- 타인의 견해에 개방되어 있고 많은 의견을 수렴하는 형으로 보이므로 인간관계는 좋으나, 결과적으로 중요한 사안에 있어서는 자신의 결정과 확신을 더 신뢰하고 자신의 고유한 영역과 권한으로 여긴다.
- 감성에 호소하는 부드러운 카리스마로 집단을 이끌고자 하는 마인드를 가진 리더로서 현재의 상황만을 고려한 무모한 확장적인 프로젝트보다는 예리한 분석을 통하여 선별적인 투자와 발전을 도모한다.

구분	적성 군
적합	의료, 교육, 심리, 문학, 연구개발, 정치가, 발명가, 예술가, 비평가, 언론가, 연설가 등 타인의 주목을 받거나 창의력을 바탕으로 새로운 시도가 필요한 직업에 적합
취약	서비스, 마케팅, 제조업, 종교

알타리형의 모델 사례

황우석 교수

時 日 月 年

丙 乙 壬 壬

戌 未 子 辰

위 사주는 1단계로 乙木 일간이 음이며 2단계는 子月이니 음이며 3단계는 신강사주라 양으로 내향지속형이다.

개그우먼 박경림

時 日 月 年

丙 癸 乙 戊

辰 酉 丑 午

위 사주는 1단계로 癸水 일간이 음이며 2단계는 丑月이니 음이며 3단계는 신강사주라 양으로 내향지속형이다.

7. 석류형 : 내향다변형(음 · 양 · 음)

opinion

가는 꼭지에 맺힌 열매는 통통한 부피를 만들어 영양분과 양 기운을 속에 가득 채운다. 그 양분을 보호하기 위해 수축된 매듭을 하고 있다. 새콤달콤한 듯, 부석한 부피로 벌어질 듯한 모습이나 결코 쉬이 드러내지는 못하는 내향다변형이다.

기본적인 성격구조

- 부드럽고 침착한 내향형의 성격이지만 자신의 욕구를 채우고자 하는 양성적 성격이 내재되어, 편협하게 치우치기보다는 중용의 미덕을 지키는 가운데 자신의 이익을 확실하게 얻고자 한다.
- 밝고 유쾌한 가운데 자신의 삶이 평화롭게 유지되기를 바라는 형으로, 자신이 만족할 만한 평형점을 발견하게 되면 항상심을 추구하는 형이다.
- 분위기에 잘 융화되고 타인 속에서 자신을 안주시키는 재치와 다변적 성향으로 주어진 역할과 상황에 적응력이 좋다. 반면에 안 나설듯하나 잘 나서면서 소심하고 섬세하여 기회를 구축하는 데에 양면성을 보인다.
- 객관적이고 보편적인 기준을 중요하게 여기며 언제나 과도하게 자신의 주장을 내세우기보다는 모두가 수긍하는 방향으로 모든 일이 흘러가기를 바란다.
- 인간관계도 복잡하게 얽히기보다 서로 부담 없는 적당한 거리를 유지하기 바라고 타인과 자기자신에 대해서도 객관적인 기준으로 바라보고 싶어한다.

- 수동적으로 보이나 그런 가운데 자신의 전문분야에 대해서만큼은 확실한 자신감과 영역권을 주장하는 본성을 표출한다.

사회성
- 수용성이 좋고 내향적이나 표면은 능동적이며 긍정을 부여한다. 직관적 판단에 근거한 기회포착에 강하므로 중간관리자로서 우수한 능력을 발휘한다.
- 세밀하고 외교적인 면이 탁월하며 투쟁보다는 화해의 개인적인 수단이 좋아 사회활동 시 기대 이상의 이익을 취한다.
- 변화에 소극적이며 주어진 환경에 대한 적응력은 좋으나 개척과 권력적인 투쟁적인 면에서는 한걸음 물러나서 관망하게 된다.
- 조용한 가운데 안착된 삶의 모습 속에서 내실 있는 자기만의 세계를 구축하는 안정의 욕구를 찾아볼 수 있으며, 사회변화에 대한 관찰자로서의 놀라운 안목을 갖추고 있다.
- 어디서든 자신의 고유한 영역을 구축하는 형으로 전문성을 발휘할 수 있는 지적인 업무를 선호하며 주변과의 화합을 우선시한다.
- 사회생활 가운데 자신만의 고유한 이니셔티브와 주변을 활용하여 안정의 보장을 받고자 하는 마인드를 가진 형이다.

구분	적성 군
적합	언론가, 행정가, 법률, 경제, 마케팅, 서비스, 기획자, 교육자, 판매, 통계, 엔지니어, 디자인, 연예인, 종교가, 심리, 철학, 화합과 조율이 필요하거나 추상화된 개념을 활용하는 직업에 적합
취약	정치가, 혁명, 개혁, 군인, 기업, 운동선수

석류형의 모델 사례

```
    김수환 추기경

   時 日 月 年
   壬 辛 丙 壬
   辰 未 午 戌
```

위 사주는 1단계로 辛金 일간이 음이며 2단계는 午月이니 양이며 3단계는 신약사주라 음으로 내향다변형이다.

```
   영화배우 신성일

   時 日 月 年
   丙 乙 乙 丁
   戌 未 巳 丑
```

위 사주는 1단계로 乙木 일간이 음이며 2단계는 巳月이니 양이며 3단계는 신약사주라 음으로 내향다변형이다.

8. 알밤형 : 내향적 극형(음 · 양 · 양)

opinion

가시 옷 속에서 허영고 연약한 자신을 보호하다가 점차 양 기운을 받고 나면 단단한 밤색으로 변하고, 가시 옷을 탈출하여 땅으로 뛰어

내린다. 꼭지는 뾰족하고 속이 꽉 찬 것처럼 내향적이나 보기와는 다르게 적극적인 성향이다.

기본적인 성격구조
- 표면적으로는 조용하고 부드러운 내향적인 성격이나, 이면에는 끈기와 노력과 강한 리더십으로 자신의 목표를 이루며 기회가 주어지면 결단코 자신의 역량을 발휘하는 형이다.
- 심플하면서도 모던하게 연출된 분위기를 즐기며 사생활과 공적인 사회생활을 철저히 구별하는 성격이다.
- 침착한 중 생각한 바대로 지속적으로 밀고 나가 결과를 얻는 명석함이 있으나, 겉으로 보이는 것과 다르게 치밀한 부분에 오히려 취약한 면도 있다.
- 목표한 일에 대하여 놀라울 정도의 집중력과 가치 판단력을 발휘하여 진행시키며 무모한 도전보다는 현실적인 이득을 취한다.
- 자신의 생각에 더 확신을 가지므로 상대방의 의견에 대하여는 덜 개방적인 입장이나 능력 면에서는 자신과 동일시하는 동료애로서 십분 활용한다.
- 유약해 보이는 외적인 이미지와 달리 인내와 강한 의지로 자신의 삶을 개척해 나가는 강인한 본성을 감추고 있는 형이다.

사회성
- 수렴성이 좋고 강한 의지를 지녔으며 내향적, 외향적인 면을 동시에 갖고 있으며, 양면성을 살려 발전적인 혁신을 위한 준비된 리더의 모습을 지닌다.
- 개인적인 실리에 밝고 타인의 말을 수렴하는 동시에 리더십과 추

진력이 강한 면을 지닌다.
- 자기계발에 적극적이고 준비하는 형이나 개인주의가 강하여 자신의 손실을 감수하면서 공익을 내세우지는 않는다.
- 다음 단계와 미래의 설계도를 미리 철저히 준비하는 내실형으로 개인적, 사회적 입장 두 가지를 항상 동시에 고려한다.
- 놀라운 과업 수행능력으로 결국에는 리더로 인정받게 되며 조직력을 활용한 현실적 이득 창출이 있는 영역을 선호한다.
- 현실을 통찰하는 가운데 혁신적인 마인드를 가지고 사회변혁을 통한 발전을 추구하는 형으로, 현실에 충실한 점은 더욱 신뢰감을 구축하게 된다.

구분	적성 군
적합	회계, 법률, 정치, 교육가, 생산, 건축, 연구가, 과학, 기술, 기업가, 의료, 사무직, 군인, 관리직, 전문인력의 팀워크를 활용하면서 정확도 높은 작업이 필요한 직업에 적합
취약	영업, 마케팅, 비서, 서비스, 공동사업

알밤형의 모델 사례

전 법무장관 강금실

時 日 月 年
庚 乙 壬 丁
辰 卯 寅 酉

위 사주는 1단계로 乙木 일간이 음이며 2단계는 寅月이니 양이며 3단계는 신강사주라 양으로 내향적극형이다.

삼성그룹 회장 이건희

時 日 月 年
辛 丁 壬 壬
丑 未 寅 午

위 사주는 1단계로 丁火 일간이 음이며 2단계는 寅月이니 양이며 3단계는 신강사주라 양으로 내향적극형이다.

성격심리검사

1
성격과 흥미와 가치관

 직업은 성격과 더불어 개인적인 흥미(興味 : interest)와도 밀접한 관계를 가지고 있다. 흥미를 느끼는 직종에 종사하는 사람은 능동적(能動的)이고 능률적(能率的)인 동시에 내면적 자율성(自律性)을 느끼기 때문에 직업적 스트레스가 현저히 낮다. 즉, 흥미와 정신적인 스트레스는 역동적인 관계를 갖기 때문에, 자신이 소유한 흥미에 상관없이 사회적 부가가치만을 좇아 직업을 선택한 사람들의 겪는 직업적 스트레스가 큰 것이다. 그러므로 같은 직종에서 능력발휘를 제대로 못하거나, 스트레스로 인해서 정신질환까지 앓게 되는 것은 매우 불행한 일이 아닐 수 없다. 결과적으로 타고난 성격과 흥미가 조화된 선천 적성군으로 연계될 때 가장 이상적인 직업이 될 수 있다고 생각한다.
 여기에서 주목할 만한 사항으로 사주에서 유발되는 흥미는 사주명조의 격국(格局)과 용신(用神), 희신(喜神)에 의해서만 국한되어 나타나지 않는다는 점이다. 사주에서 꺼리는 기신(忌神)이라도 그 나름대로의 기질을 통한 흥미가 발현되고 소질(특기)로 연계되기 때문이다. 그러므로 각기 선천적으로 타고난 지능(知能:intelligence)과 사주의 중화를 요하는 용신과, 독특하게 발현되는 흥미가 모두 사주 내에서 작용하는 길신이라는 동일 선상에서 논할 수 없다. 결국 무조건 용신을 따라 직업을 선택하는 것이 아니라 성격과 흥미에 따라 소질을 계발하고, 용신은 그 흥미를 계발하는 데 주체적으로 활용되어야 한다.

즉, 앞에서 말한 자신의 타고난 성격과 선천적성(소질)에서 발현되는 흥미가 유사성을 이루고 있을 때, 더하여 그 흥미와 소질이 용신에까지 해당된다면 그것은 가장 능률적인 조건을 갖추었다고 볼 수 있다.

예컨대, 그림을 잘 그리는 사람이 그림을 그리기 싫어한다면 타고난 적성을 활용하지 못하는 것이다. 그러므로 지능검사와 함께 성격과 흥미검사가 병행되어야 한다. 선천적인 지능과 적성이 발달한 측면으로 흥미까지 더하여 갖고 있는 사람이라면 매우 능률적인 사회활동을 할 수 있으나 적성과 흥미가 다르다면 비생산적이기 때문에 성장과정에서 진로를 설정하는 데 신중히 조율(調律)되고 교육되어야 한다.

사주에서 성격을 형성(形成)하는 체계는 우선 일간이며, 월령을 통해 이루어지는 격과 함께 십성의 체계 및 편중(偏重)된 오행이 된다. 또, 흥미를 유발(誘發)하는 체계는 성격체계와 함께 일간에게 직접적인 영향을 주는 오행이며, 이 오행의 영향이 강할 때다. 성격검사와 흥미검사는 다음과 같이 할 수 있다.

1. 일간의 다중성격(多衆性格)

인간의 성격은, 누구나 표면적인 면과 내면적인 면이 있듯이 이중적이다. 즉, 남성의 몸에도 여성의 호르몬이 있다는 것은 곧 (anima : 남성 속에 있는 여성의 기질) 남성도 여성과 같은 성격이 내면에 있다는 것이다. 또 여성의 몸에도 남성의 호르몬이 있으니 (animus : 여성 속에 있는 남성의 기질) 여성도 남성과 같은 성격이 내면에 있다는 것을 말한다.

이와 같이 사주의 천간(天干)도 남성적인 陽干은(甲·丙·戊·庚·壬) 陰干을 合하며 이면에 부드러운 여성적인 성격을 소유하였고, 여성적인 음간은(乙·丁·己·辛·癸) 남성적인 양간을 합하며 내면에 강인한 남성적인 성격을 소유하였다. 알고 보면 남성은 약한 속내가 있어 결국 정에 이끌리지만 여성은 서릿발이 내린다는 강한 면을 보이는 것도 이 때문이다.

이와 같은 다중심리는 천간의 합과 탄생되는 오행으로 판별한다.

- 1차적인 성격은 기본성격으로는 일간(日干)이 되는 열 개의 십간(十干)으로 드러난다.
- 2차적인 이중성의 성격은 일간이 합하는 반대편의 천간오행 성정이 소유되었다.
- 3차적인 삼중성의 성격은 천간의 합으로 탄생되어 나오는 천간오행으로 소유되었다.

여기서 양간이 음간을 합한 후 변화되며 탄생되는 오행은 음간으로 또, 음간이 양간을 합한 후 변화되며 탄생되는 오행은 양간으로서 다단(多段)계의 성격을 내포하고 있음을 알 수 있다. 아래 도표와 같다.

일간의 다중성격

구분	1차 기본성격	2차 이중성격	3차 삼중성격	종합 소유된 다중성격
日干	甲木	合己	變己土	甲＋己＋己
日干	乙木	合庚	變庚金	乙＋庚＋庚
日干	丙火	合辛	變癸水	丙＋辛＋癸
日干	丁火	合壬	變甲木	丁＋壬＋甲
日干	戊土	合癸	變丁火	戊＋癸＋丁
日干	己土	合甲	變戊土	己＋甲＋戊
日干	庚金	合乙	變辛金	庚＋乙＋辛
日干	辛金	合丙	變壬水	辛＋丙＋壬
日干	壬水	合丁	變乙木	壬＋丁＋乙
日干	癸水	合戊	變丙火	癸＋戊＋丙

위 도표에서 보듯 일간을 기준으로 합하는 반대 천간오행과는 다중성의 공식이 성립된다. 예를 들자면, 甲木 일간이라면 甲木의 인자한 면과 앞장서는 리더십의 성격을 소유했으나 己土와 같이 표현력이 뛰어나고 언변이 좋으며 자기관리에 치밀한 성격이 드러남을 볼 수 있다. 역시 癸水 일간이라면 癸水의 성격을 소유했으나 戊土의 성격이 드러나고 또 거기서 탄생되는 오행 丙火의 성격도 표출된다.

甲木의 性情

- 긍정적인 면

  인자하고 자상하며 강직한 성격을 소유하고 예의가 바르며 설득력과 논리력이 뛰어나다. 리더십이 강하여 앞장서서 진행하는 한편 타인의 입장을 이해하고 배려하며 부지런하여 끊임없이 노력하는 성격이다.

- 부정적인 면

  자존심이 강하며 자기주장을 강하게 관철시키려고 하기에 자칫 타협에 약할 수 있고, 지기 싫어하는 점은 고지식한 면으로 드러날 수 있다.

乙木의 性情

- 긍정적인 면

  겸손하고 예의를 잘 지키며 주변과 잘 융화한다. 부드럽고 섬세하여 분위기 파악을 잘한다. 아름답고 사랑스러워 보기에 좋다.

- 부정적인 면

  신경이 예민하여 주위의 반응에 민감하며 정치적으로 행동한다. 자신의 약한 면을 보이기 싫어하여 허풍이 많고 속을 알기가 어렵다. 질투심이 강하여 남을 칭찬하는 데 인색하며, 있는 그대로 인식하지 않고 왜곡된 가치관을 갖는다. 참을성이 없고 즉흥적이다.

丙火의 性情

- 긍정적인 면

  예의가 바르고 감동적 감성적이며 명랑한 성품을 지녔다. 일을 진행하는 데 있어 목적과 목표의식이 강하며 일에 관한 추진력이 강하며 에너제틱하다. 친화적이며 인간적인 성찰이 깊어 정신세계가 높다.

- 부정적인 면

  자기주장이 다소 강하고 명분을 앞세워 옳다고 생각하면 주변을 의식하지 않고 행동한다. 조급하고 흥분을 잘하며 사치스럽고 분위기에 휩쓸리는 경향이 있다. 강한 추진력 때문에 소유욕과 집착이 강하다.

丁火의 性情
- 긍정적인 면

따뜻하고 온화한 심성을 지녀 남을 잘 배려하고 주변환경과 조화를 잘 이룬다. 부드럽고 세심한 성품으로 침착하고 예의바르다.
- 부정적인 면

주관이 약해서 남의 말에 잘 흔들리며 자신의 의견을 강력히 주장하지 못한다. 의지력이 약하고 중도에 포기를 잘 하며, 공상을 잘 한다. 때로는 드러나지 않는 이기성을 갖고 있어 혼자 속을 끓이기도 한다.

戊土의 性情
- 긍정적인 면

신용과 믿음이 있으며 충성심이 강하고 규칙을 잘 지킨다. 인품이 중후하고 듬직하며 포용력과 응집력이 강하다. 목표한 것은 꾸준히 실행한다.
- 부정적인 면

지나치게 고정관념이 강하여 융통성이 부족하니 고집불통인 경우가 있다. 행동이 느리고 기회포착에 약하며, 자만심이 강하고 과거의 일에 집착한다.

己土의 性情

- 긍정적인 면
  언변이 좋고 표현력이 뛰어나며 자기주관이 강하다. 다정다감하고 친절하며 목소리가 좋은 경우가 많으며 자기관리가 치밀하다.
- 부정적인 면
  언변이 좋으나 자신의 속마음을 표현하지 못하며 감정변화가 심하고 마음의 상처를 잘 받는다. 이기적이고 욕심이 많다.

庚金의 性情

- 긍정적인 면
  결단력과 추진력이 좋으며 머리가 좋고 자긍심이 높다. 정의감이 강하며 포용력이 있고 스스로 결과에 책임을 진다. 몸이 재빠르고 부지런하다.
- 부정적인 면
  자신의 주장이 너무 강하여 독선적이고 비타협적이며 남의 말을 잘 안 듣고 사서 고생한다. 허세가 강하며 잘난 척을 하고 남의 일에 참견을 잘하여 구설이 따른다.

辛金의 性情

- 긍정적인 면
  논리력이 뛰어나고 언변이 좋으며 깊이 생각하고 침착하여 총명하고 냉철한 판단을 한다. 외모가 깨끗하고 아름다우며 행동이 조심스럽고 실수를 하지 않는다.
- 부정적인 면
  자존심이 강하여 지기를 싫어하고 욕심이 많아 양보심이 없으며,

주관적이고 냉소적이다. 꼼꼼히 따지는 습성이 있으며 자기자신에 대한 욕심이 많아 성격이 급하고 도전적이다.

壬水의 性情

- 긍정적인 면

 총명하고 머리 회전이 빠르며 기획력이 뛰어나고 대범하며 마음이 넓다. 친화적이며 사람에 대한 포용력이 좋고 실천적이고 부지런하며 활동력이 강하다.

- 부정적인 면

 나서기를 좋아하여 너무 앞서고 일을 잘 저지르며 허세를 잘 부리고, 시작은 잘하나 마무리를 잘 못한다. 참을성이 없고 변덕이 심해 모사에 능하고 권모술수를 잘 부린다.

癸水의 性情

- 긍정적인 면

 섬세하고 치밀하며 외유내강형이며 합리적이며 친절하다. 지혜롭고 재주가 많으며 다정다감하다.

- 부정적인 면

 신경이 예민하고 주관적이며 감성적이고 차가운 면이 있다. 의지력이 약하고 비애스러우며 이중의 마음을 갖고 있다. 인정과 눈물이 많고 배신을 잘 당한다.

乙木 일간이나 庚金의 성격을 보임

```
時 日 月 年
丙 乙 己 丙
子 卯 亥 子
```

위 사주는 乙木 일간이 인수격으로 時上의 丙火 상관을 용신하니 수용성과 표현력이 매우 탁월하며 지능이 높은 구조다. 乙木 일간으로 겸손하고 예의를 잘 지키며 주변과 잘 융화하는 한편, 부드럽고 섬세하여 분위기 파악을 잘하는 성격이다. 또 다른 면으로 나타나는 성격은 결단력과 추진력이 좋은 동시 리더십과 자긍심 및 정의감이 강하며, 포용력 있고 스스로의 결과에 책임을 지는 庚金의 성격을 소유하여 속초시장을 3선이나 했다.

戊土이나 癸水와 丁火의 성격이 있음

```
時 日 月 年
壬 戊 丁 甲
戌 午 卯 辰
```

위 사주는 戊土 일간이 관인상생격으로 직장생활을 하는 사람이다. 戊土 일간이라 매사 중용과 신용과 믿음이 있으며 충성심이 강하고 규칙을 잘 지키는 동시에, 포용력과 응집력이 강하며 목표한 것은 꾸준히 실행한다. 그러나 한편은 섬세하고 치밀하며 지혜와 재주가 많으며 친절하고 다정다감한 동시에, 감정이 자주 가라앉아 눈물과 비애에 잘

빠지는 등 계수의 성격을 드러낸다. 때에 따라서는 예의가 바르고 침착하며 인간적인 성찰이 깊은 丁火의 성격이 있음을 볼 때 인간의 다중적인 성격은 천간의 작용에서 드러남을 확인하게 된다. 다른 천간도 이와 같다고 보면 된다.

2. 십성의 성격

비견(比肩)의 긍정적인 면과 부정적인 면

- 긍정적인 면
  자존심이 강하고 당당하며 성취욕과 추진력 개척정신이 강하다.
  사교적이고 사람들과 잘 어울리며 도움을 주고받을 줄 안다.
  매사 자신감이 있고 주관이 뚜렷하며 사리사욕이 없다.
- 부정적인 면
  자존심이 강하여 시비와 투쟁을 참지 못하는 면이 많다.
  자기 중심적이며 고집이 세고 간섭을 싫어한다.
  승부욕이 지나쳐 굴복하지 않으며 남의 말을 듣지 않는다.

겁재(劫財)의 긍정적인 면과 부정적인 면

- 긍정적인 면
  자존심이 더욱 강하여 절대 굽히지 않으며 성취욕과 추진력도 매우 강하다.
  직무에 최선을 다하고 타인과의 경쟁력이 강하며 앞장서는 리더십이 있다.
  주관이 뚜렷하여 사리사욕이 없고 불의와 타협하기를 싫어한다.

- 부정적인 면

  지나친 자존심으로 타인을 무시하거나 교만하여 불손한 경향이 있다.

  불평과 불만을 자초하여 배우자를 억압하고 도벽의 기질이 강하며 비열하다.

  냉혹하여 남을 제압하는 기운이 있으며 표현이 비견보다는 내향적이다.

식신(食神)의 긍정적인 면과 부정적인 면

- 긍정적인 면

  주변과의 화합을 도모하고 성격이 겸손하고 온화하여 인간관계가 원만하다.

  문예와 기예에 능하고 창조적이며 연구심이 많아 박학다식하다.

  성격이 관대하고 예의범절이 바르며 서비스 정신이 좋다.

- 부정적인 면

  일은 잘 벌이지만 이론과 말이 앞서서 마무리를 못한다.

  소비가 심하고 멋을 부리며 허례허식이 많다.

  기분이 내키는 대로 언행을 하며 성격이 괴팍하다.

상관(傷官)의 긍정적인 면과 부정적인 면

- 긍정적인 면

  예지 능력이 탁월하고 총명하고 박학다식하며 창의력이 뛰어나다.

  세련된 멋쟁이며 언변과 사교성이 좋아 대인관계에서 능력을 발휘한다.

  임기응변이 뛰어나고 다재다능하여 눈에 띄며 생각의 발상이 특이하다.
- 부정적인 면

계산적이어서 이해타산이 빠르며 목적달성을 위해서 빠르게 행동한다.

말이 많고 입이 가벼우며 무례하고 변덕스럽다.

화려한 것을 좋아하고 허영심이 많으며 사치와 낭비벽이 많다.

편재(偏財)의 긍정적인 면과 부정적인 면
- 긍정적인 면

이재에 뛰어나 큰돈을 유용하는 재능을 가지고 있다.

요령이 많은 재주꾼이며 개척정신이 탁월하고, 타인의 도움 받기를 싫어한다.

가무와 풍류를 즐길 줄 알며 사교적이고, 대인관계의 폭이 넓으며 인기가 많다.

- 부정적인 면

즉흥적이며 일확천금을 노리는 기질이 강하고, 허풍과 큰소리도 잘 친다.

기분에 의해 좌우되는 경향이 많으며, 과장되고 경솔한 면과 사기성도 있다.

지나치게 자유롭고 개방적이며 지구력이 없다.

정재(正財)의 긍정적인 면과 부정적인 면
- 긍정적인 면

성실하고 치밀하여 실언과 실수를 하지 않으며 숫자와 관련된 업무에 탁월하다.

검소한 생활을 하며 정당한 대가의 재물만을 취하고 유동적인 것을 싫어한다.

기획력이 좋고 안정적인 경영으로 이익창출을 하며 단정하고 신용이 있다.

- 부정적인 면

고지식하고 잔재미가 없으며 망설이다가 기회를 놓치기도 한다.

융통성이 없고 너무 정확한 계산으로 인심이 박하고 인색하며 실리에 집착한다.

신약이면 일을 벌이고 마무리를 못하며, 뿌리 없는 정재는 부자가 못 된다.

편관(偏官)의 긍정적인 면과 부정적인 면

- 긍정적인 면

강한 의협심으로 약자를 보호하며 책임감과 결단성이 뛰어나다.

편관에 겁재가 있으면 위엄 있고 당당한 면모를 갖추며 무관으로 성공한다.

조직생활에 강하며 희생적인 리더십이 있고 상황에 따른 대처 능력이 뛰어나다.

- 부정적인 면

타협을 싫어하고 먼저 행동으로 해결하려 하며 투쟁적이며 난폭하다.

상대방을 무시하고 멸시하며 권모술수에 능하다.

조급하고 편굴하여 시비가 잦으며 타인의 사건에 끼어들어 구설을 자초한다.

정관(正官)의 긍정적인 면과 부정적인 면
- 긍정적인 면
  명예와 질서를 존중하고 공정한 일처리로 타인의 모범이 된다.
  책임감이 강하고 조직 내에서 상사를 잘 모시고 준법정신을 중요시 여긴다.
  외모가 준수하고 반듯한 군자의 상이며 중간 조정을 잘하는 중용의 정신이 있다.
- 부정적인 면
  원리원칙주의자이므로 융통성이 없어서 환경적응 능력이 부족하기 쉽다.
  정확한 자기관리로 주변을 피곤하게 할 수 있으며 소심하여 변화에 취약하다.
  수단이 없어서 한 가지 일에만 집중하며 인정받지 못하면 심한 고민에 빠진다.

편인(偏印)의 긍정적인 면과 부정적인 면
- 긍정적인 면
  재치 있고 순발력이 뛰어나 임기응변에 강하며 명랑하여 분위기를 잘 맞춘다.
  상상력이 풍부하고 기회 포착을 잘하며 다재다능하여 전문적인 능력을 키운다.
  종교생활에 잘 심취하며 비판적 수용으로 공부도 필요한 것만 깊이 있게 한다.
- 부정적인 면
  즉흥적이어서 상황에 따른 변화가 심하다.

신경이 예민하고 다소 변태적인 성향이 있으며, 괴상한 망상과 행동을 보인다.
시작은 적극적이나 수시로 계획이 변하므로 마무리가 미흡하며 외로운 성격이다.

정인(正印)의 긍정적인 면과 부정적인 면
- 긍정적인 면
  학문에 재능을 발휘하고 자존심이 강하며 명분을 중요시한다.
  전통과 명예를 지키려는 선비기질이 강하고 보수적이며 인품이 중후하다.
  어머니와 같이 편안하고 지혜로우며 단정하고 박학다식하다.
- 부정적인 면
  인성이 태과하면 자존심과 고집이 강하며 지나치게 모(母)에 의지한다.
  생각이 많아 머릿속이 항상 복잡하고 이론에 치우쳐 따지기를 좋아한다.
  정직하나 고지식하며 융통성이 부족하고 계획에 비해 실천력이 약하다.

3. 흥미유발체계(興味誘發體系)

흥미의 의미와 유발관계
흥미의 사전적 의미는 다음과 같다.
흥:미(興味)〔명사〕

1. (흥을 느끼는) 재미.
2. (대상에 이끌려) 관심을 가지는 감정.

이와 같이 흥미(interest)는, 일간이 사주명식 내에서 자연스럽게 관심이 가게 되고 그 일간이 잘할 수 있는 것과는 별개일 수도 있는 독특한 성분이 된다. 그러므로 명식 내에서 흥미와 적성이 일치한다면 그 사람은 평생 행복하게 자신의 일을 감당하게 되나, 일치하지 않은 경우에는 그 사람의 취미나 마음속의 아쉬운 염원으로 남게 될 수도 있는 성분이다. 아래는 사주에서 흥미가 유발되는 작용이다.

흥미를 이루는 작용

- 일간 기준 – 월간 또는 월주의 오행과 십성작용
- 일간 기준 – 시간 또는 시주의 오행과 십성작용
- 일간 기준 – 일지의 오행과 십성작용
- 사주 내에서 강력한 합국을 이룬 오행과 십성작용
- 사주 내에서 세력이 일방적으로 형성된 오행과 십성작용
- 사주 내에 없는 오행의 콤플렉스로 나타나는 십성작용
- 일간이 꼭 필요로 원하는 오행(용신·조후)의 십성작용

흥미유발코스

- 일간 대비 천간의 오행들은 외향적으로 흥미를 유발한다
- 일간 대비 지지의 오행들은 내향적으로 흥미를 유발한다
- 음간은 상관을 흥미로, 양간은 식신에 흥미를 우선한다
- 월간과 시간이 건강할 때 흥미를 우선 관장한다
- 천간으로 투출된 오행과 십성이 흥미에 우선한다
- 투출된 천간 중에 뿌리가 강한 오행이 흥미를 우선한다

흥미를 이용한 자아계발 코스

앞서 말했듯이 흥미란 용신과 희신에 적용되는 것만이 아니다. 즉, 흥미는 사주의 일간에 직접적인 영향을 미치게 되는 오행이며, 그 오행이 강하거나 또는 많을 경우이므로 일간은 자연스럽게 이 오행에 이끌려 흥미를 갖게 된다. 이는 용신에 해당할 수도 있으나 상당부분이 기신에 해당하는 경우가 많다. 여기서 일간이 느끼는 흥미는 자신의 재능이 될 가능성이 높기에 이를 직업까지 연결 짓는다면 결과적으로 자신이 흥미를 느끼는 직업이나 업무를 담당하게 되며, 직업상의 스트레스를 받지 않게 되니 능률적인 사회생활을 기대할 수 있다.

선택적 방법

- 신강사주가 식·재·관이 투출하고 용신이면 적성과 흥미가 일치할 수 있다.
- 신약사주가 비·인·관이 투출하고 용신이면 적성과 흥미가 일치할 수 있다.
- 신강사주가 인성이 강하여 흥미가 되면 재성을 통하여 적성을 계발한다.
- 신강사주가 비겁이 강하여 흥미가 되면 관성과 식상을 통하여 적성을 계발한다.
- 신약사주가 식상이 강하여 흥미가 되면 인성을 통하여 적성을 계발한다.
- 신약사주가 재성이 강하여 흥미가 되면 비겁, 인성을 통하여 적성을 계발한다.
- 신약사주가 관성이 강하여 흥미가 되면 인성, 식상을 통하여 적성을 계발한다.

흥미관계의 사례

아래는 흥미발현과 직업에 상관되는 관계까지의 여러 사람들의 사례를 들어 설명한다.

중소기업 전무

時 日 月 年
乙 戊 庚 甲
卯 申 午 申

위 사주는 정인격으로 학자적인 기품을 소유한 사람이며 늘 도서를 가까이 하고 한 직장에서 전무가 되기까지 평생 몸담아왔다. 時柱의 정관이 흥미로 나타나게 되어 장교로 군 복부를 했으나, 현재도 항상 직업군인으로 가지 못한 것을 아쉬워한다. 그러나 직장에 잘 적응하였으니 관성으로 적성을 활용한 예다.

상담사

時 日 月 年
丁 乙 己 乙
亥 亥 丑 巳

乙木 일간의 사주가 水氣가 왕한 겨울 출생으로 인성이 많아 신강하다. 편중된 오행이 인성 수이므로 생각이 많고 늘 공부하는 습관이 있다. 이는 인성이 흥미로 나타나고 있는 것이며, 편재격으로 시상의 식

신 丁火가 일간과 유정하여 상담영업직에 종사하는 것은 시상을 활용하는 것이고 이재를 취하는 것은 재성의 적성을 활용하게 된 것이다. 흥미가 있는 인성, 즉 공부를 활용하여 상담영업직에 종사하며 자신의 일에 만족하고 있음은 흥미와 적성을 잘 활용한 케이스가 된다.

스포츠 전문

```
時 日 月 年
壬 癸 辛 庚
子 巳 巳 戌
```

위 사주는 巳月에 실령했으나 巳火의 지장간 庚金이 연간으로 투출한 중 좌하 戌土에 근을 두었고 월간에 辛金이 함께하여 일간을 생하고 時柱 壬子 水를 생하니 水火가 상전하고 있어 일간은 소통시키는 木을 원하게 된다. 이런 경우 없는 오행의 콤플렉스로 인하여 식상 木으로 흥미가 유발되고 있다. 인성으로 생각이 많고 공부를 하면서도, 월·일지에 정재가 있어 치밀하게 꼼꼼히 따져가는 것은 성격으로 볼 수 있다. 외국어에 능통하고 미국에서 골프 프로교육을 받고 있는 사람이다.

```
  승무원 출신의 여성

  時 日 月 年
  壬 辛 辛 丙
  辰 巳 卯 申
```

辛金이 卯月 편재격으로 재물에 대한 욕구가 많은 성격의 사람이며, 시상의 壬水 상관이 흥미를 유발하는 신인데, 흥미가 직업까지 연결되어진 서비스업인 출신이다. 상관의 흥미를 직업으로 쓰기 위해서는 인수를 충실하게 활용했으므로 승무원이 되었다.

4. 가치관의 소유성향(所有性向)

가치관이란 사전적 의미로는 다음과 같다.
　가치 — 관(價値觀)〔명사〕사람이 자신을 포함한 세계나 만물에 대하여 가지는 평가의 근본적인 태도, 또는 견해.

　그러므로 사주를 통해서 그 사람의 가치관을 본다는 것은 그 사람이 자신과 세계와 이 사회와 주변에 대하여 어떻게 평가하고 인식하는지를 살펴볼 수 있다는 것을 의미한다.
　사주의 주체(主體)인 일간을 중심으로 일간의 설기방향(외향성 : Extraversion)은 물질적인 가치(실리적 현실주의)로, 일간으로의 유입방향(내향성 : Introversion)은 정신적인 가치(도리와 지적이상주의)로 성향이 다르게 나타난다.

즉, 인성(印星)이 강한 사람은 정신적, 지적 이상주의자라서 식사를 우아하게 하는 것을 좋아하고, 교향곡 등의 음악감상을 좋아하며, 교양독서를 생활화하는 형이고, 식상(食傷)이 강한 사람은 현실주의자라서 식사를 할 때 분위기보다는 실속 있고 맛있게 먹고, 음악감상보다는 가수를 직접 보거나 부르기를 좋아하며, 생활독서보다는 자신이 필요한 부분만을 간추려 읽는 유형이다. 여기서 위 구조적인 설명과 함께 구체적으로 사주에 미치는 격국의 형성을 통하여 어느 용신을 활용하게 되는가에 따라 가치관이 설정되는지에 주안점을 두고 검사해야 한다.

가치관 구별의 표

A-물질적 가치관	B-정신적 가치관
내향성	외향성
金水	木火
地支	天干
耳-듣는	口-언행
지적 명예주의	현실적 실리주의
일간을 인성이 강하게 생하는 구조 사주 내 관인상생이 적극적인 구조	일간이 식신상관으로 설기되는 구조 사주 내 식신생재가 적극적인 구조
침착하다 / 기억력이 좋다 지식추구형이다 / 지적자산을 중시한다 자아실현의 목표는 명예 / 융통성이 부족하다 외곬로 일관한다 / 처세술이 낮다	다변적이다 / 판단력이 뛰어나다 재물추구형이다 / 현금자산을 중시한다 자아실현의 목표는 활동과 재물 임기응변적이다 / 타협적이다 / 처세술이 좋다

```
      공무원 - (A)

      時  日  月  年
      丙  甲  癸  己
      寅  寅  酉  卯
```

위 사주는 전형적인 관인상생격이다. 공무원으로 재물을 크게 추구하지는 않으나 자신이 평생 걸어온 공직의 명예를 소중하게 생각하며, 또 지적자산을 소중하게 생각하는 정서적인 사람이다.

```
      저술가 - (A)

      時  日  月  年
      辛  壬  辛  丙
      丑  戌  丑  子
```

壬水 일간이 丑月에 인수 辛金이 월·시간으로 투출했다. 사주 내에 식재가 없어 외향적이지는 않으나 현실성과 실리성이 우수하여 평생 많은 저서를 발표하며 지적인 명예를 중시하고 살아온 학자다.

개인사업 - (B)

時 日 月 年
庚 丁 丁 壬
子 丑 未 辰

丁火 일간의 정관인 연간의 子水는 월간의 丁火와 丁壬合을 하고 시지 子水는 일지 丑土와 子丑合을 하여 관성의 가치관을 잃고 있다. 또한 명식 내에 인성조차 없으니 지적자산은 중요시하게 생각하지 않고 왕한 식상이 생재하는 구조가 되어 외향적으로 노래방을 운영하고 있다.

개원의사 - (B)

時 日 月 年
戊 戊 丙 辛
午 戌 申 丑

위 사주는 신강하여 오직 식상으로 설기하는 구조다. 개원의사로 실리적이고 현실적이기보다 보통사람 이상으로 외향적인 자아실현의 목표를 위해 투자나 주식 등에 관심을 보이고 있는 사람이다.

2

감성체계

감정은 사전적 의미로 다음과 같다.

감:정(感情) 〔명사〕
1. 느끼어 일어나는 심정. 마음. 기분.
2. 어떠한 대상이나 상태에 따라 일어나는 기쁨·노여움·슬픔·두려움·쾌감·불쾌감 따위 마음의 현상.

감정(feeling)은 어떤 대상이나 환경 등의 자극(刺戟)으로 인하여 본성(本性)이 더 높이 고조되어 표출(表出)되거나 깊이 잠복(潛伏)되는 상태를 말한다. 알고 보면 위에서 말한 성격과 흥미와 감정은 같은 코드의 연장선에서 이해할 수 있다. 그러나 다소 다른 점은, 흥미가 일간의 적극적인 성분이 더해지는 능동적인 면이 있다면 감정은 자연스럽게 느끼어 일어나는 심정, 마음, 기분이다. 구체적으로 어떠한 대상이나 상태에 따라 일어나는 기쁨, 노여움, 슬픔, 두려움, 쾌감, 불쾌감 등을 말하며 이와 같은 것들을 일간이 어떻게 표출하고 처리하는지를 보고자 하는 것이다. 타고난 흥미주의 성향에 그 사람의 감정기류를 좇게 되니 흥미가 즉시 유발되면 즉시 감정도 따라간다. 그러나 알아둘 것은 감정상태에 흥미가 이입(移入)되지는 않는다는 점이다. 감정의 처리과정은 일간을 기준하여 설기하는 방향은 감정이 외향적(外向的)으로 우선 표출되고, 오행의 기가 일간으로 유입되는 과정은 감정이 내향적(內向的)으로 축적(蓄積)된 후 표면(表面)으로 드러나게 된다.

인간이라면 누구나 감정(感情)이 없는 사람은 없다. 다만 감정의 표현을 많이 하는가 아니면 적게 하는가, 감정을 억제할 수 있는지 없는지의 차이일 뿐이다. 사람의 감정표현은 말과 행동과 표정으로 나타난다. 사주에서는 감정의 표출 정도와 억제능력을 측정할 수 있다. 이는 심리상태와 직결되므로 대상자의 사회생활에 장단점으로 나타날 수 있으며, 감정처리 부분 또한 사주를 참고하여 개선하거나 이롭게 활용할 수 있다.

1. 오행과 감정

오행은 모두 독자적인 감정(感情)과 성정(性情)이 있으나 사주에서 특별히 감정을 나타내는 오행은 火 기운과 水 기운이다. 火 기운은 드러내는 감정이고, 水 기운은 사색하는 감정으로써 火나 水가 편중되면 감정의 기복이 크고 급변한다.

火 기운이 강한 사람은 감정의 절제와 조절능력이 부족한 단점을 지

니며, 타인에게 안정감을 제공하지 못하거나 불필요한 언행을 많이 하게 된다. 또, 水 기운이 강한 사람 역시 감정처리의 단점으로 타인에게 심리적 부조화를 일으키는 등 우울, 침체로 감정의 기복이 커서 자신의 생활과 대인관계(對人關係) 등에 지장을 초래한다.

예외로 오행의 소통관계에서 감정의 발현과 정체가 나타난다는 점을 참고해야 한다. 즉, 소통이 잘되면 감정을 유유히 표현하고 풀어버리게 되나, 오행의 소통이 잘 안되는 사주는 감정도 내면에 잠복되거나 정체되는 것을 볼 수 있다. 이럴 경우 잠복된 감정이 자연스럽게 표현되지 못한 만큼 일정한 기준 이상 초과될 때 상대적으로 폭발력을 갖게 된다. 사주에서의 작용은 한난조습(寒暖燥濕)의 작용과 관계가 있으며 섬세한 오행의 문제로 아래와 같다.

- 火는 고양되는 감정이고 水는 가라앉는 감정이다.
- 火 기운이 왕한 사람은 명분에 치우치고 즉흥적이며 폭발력을 갖는다.
- 水 기운이 강한 사람은 자기주체에 치우치고 감상, 감정적이다.
- 강한 火 기운을 약한 水가 자극할 때는 감정의 고조가 심하다.
- 약한 火 기운을 강한 水가 억제할 때는 감정의 저조가 심하다.
- 火 기운의 감정은 水가 억제하고 土가 분출시키며 金이 분산시킨다.
- 水 기운의 감정은 火가 분산시키며 木이 분출시키고 土가 억제시킨다.
- 水火가 편향되어 있지 않으면 감정을 적절하게 처리한다.
- 이와 상관없이 명조 내의 오행분포에 따라 감정은 다양하게 나타난다.

오행 水 · 火 의 편향에 의한 심리현상

억제력 상실, 대인기피증, 정서적 해리현상, 타인에 대한 적대감, 자아존재의 과소평가, 반발심 증폭, 정신무력증, 결단성 결여

예1) 감정조절이 잘되는 사주(교수)

```
時 日 月 年
丙 乙 壬 壬
戌 未 子 辰
```

乙木이 子月생으로 水가 왕하여 내밀(內密)성이 강하고 분석적(分析的)이다. 時上으로 丙火 상관이 있어서 미래에 대한 연구심이 좋고, 일간을 중심으로 水의 유입과 火의 설기가 조화로워 감정조절이 잘되고 있으며 이는 성격으로 나타나 대인관계와 사회적 역할에 크게 이롭다.

예2) 자기주체에 치우친 사주(범죄자)

```
時 日 月 年
壬 辛 己 庚
辰 丑 丑 戌
```

辛金 일간이 신강으로 편중된 중, 한랭하여 역시 내밀성이 강하고 분석적이다. 시상으로 壬水 상관이 투출하여 연구심이 좋다. 이와 같이 예1)과 예2)는 상당한 공통점이 있으나 水火의 조절이 잘된 예1) 사주는 대학 교수로에 매끄러운 성격과 감정의 조절이 매우 탁월하였으

며, 예2)는 水氣가 강한 중 火가 없기에 감정의 소모에 대한 치명적인 결함으로 잔혹한 연쇄살인을 저질러 세상을 놀라게 했다.

```
예3) 감정의 정서적 해리현상(영화배우)
    時 日 月 年
    癸 癸 丁 庚
    丑 巳 亥 申
```

癸水 일간이 수가 왕하고 한습한중 식상이 없어 내향적이다. 명조 내에 없는 木 식상은 콤플렉스로 나타나 그의 직업(영화배우)이 되었으나 안타깝게도 그는 水 강 火 약으로 인한 감정소모에 대한 단점으로 25세의 꽃다운 나이에 자살하였다.

```
예4) 감정이 다변적인 여인
    時 日 月 年
    丙 己 癸 乙
    寅 巳 未 巳
```

未月 생이 사주 내에 火氣가 태왕한중 월간의 계수가 심약하다. 항상 감정의 조절이 단점으로 나타나 말이 많고 소리를 지르거나 강하게 반발하는 사람으로, 이혼을 하고 재혼을 하였으나 자기위주로 생활하는 등 정신적 결함이 많다.

2. 십성과 감정

십성 또한 모두 독자적인 감정과 사고, 성격을 가지고 있다. 그러나 흥미와 같이 성격과 함께 감정을 드러내고 표현하는 십성은, 식신(食神) 상관(傷官)이 주로 맡고 있으며 부가적으로 재성(財星)이 담당한다. 감정의 유입(流入)은 편인(偏印)과 정인(正印)이며 부가적으로 관성(官星)이 담당한다. 식상(食傷)이 왕한 사람은 감정을 표현하기 위하여 말이 많고 비밀을 못 지키며 자신의 감정상태를 속에 감추고 있기가 어렵다. 이때 감정을 억제하고 처리하는 것은 인성(印星)이다. 인성은 생각하고 논리적이며 정리 정돈을 잘하기 때문에 식상(食傷)의 감정 표현을 절제시킬 수 있다.

인성(印星)이 많은 사람은 감정이 내면적으로 정체되므로 자신의 감정을 간단 명료히 표출시키지 못하거나 내적으로 쌓여 있기에 잔소리와 불평이 많다. 이때 감정을 조절하는 것은 재성과 식상이다. 특징적으로 편인(偏印)과 상관(傷官)은 감정표현이 우수하며 변덕스럽다. 여기서는 오행의 작용 반작용에 대한 십성(十星)의 상대성 역할에 주목하여 아래와 같이 분석할 수 있다.

❶ 식상이 왕한 중 인성 약이면 자기감정에 도취(陶醉)되며 의연하기 어렵다.
❷ 식상이 약한 중 인성 강이면 감정처리에 결함으로 올바른 판단이 어렵다.
❸ 식상이 없으면 감정처리가 안 되어 이기적이고 폐쇄적이다.
❹ 인성이 없고 식상이 많으면 감정이 즉흥적이고 산만하며 정리를 못한다.

❺ 편인이 강한 중 재성이 무력하면 변덕스런 감정이 고조되고 자기 위주다.
❻ 재성이 강한 중 식상이 약하면 감정은 결과에만 집착한다.
❼ 인성이 많고 식상이 없으면 재성에 집착된 감정을 소유한다.
❽ 식상이 충·극 되면 의사와 표현의 감정체계가 분열되는 징후가 나타난다.
❾ 인성이 충·극 되면 사고력과 이성적 판단의 감정이 혼란을 겪게 된다.

```
       감정 조절이 섬세하지 못함

         時 日 月 年
         丙 戊 丙 丙
         辰 寅 申 戌
```

❷❺❽에 해당한다.
❷ 식상이 약한 중 인성 강이면 감정처리에 결함으로 올바른 판단이 어렵다.
❺ 편인이 강한 중 재성이 무력하면 변덕스런 감정이 고조되고 자기 위주다.
❽ 식상이 충·극 되면 의사와 표현의 감정체계가 분열되는 징후가 나타난다. 위와 같이 편인이 많은 중 재성이 없어 감정조절에 취약하다.

감정이 격앙됨(김두한)

時	日	月	年
己	辛	戊	戊
丑	丑	午	午

이 사주도 편인과 인수가 강하고 재성이 약하여 격앙되는 감정조절에는 결함이 나타난다. 국회에서 의원들에게 오물을 뿌린 일화가 있다.

감정유출이 잘되는 여교수

時	日	月	年
丙	己	丁	丙
寅	丑	酉	戌

일간 己土가 비겁과 인성이 왕하여 감정의 조절에 결함이 나타날 수 있다고 볼 수 있으나 월지와 일지가 酉丑合 金局을 이루고 일간의 기를 설기하니 앞의 두 사주와는 다르게 감정조절이 잘되는 것을 알 수 있다. 여성으로서 외국에서 박사학위를 두 개나 취득한 사람이다.

```
        모순된 성격

        時 日 月 年
        辛 丁 丙 辛
        亥 亥 申 丑
```

❸❻에 해당하는 사주다.
❸ 식상이 없으면 감정 처리가 안 되어 이기적이고 폐쇄적이다.
❻ 재성이 강한 중 식상이 약하면 감정은 결과에만 집착한다.
식상도 무정하고 인성이 없다. 건축사업을 했으나 어려움을 겪고 절로 들어가고 싶은데, 가족문제로 고민하는 등, 늘 감정조절이 잘 안 되는 사람이다.

사주와 지능검사

3장

1 지능의 이해

 인간은 뛰어난 지능(知能) 덕분에 만물(萬物)의 영장(靈長)으로 군림할 수 있었다. 문명(文明)의 발달 속에서 첨단화된 과학의 혜택을 누리며 살아가고 있는 것은 바로 인간의 우수한 지능 덕분이다. 지능이 높다고 하는 기준은 단순히 생각해보면 공부를 잘한다는 말과 다르지 않다. 그러나 공부를 못한다고 해서 그림을 못 그리거나 노래를 못하는 것은 아니며, 조각을 잘하거나 만들기를 잘할 수 있고 길을 잘 찾아다니거나 예능에서 탁월한 소질을 보일 수 있다. 이는 개개인 별로 각기 발달된 지능이 다르기 때문이다.
 근래에는 이렇게 지능이 단지 인지적 능력만을 의미하는 것이 아니라 다수의 능력이 인간의 지능을 구성한다는, 즉 다중지능이론으로 인간의 지능을 설명하고 있다. 그렇다면 이제부터 지능의 개념이 어떻게 변천되어 왔으며 사주명리학에서 인간의 지능을 어떻게 분석해낼 수 있는지 알아보기로 하겠다.

1. 전통적 지능이론(知能理論)

초기 지능의 의미는 인지적(認知的) 특성 중에서도 지적(知的)행동을 가장 잘 설명하는 대표적인 심리특성으로, 지식(知識)을 계속적으로 배우고 응용할 수 있는 능력을 의미하였다. 지능에 관한 초기 연구에서는, 지능이 감각(感覺)과 주의력(注意力)과 같은 기본적인 능력으로 구성되어 있는 것으로 보고 사람의 감각기관(感覺器官)을 정확하게 측정하려고만 시도했다. 그러나 지능에 그보다 더 복잡한 내적인 정신적(精神的)인 면이 있다는 것을 발견하면서 IQ라는 개념이 생겨나게 되었다.

지능검사는 알프레드 비네(Alfred Binet)에 의해 최초로 개발되었는데, 이 검사는 학생들의 장래 학업성패를 예측하는 것이 목적이었기 때문에 교실수업에서 일상적으로 일어나는 활동들과 관련된 인지적 과정에 초점이 맞추어졌다. 따라서 비네의 지능검사는 기억력, 주의집중력, 이해력, 변별력, 그리고 추리력에 관련된 인지과정을 측정하는 것이었다. 그리고 이 지능검사가 가지고 있는 가장 핵심적인 가정은 지능이라고 알려진 인간의 능력을 객관적으로 측정할 수 있다는 것이었고, 이 지적능력을 지능지수(IQ)라는 표준화된 점수로 환산할 수 있다고 보는 것이다.

2. 다중지능이론(多衆知能 理論)

위에서 언급한 지능에 관한 개념과 비교하여 최근 연구된 다중지능이론으로 지능의 특성을 보면 다음과 같다. 지능은 고정(固定)된 것이 아니며 변화(變化)할 뿐 아니라, 가르쳐 교정할 수 있다고 본다. 또한 지능은 다원적(多元的) 다면적(多面的)인 것이고 복수구인으로 구성되어 있지만 행동의 수준에서 그것은 통합된 형태로 나타난다. 다시 말해서 이 이론의 핵심은 개인의 지능이 한 가지가 아니고 다수의 지능으로 구성된다는 것이다. 또한 이 지능들은 복잡하게 협응(協應)하여 작용하며, 지능들 간의 작용만이 아니라 각각의 지능영역 내에서도 그 지능을 향상시킬 수 있는 방법이 있다는 것이다. 언어능력이 단지 글쓰기만이 아니고, 글쓰기는 비록 계발되지 않았지만 재미있는 말을 잘하는 사람이 분명히 있다는 말과 다르지 않다. 그리고 이 지능들은 적절한 여건이 주어진다면 계발이 가능한 지능이라는 것이 가드너의 다중지능이론의 핵심이라고 볼 수 있다.

다중지능 영역의 정의

하버드 프로젝트 제로(Harvard Project Zero)의 책임자인 하워드 가드너(Howard Gardner)에 의해서 제안된 다중지능이론은 지능을 사회 속에 직면해 있는 산물(産物)을 창조하는 능력으로 정의하고 있다. 즉, 문화적으로 가치 있는 물건을 창조하거나 문제를 해결하는 데 있어 그 문화에서 유용하게 쓰일 수 있고 정보를 처리할 수 있는 심리학적인 잠재력을 말한다. 이 지능은 명백히 구별되는 아홉 가지의 지적 능력으로 이루어져 있으며 서로 독립적이기 때문에, 한 영역의 지능이 높다고 해서 다른 영역의 지능이 높을 것으로 예측하기 어려울 뿐만 아니라 어느 특정 지능의 우수성을 논할 수 없고 서로 동등하다고 본다.

① 언어지능(Linguistic Intelligence)
* 단어를 효과적으로 사용하는 능력(구두 / 글로 표현).
* 언어를 이해하고 실용적 영역을 조작하는 능력.

② 논리수학지능(Logical - Mathematical Intelligence)
* 숫자를 효과적으로 사용하는 능력.
* 사물 사이의 논리적 계열성을 이해하고 유사성과 차이점을 측정하고 사정하는 능력.

③ 공간지능(Spatial Intelligence)
* 방향감각, 시각, 대상을 시각화하는 능력.
* 색, 줄, 형태, 구조에 관련된 지능으로 사물을 인지하는 능력.
* 내적인 이미지와 사진과 영상을 창출하는 능력.

④ 신체운동지능(Bodily - Kinesthetic Intelligence)
* 신체의 운동을 손쉽게 조절하는 능력.
* 손을 사용하여 사물을 만들어내고 변형시키는 능력.

⑤ 음악지능(Musical intelligence)
* 음악에 대한 전반적인 직관적 이해와 분석적이고 기능적인 능력(음에 대한 지각력, 변별력, 변형능력, 표현능력).

⑥ 대인관계지능(Interpersonal Intelligence)
* 다른 사람의 기분, 의도, 동기, 느낌을 분별하고 지각하는 능력.
* 타인에게 동기를 부여하고 변화에 대해 유추하는 능력.
* 감각과 대인관계의 암시를 구별해내는 능력.
* 실용적 방식으로 암시에 반응하는 능력.

⑦ 자기이해지능(Intrapersonal Intelligence)

- 자아를 이해하는 데 관련된 지식과 그 지식을 기초로 적응하는 능력.
- 자신에 대해 정확히 알고, 그에 따른 자아훈련, 자아이해, 자존감을 위한 능력.
- 메타인지, 영혼의 실체성 지각 등 고도로 분화된 감정들을 알아내어 상징화하는 능력.

⑧ 자연탐구지능(Naturalist Intelligence)
- 사물을 구별하고 분류하는 능력과 환경의 특징을 사용하는 능력.
- 분별 – 사물을 분별하고 그 사물과 인간과의 관계를 설정하고 대처하는 능력.

⑨ 실존지능(Existentialist Intelligence)
- 인간의 존재 이유, 생과 사의 문제, 희로애락, 인간의 본성, 가치 등 철학적이고 종교적인 사고를 할 수 있는 능력.
- 처음에는 영적 지능(spiritual intelligence)으로 불렸던 것으로 철학적이면서 상당히 종교적인 사고를 할 수 있는 능력이다. 이 지능은 뇌의 해당되는 부위가 없을 뿐 아니라 아동기에는 이 지능이 거의 나타나지 않기 때문에 가드너는 다른 여덟 가지 지능과 달리 반쪽 지능으로 여기기도 한다.

이 외에 새롭게 제기될 수 있는 지능으로는 도덕적 감수성(moral sensibility), 성적 관심(sexuality), 유머(humor), 직관(intuition), 창의성(creativity), 요리능력(culinary (cooking) ability), 후각능력(olfactory perception (sense of smell)), 타 지능을 분석하는 능력(an ability to synthesize the other intelligences) 등도 새로운 지능으로 주목을 받고 있다.

3. 사주와 다중지능의 접목

그렇다면 이와 같이 다양하고 복잡한 인간의 지능을 측정하는 도구로서 과연 사주명리학이 활용될 수 있는가 하는 가능성을 타진해보자. 필자는 임상에서 대상자의 지능이 높게 나타나는 작용을 사주분석을 통해 알아낼 수 있었다. 이 분석결과는 그동안 명리이론에서 공식처럼 인정되었던 인성과 식상과의 긴밀한 관련성 외에 영재들의 십성구조를 새롭게 파악하여 높은 지능을 명리학적인 분석으로 파악한 획기적인 결과라고 할 수 있다.

그런데 모든 아동들에게 영재성을 기대할 수 없는 상황에서 한 개인이 가진 고유하고도 특출한 지능을 설명하고 가려서 키워낼 수 있도록 판별하는 방법은 없겠는가 하는 의문이 발생했다. 이에 필자는 사람은 누구나 학업성적과는 무관하게 개인마다 발달된 소질(특기)이 다름을 알게 되었고, 그것이 가드너의 다중지능이론으로 명쾌하게 설명될 수 있다는 점을 발견할 수 있었다. 즉, 사주명리학을 통하여 한 개인의 사주에서 십성(十星) 간의 작용이 어떠한가를 관찰하여 어떠한 지능이 발달되었는지 발견할 수 있다는 것이다. 격국이나 용신과 십성의 상생관계로 나타나는 적성과 직업군은 개개인별로 모두 다르며 이는 지능의 발달이 다중적임을 말해준다.

필자는 『사주심리치료학』에서 명리학과 다중지능의 관련성에 대해서 다음과 같이 지적한 바 있다. 현 사회의 직종이 더욱 다변화되는 것은 사실이지만, 알고 보면 오행과 육신(십성)의 범주 안에 속해있다. 첨단과학을 적용하여 지능지수의 측정결과에 따라 직업적성에 관한 선택자료가 많이 활용되고 있지만 이것은 두뇌의 활용에만 국한된 것뿐이다. 그러나 사주를 통하여 나타난 직업적성은 성격, 건강, 지능지수, 경쟁력과 다가오는 운로의 변화까지 감안하여 구분하기 때문에 사주명리학은 과학을 앞서는 하이테크 정보라고 할 수 있다.

　이를 증명하듯, 언젠가 한 텔레비전 매체는 사주분석을 통한 임상결과를 과학적 검사방법으로 분석한 적이 있는데, 단 여덟 글자의 사주만으로 판단한 적성분석이 과학적 검사의 결과와 대등한 결론에 도달했음을 보여주었다. 사주명리학에서 직업적성을 분류하는 기준은 격국, 오행, 용신, 일간오행, 오행의 강약 등 여러 가지 방법이 있으나 종합적인 판단을 해야 하며, 십성별로 선천적성을 사례를 들어 검토해야 한다. 여기에 가드너의 다중지능이론은 사주명리학과 상당한 동일점이 발견된다. 아래 표는 다중지능이론(문용린, 2004)과 명리학의 이론을 비교 분석한 것이다.

십성의 발달된 지능

비견	신체운동지능 예술지능 발달
겁재	신체운동지능 음악지능 발달
식신	공간지능 자연탐구지능 발달
상관	신체운동지능 언어지능 발달
편재	수리지능 공간지능 발달
정재	분석지능 수학지능 발달
편관	기억지능 대인관계지능 발달
정관	구성지능 대인관계지능 발달
편인	자기이해지능 언어지능 발달
정인	암기지능 수학지능 발달

언어지능

	ⓐ지능-ⓑ십성	활동의 비교	대표적 직업의 비교
비교 1	ⓐ 언어지능	공식 연설, 일기, 창작, 언쟁, 임기응변, 유머 및 농담, 이야기 만들기	연설가, 이야기꾼, 정치가, 시인, 극작가, 편집자, 기자
	ⓑ 인수와 상관의 공조 상생구조	연설, 임기응변, 예능, 오락, 재치, 발명, 아이디어, 작가	대변인, 강사, 방송작가, 가수, 문필가, 외판업

논리수학지능

	ⓐ지능-ⓑ십성	활동의 비교	대표적 직업의 비교
비교 2	ⓐ 논리수학지능	추상적 공식, 도표 구조화, 수열, 계산법, 부호해독, 삼단논법, 문제 해결	수학자, 회계사, 통계 전문가, 논리학자, 과학자, 컴퓨터 프로그래머
	ⓑ 인성과 재성의 공조 상생구조	창조력, 수집력, 논리성, 조직력, 분석력, 현실성	경제학, 통계학, 금융가, 세무사, 무역, 수학

공간지능

	ⓐ지능-ⓑ십성	활동의 비교	대표적 직업의 비교
비교 3	ⓐ 공간지능	항해, 지도 제작, 체스게임, 상상력, 색채 배합, 패턴, 디자인, 그림, 데생, 인지도, 조각, 사진	안내자, 정찰병, 건축가, 실내 장식가, 발명가, 예술가
	ⓑ 인성, 상식, 재성의 공조 상생구조	상상력, 현시욕구, 디자인, 아이디어, 공간지능, 아름다움, 창의력	발명가, 탐색가, 제조, 생산, 강사, 건축디자인

신체운동지능

	ⓐ지능-ⓑ십성	활동의 비교	대표적 직업의 비교
비교 4	ⓐ 신체운동지능	민속창작춤, 역할극, 제스처, 드라마, 무술, 운동, 무언극, 스포츠	배우, 무언극 배우, 경기자, 무용가, 공예가, 조각가, 기계공, 외과 의사
	ⓑ 비겁, 상관의 유기 상생구조	무용예술, 행위예술, 찬스에 강함, 독창성, 연출	성형외과 의사, 시각디자인, 조각예술가, 영화인

음악지능

	ⓐ지능-ⓑ십성	활동의 비교	대표적 직업의 비교
비교 5	ⓐ 음악지능	리듬패턴, 보컬 사운드, 작곡 및 편곡, 배경을 선정, 악기 연주, 노래, 공연	음악비평가, 작곡가, 연주가, 악기 제작자
	ⓑ 인성, 비겁, 식상의 유기 상생구조	행위예술, 전문적 기능, 음악, 실천력, 적극성, 독창성	비평가, 연설가, 아티스트, 미용사, 기술자

대인관계지능

	ⓐ지능-ⓑ십성	활동의 비교	대표적 직업의 비교
비교 6	ⓐ 대인관계지능	피드백 주고받기, 타인의 감정에 대한 이해, 협력, 학습전략, 일대일 대면, 공감, 분업, 집단 프로젝트	카운슬러, 교사, 심리치료사, 정치가, 종교 지도자, 세일즈맨
	ⓑ 정관, 인성, 상관의 공조구조	관리능력, 감성통제, 협조력, 조직력, 지식습득, 상담능력	종교가, 심리치료사, 세일즈, 영업직, 교육가, 연설가

자기이해지능

	ⓐ지능-ⓑ십성	활동의 비교	대표적 직업의 비교
비교 7	ⓐ 자기이해지능	반성적 사고, 메타인지 기술, 사고 전략, 정신집중 기술, 고도의 추론	철학자, 신학자, 소설가, 심리학자, 어느 직업이든 기본적으로 가지고 있어야 하는 지능
	ⓑ 편관, 편인, 상관의 상생구조	인내심, 집중력, 기획자, 리더십, 기술, 설득력, 기억력	작가, 심리학자, 종교철학, 교육, 생산, 창조개발

자연탐구지능

	ⓐ지능-ⓑ십성	활동의 비교	대표적 직업의 비교
비교 8	ⓐ 자연탐구지능	관찰, 견학, 소풍, 여행, 하이킹, 자연보호, 모험심 기르기, 동물 기르기	식물학자, 과학자, 정원사, 해양학자, 공원 관리자, 도보여행자, 지질학자, 동물원 관리자
	ⓑ 식상, 재성, 정관의 유기 상생구조	모험적, 탐구적, 양육, 포용력, 실천력 친화력, 도덕성	과학자, 관리자, 유통업, 축산업, 사회복지사, 가이드

실존지능

	ⓐ지능-ⓑ십성	활동의 비교	대표적 직업의 비교
비교 9	ⓐ 실존지능	나는 누구며, 어떻게 태어났고, 내가 죽는다면 등 실존에 대한 의문과 답에 대한 관심이 많은 능력	심리학자, 종교가, 철학자, 신학자, 소설가, 공상과학자, 여행가, 승려, 순례자
	ⓑ 비겁과 편인, 상관의 공조	자아정체성의 확인, 무상심, 호기심, 예술성	심리학자, 철학자, 종교성, 안내자, 전문기술

위와 같이 다중지능이론과 사주작용의 비교분석결과는 상당히 근접한 동일점이 나타났다. 이것은 개인의 사주분석을 통하여 타고난 다중지능의 검사가 가능하다는 결론을 얻게 된 것이다. 그러나 이 비교분석의 결과자료는 고무적인 가능성을 확인한 수준이며, 실제 사주를 통한 섬세한 검사방법으로 활용될 수 있기까지는 깊은 연구가 필요하다. 필자가 현재 개발한 지능검사 방법은 다중성보다는 사주명식에서 지능의 높고 낮은 발현의 단계적 과정이며, 앞으로 사주와 다중지능에 대하여서는 그 중요성을 감안할 때 집중적인 연구가 필요하다.

2 사주의 지능검사방법

1. 십성의 구조적 지능발현(知能發現) 단계

　사주에서 지능이 높게 발현되는 관계는 십성 간의 관계이나, 십성 작용을 근본적으로 주관하는 오행의 상생관계에 귀결된다. 앞에서 설명하였듯이 일간(자아)을 중심으로 생조(生助)를 받는 인성(印星)은 지식의 수용으로 지능이 높게 나타나고, 설기(洩氣)를 하는 관계는 지식의 응용(창의성) 발현으로 지능이 높다. 이 두 가지의 작용이 복합적으로 이루어질 때 가장 지능이 높을 수 있다. 또한 재성은 수리능력이 좋으므로 식상이 사주에 없을 때 인성과의 공조를 이루면 지능이 높게 나타나고, 편관은 기억력이 좋은 십성으로 인성이 없을 때 상관과의 공조를 이루면 지능이 뛰어나다. 이렇듯 인성과 식상의 공조에서 지능이 우수한 것 외에 특이한 것은, 사주에 식상이 없을 때와 학문의 별이라고 칭하는 인성이 없을 때에도 우수한 지능이 발현되는 코스가 있다.

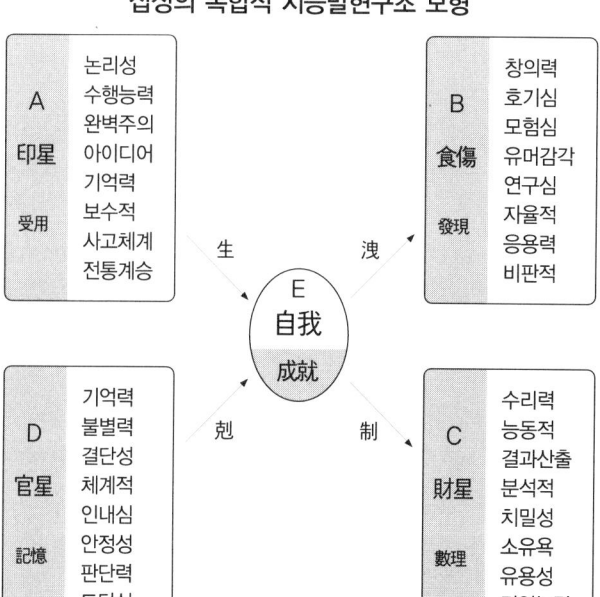

십성의 복합적 지능발현구조 모형

복합적 지능의 발현은 위와 같은 십성의 상생 및 극하는 과정의 다단계적 구조에서 상호 간 작용, 반작용에 의하여 형성되고 있다. 일간에게 유입되는 과정은 인성과 관성으로 보며, 이는 지식의 수용성에 해당한다. 일간이 극하는 과정의 재성과 설기하는 과정의 식상은 활용의 편성이다. 지능이 편성되는 과정이 가장 두드러지게 나타나는 세부적인 관계는 다음의 3가지로 구분할 수 있다.

여기서 음간과 양간으로 구분되어지는 것과 십성의 정과 편으로 구성되는 4가지 타입의 세부적 그래픽을 형성하게 된다. 이는 지능이 같은 코드로 발현되나 각기 다른 성정과 소질의 차이를 갖게 되어 다중지능으로 드러날 수 있다.

2. 정신분석적(精神分析的) 지능발현

십성은 인간의 정신생태계의 근원적(根源的) 성정(性情)을 이루는 본능군(本能群)의 회로시스템(circuit)을 기호화한 정신구조의 질서체계다. 이것은 타 오행과의 코드를 찾아 연계 발전하거나, 진보와 도태의 현상으로 역순환과 호환의 연동성(聯動性)의 기능을 갖게 된다.(生·剋·制·洩로 정리됨) 각 십성이 고유성(固有性)으로부터 사회적 가치로 등치(等値 : Isogram)를 이루는 과정에는 3단계 발현과정의 프로세서(processor)가 요구된다. 이는 각 인센티브 코드(Incentive Code)와 공조하여 심리선상의 오토 그래픽을 형성한다.

하나의 사주명식에는 기본적으로 십성을 정과 편을 구분하지 않은 상태에서 일간을 포함, 다섯 가지의 오행을 기준으로 아래〈정신분석적 지능발현의 3단계 프로세서〉와 같이 5단계의 상생과 상극관계가 이루어진다. 본인의 지능을 발현하는 관계는 일간을 기준으로 직접적인 상생상극의 작용관계에 의해서 나타난다. 그러나 지능의 편차 외에 십성의 객체적인 지능이 일간에 종합적으로 미칠 때 정신의 구조화로 이어져 정신구조를 통한 지능의 발현관계를 알게 된다.

정신분석적 지능발현의 3단계 프로세서

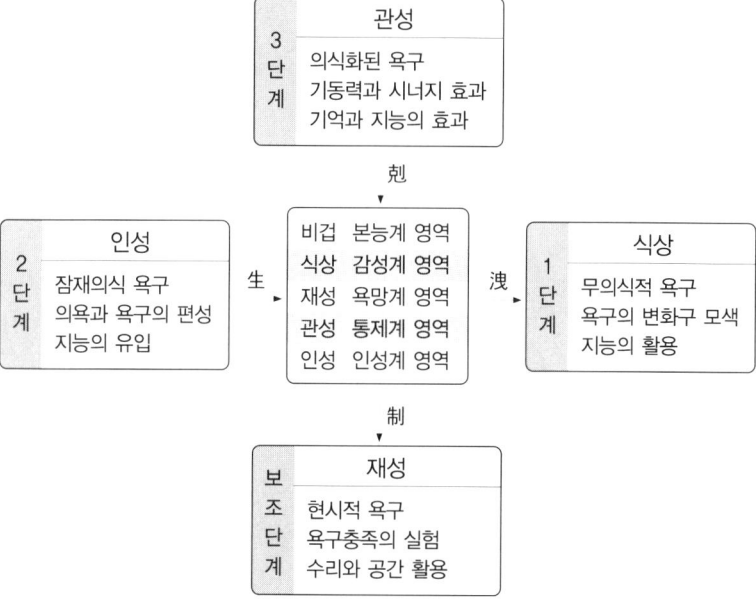

- 설기(洩氣) 과정은 능력의 활용에 의하여 지능을 높이는 수단.
- 생(生) 과정은 지식의 수용에 의하여 지능을 높이는 수단.
- 극(剋) 과정은 지식의 재충전 기능으로 활용되는 수단.
- 제(制) 과정은 지식의 편성과 생산을 높게 하는 수단.

3단계 발현과정의 이론을 통해 인성(印星)에 내재된 욕구 원형질(原形質)의 양상과 그것이 지향하는 무의식적 시각을 판독하여(食傷) 보다 고양(高揚)된 삶으로 수정 지원(官星)을 이루게 한다. 사주명식 내에 존재하는 특정한 위치의 십성을 3단계의 설기, 유입, 극제의 순환 공조상태로서 심리와 지능을 측정할 수 있다.

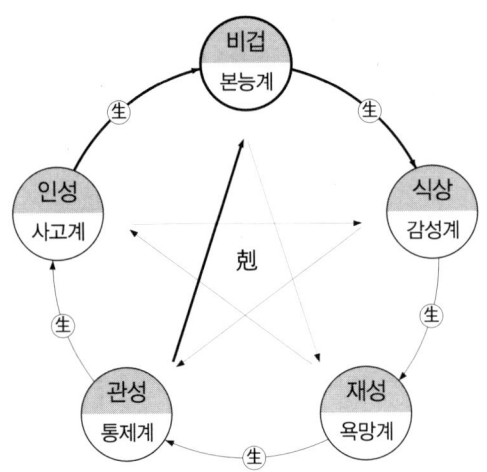

比劫 - 본능계 영역의 지능

〔note〕

Positive mind : 생존적 지향성, 방어 본능, 경쟁성, 생명력, 충족쾌감의 근원적 자원으로 식상, 관성, 인성의 공급체계에서 성취의 생산구조를 이룬다.

1단계 - 무의식적 욕구인 생리적 성향 - 하고자 하는 욕구(ability) 이루어내야만 하는 강요된 욕구의 성질.
- Incentive Code - (욕구상향과 욕구의지) - 식상과 교감.

2단계 - 잠재의식적 욕구인 정신적 성향 - 에너지의 정체성과 실현의지 탐색.
- Incentive Code - (욕구정체성 탐색과 에고발견) - 인성과 교감.

3단계 - 의식화된 욕구인 사회적 성향 - 외부요인과의 기여와 수용관계.
- Incentive Code - (욕구의 연계적 공유와 자아발현) - 관성과 교감.

食傷 - 감성계 영역의 지능

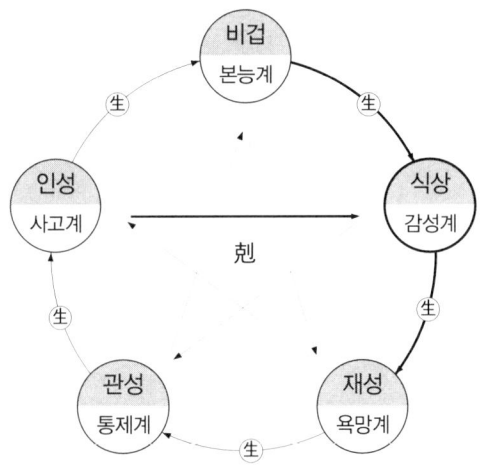

〔note〕

Positive mind : 창의적 지향성, 이미지 생산, 교감(交感), 동질성, 구상, 실험성의 근원적 자원으로 재성과 비겁과 인성의 순환공급 구조일 때 성취의 구조요건을 이룬다.

1단계 - 무의식적 욕구인 생리적 성향 - 재능의 다양성과 현실의 욕구증대.
- Incentive Code - (욕구상향과 욕구의지) - 재성과 교감.

2단계 - 잠재의식적 욕구인 정신적 성향 - 재능의 발현과 에너지와의 충돌.
- Incentive Code - (욕구정체성 탐색과 에고발견) - 비겁과 교감.

3단계 - 의식화된 욕구인 사회적 성향 - 재능의 현실화와 기회착안.
- Incentive Code - (욕구의 연계적 공유와 자아발현) - 인성과 교감.

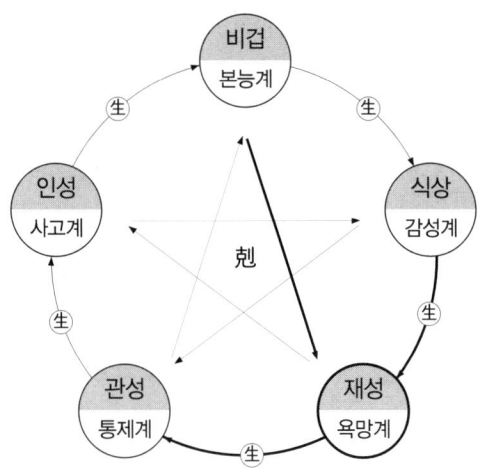

財星 - 욕망계 영역의 지능

〔note〕

Positive mind : 발전적 지향성, 사회적 자생력, 공존공생, 진보성, 모험정신의 근원적 자원으로 식상과 관성과 비겁과의 공급수요의 충분조건을 이룰 때 긍정적인 생산구조를 이룬다.

1단계 - 무의식적 욕구인 생리적 성향 - 의지 투입과 의지 현실화.

- Incentive Code - (욕구상향과 욕구의지) - 관성과 교감.

2단계 - 잠재의식적 욕구인 정신적 성향 - 의지의 현실화와 목적의 체계화.

- Incentive Code - (욕구정체성 탐색과 에고발견) - 식상과 교감.

3단계 - 의식화된 욕구인 사회적 성향 - 의지의 가시화를 위한 프로젝트.

- Incentive Code - (욕구의 연계적 공유와 자아발현) - 비겁과 교감.

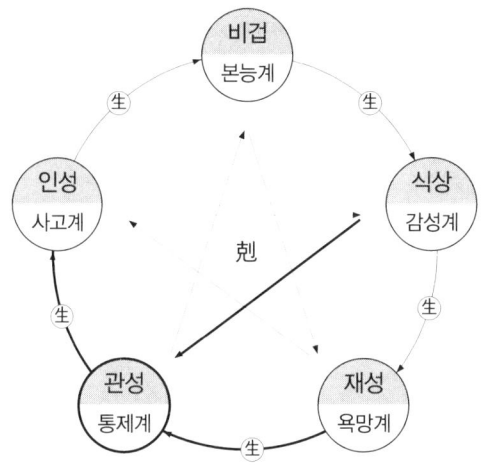

〔note〕

Positive mind : 도덕적 지향성, 통제력, 안배 추진의지, 공익성의 근원적 자원으로 인성과 재성과 식상과 조응(調應)하는 구조일 때 순환의 긍정적 생산구조를 이룬다.

1단계 – 무의식적 욕구인 생리적 성향 – 성취욕구의 팽창과 지적자산의 유입.
- Incentive Code – (욕구상향과 욕구의지) – 인성과 교감.

2단계 – 잠재의식적 욕구인 정신적 성향 – 성취를 위한 다변적 구상과 모색.
- Incentive Code – (욕구정체성 탐색과 에고발견) – 재성과 교감.

3단계 – 의식화된 욕구인 사회적 성향 – 성취를 유도하는 다각적 실험정신.
- Incentive Code – (욕구의 연계적 공유와 자아발현) – 식상과 교감.

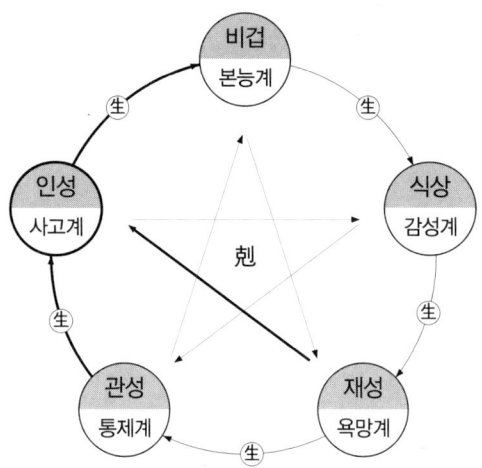

印星 - 사고계 영역의 지능

〔note〕

Positive mind : 이성적 지향성. 지성. 성찰. 양심. 탐색. 일치감의 근원적 자원으로 비겁과 인성과 재성의 순환공급구조일 때 긍정적 성취의 생산구조를 이룬다.

1단계 – 무의식적 욕구인 생리적 성향 – 삶의 과잉목표에 대한 불안과 긴장.
- Incentive Code – (욕구상향과 욕구의지) – 비겁과 교감.

2단계 – 잠재의식적 욕구인 정신적 성향 – 목표의 설정과 목표의 수용관계.
- Incentive Code – (욕구정체성 탐색과 에고발견) – 관성과 교감.

3단계 – 의식화된 욕구인 사회적 성향 – 목표실현을 위한 지적자원의 활성화.
- Incentive Code – (욕구의 연계적 공유와 자아발현) – 재성과 교감.

위 다섯 개의 그림과 같이 십성이 지능을 이루는 3단계의 프로세서는 십성의 독자적인 위치에서 자신을 생하는 관계, 설기하는 관계, 극하는 관계에 의한 욕구와 정신의 상관관계를 통하여 지능이 발현되어지는 코드다. 예컨대 일간 기준으로 사주에 위치한 식신의 경우 식상을 생하는 비겁은 식상에게는 인성이 되며, 재성은 식신을 설기하는 식상이 되며 인성은 식상을 극하는 관성이 되는 것을 말한다.

이들은 오토그래픽을 형성하면서 식상에게 독자적인 기능과 지능이 형성시켜준다. 그러므로 분석검사방법의 결과와 식신이라는 본질은 모두 같을 것이나 개개인의 사주에 있는 식신은 모두 그 능력이 다르다는 것을 확인할 수 있게 된다. 식신 외에 비겁, 재성, 관성, 인성도 이와 같다.

3. 지능검사의 도구

지능발현 1코스 : E - A - B형

지능발현 1코스 B형 단계는 일간을 기준으로 인성의 생을 받는 조건에서 식상으로 설기하는 체제를 갖춘 예로, 지능이 가장 높게 발현되는 기준이 된다. 즉, 자아(E)를 기준으로 (A - 인성)지식의 수용과 (B - 식상)지능의 활용관계로 형성될 때 지능이 높게 발현되는 구조가 된다. 지능이 높은 사람들의 사주에서 가장 많은 구조로 나타난다.

1코스 A-E-B

```
        E
       自我
   生  ↗  ↘ 洩
  A           B
 印星  ───→  食傷
```

〈편인과 식신〉 〈편인과 상관〉 〈정인과 식신〉 〈정인과 상관〉

세계적인 과학자

時	日	月	年
丙	乙	壬	壬
戌	未	子	辰

위 사주는 乙木 일간이 壬子월 생으로 득령하여 신강하다. 시상의 丙火 상관을 용신한다. 지식의 수용이 확실한 인성과, 창의적인 상관의 상관관계가 높은 지능을 발현시키는 구조다. 사주의 주인공은 서울대 교수로 영장류(동물) 복제를 성공시킨 과학자다.

하버드대 재학생

時	日	月	年
戊	戊	乙	乙
午	辰	酉	丑

위 사주는 戊土 일간이 酉月생으로 상관격이며 득지, 득세하여 신강하므로 상관을 용신한다. 세계 명문대학교 여덟 군데를 동시 합격하여 세인들의 관심을 받았던 천재의 사주다. 시지 午火 정인과 월지 酉金 상관과의 상관관계로 인한 천재적인 지능을 발휘하고 있음을 알 수 있다. 현재 미국 하버드대 법대에 재학 중이다.

지능발현 2코스 : E - A - C형

지능발현 2코스 C형은 B형 단계와 다르게 인성의 생은 받으나 설기하는 식상이 없는 구조다. 이때 사주 내에 재성이 유리한 작용을 하게 될 때 지능발현이 높게 나타난다. 앞서 말했듯이 식상과 재성은 지능의 활용 포인트이기에 식상이 없어도 재성이 활용과 응용을 대행할 수 있음이다. 즉, 자아(E)를 기준으로 (A - 인성)지식의 수용과 (C - 재성)수리능력이 공조관계를 형성할 때 지능이 높게 발현되는 구조가 된다. 식상이 없는 상태에서 지능이 높게 나타나는 사람들의 사주로 그 대상자는 많지 않다.

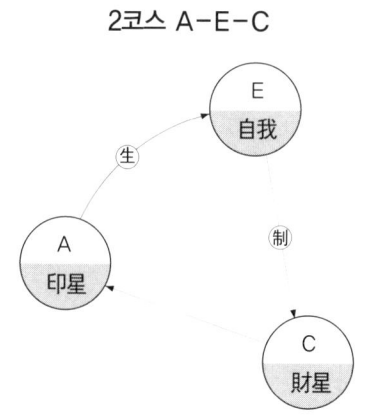

2코스 A-E-C

〈편인과 편재〉〈편인과 정재〉〈정인과 편재〉〈정인과 정재〉

```
대학 교수 경제학박사

時 日 月 年
癸 癸 戊 辛
亥 丑 戌 巳
```

위 사주는 癸水 일간이 戊戌월 생으로 정관격이며 실령하여 신약하다. 연간의 辛金 인수를 용신해야 한다. 창의력이 있는 식상이 없음에도 대학 교수가 된 것은 본인의 노력이 필요했겠지만, 위 사주명식에서 보듯 수리능력인 연지의 사화 재성과 지식의 수용인 연간의 인성 신금의 밀접한 상관관계가 지능을 유발하고 있다는 것이다. 현재 대학의 경제학 교수로 재직하고 있다.

```
대학 교수 교육학박사

時 日 月 年
癸 乙 庚 乙
未 卯 辰 酉
```

위 사주는 乙木 일간이 辰月에 癸水가 시간으로 투출하여 편인격이며 실세하여 신약하다. 창의적인 식상이 없는 구조로 지능이 높지 않을 것 같으나 편인의 용신으로 학업에 노력을 기여하며, 식상이 없는 사주에서 지식의 수용인 인성과 수리능력이 뛰어난 재성이 상관성을 이루고 있어 지능발현이 우수한 예이다. 현재 대학의 교육학 교수로 재직하고 있다.

지능발현 3코스 - E - B - D형

지능발현 3코스 D형은 식상의 활용성과 응용성이 있는 구조에서 일간으로의 지식유입체계가 되는 인성이 없는 구조다. 인성을 대행할 수 있는 관성이 유리하게 작용한다면 지식을 유입시키는 역할을 하게 되어 지능이 잘 발현된다. 즉, 자아(E)를 기준으로 (C - 상관)지식의 응용(창의성)과 (D - 관성)기억력이 정밀하게 공조할 때 지능이 높게 발현 된다. 인성이 없는 상태에서 지능이 높게 나타나는 사람들의 사주이며 그 대상은 많지 않다.

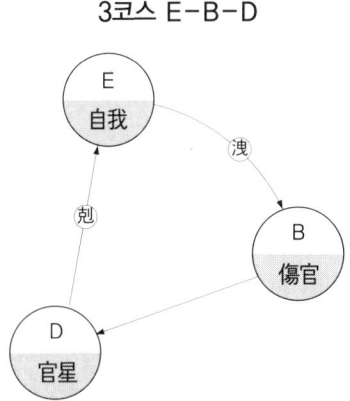

〈편관과 식신〉〈편관과 상관〉〈정관과 식신〉〈정관과 상관〉

의사에서 판사가 됨

時	日	月	年
戊	丙	庚	丙
子	辰	子	午

위 사주는 丙火 일간이 子月 생으로 정관격이며 신약하다. 연주의 丙午 비겁이 일간의 용신이 될 뿐 신약한 丙火는 인성을 요구하게 된다. 인성이 없음에도 의사 직업을 그만두고 다시 사법시험을 합격하여 판사가 된 것은 지능이 천재적임을 보여준 예로, 지능검사의 코스 중 인성이 없는 구조에서는 식상(노력과 창의력)과 관성(인내와 구성 기억력)의 상관관계 작용에 해당된다. 또 다른 각도로 설명한다면 자기의 노력(식상)으로 관을 정복한 경우다.

대학 교수 – 행정학박사

時	日	月	年
甲	己	庚	乙
子	未	辰	酉

위 사주는 己土 일간이 득령했으나 극과 설기가 심하여 신약사주가 되었으니 인성이 꼭 필요하게 된 사주다. 그러나 학문의 별인 인성이 없음에도 대학 교수가 된 것은 상관의 총명함과 정관의 기억력이 상관관계를 이루는 효과라고 볼 수 있다. 대운이 용신이 되는 인성 火 운으로 흘러 자신의 노력이 모두 성공에 이르게 되었다.

4. 영재(英才)들의 사주

인성과 식상의 지능발현 영재의 사주
1994년 8월 10일(양력) 낮 12시 03분 출생(여 / 초등학생)
- 수학영재 (최우수 영재로 인정)
- 흥미과목 – 영어, 체육
- 성적 우수과목 – 영어, 미술

작용설명

사주 내에서 인성이 日干을 生하며 지식의 수용력을 높여주고, 식상이 日干을 설기하며 응용력(창의력)을 발현시키는 공조 순환상생을 이루고 있는 때이다. 이때 인수나 상관이 格을 이루고 용신에 해당하면 더욱 좋은 조건이 된다. 이와 같은 조건을 모두 소유한 사주는 학문의 수용이 남다르고 창의력이 뛰어나 가장 지능이 높게 나타나는 조건이 된다.

```
時 日 月 年
戊 戊 壬 甲
午 辰 申 戌
```

사주분석

위 사주는 戊土 日干이 月支에 식신을 두고 時支 午火 인성의 生을 받고 있는 구조로, 1코스에 해당하는 지능발현의 좋은 조건을 갖추었다. 또 月干의 편재와 年干의 편관은 2코스, 3코스의 작용까지 겸하여 매우 지능이 좋은 예이다. 즉, 1코스 (E - A - B)형에 해당된다.

인성과 재성의 지능발현 영재의 동일사주

[1] 1993년 6월 26일(음력) 오전 4시 00분 출생(남 / 초등학생)
[2] 1993년 8월 13일(양력) 오전 3시 35분 출생(여 / 초등학생)

[1] 남
- 수학영재
- 흥미과목 – 수학
- 성적 우수과목 – 수학

[2] 여
- 수학영재
- 흥미과목 – 수학
- 성적 우수과목 – 수학

작용설명

사주에서는 日干(자아)을 生하는 五行을 十星으로 편인과 정인이라고 하는데, 이를 통합하여 인성이라고 칭한다. 인성은 학문의 별로 인성의 작용이 사주에서 적극적인 도움이 있을 때 발현된다. 이때 식상이 없으므로 반드시 재성이 수리능력을 보조해야 가능하다. 추가로 인수격을 이루거나 인수가 용신일 경우에 더욱 좋은 조건이 된다. 인성과 재성이 공조를 이루는 작용이면, 지식의 수용능력이 좋고 수리능력이 좋아 지능이 높다.

```
時 日 月 年
庚 丙 庚 癸
寅 寅 申 酉
```

사주분석

위 사주는 丙火 日干이 편재가 강한 庚申월 출생으로 신약하다. 日支와 時支의 寅木 편인의 작용으로 지능을 발현하는 2코스에 해당한다. 인성을 유용하게 활용하는 사주에 설기하는 식상이 없는 경우에는 반드시 재성이 공조를 해야 지능이 높다. 즉, 2코스 (E - A - C)형에 해당 된다.

상관과 관성의 지능발현 영재의 사주
1994년 7월 18일(양력) 오후 20시 40분 출생(여 / 초등학생)
- 수학영재 (기억력이 뛰어남)
- 흥미과목 – 국어
- 성적 우수과목 – 국어, 수학

작용설명
사주에서 日干의 기운을 설기(洩氣)하는 십성을 식신과 상관이라고 한다. 이 중에 특히 상관은 두뇌가 명석하고 총명한 별로 인성이 없어도, 편관이 기억력을 제공하고 상관이 사주에 강력한 작용을 할 때 지능이 높다. 또 상관이 격을 이루거나 용신에 해당하면 더욱 좋은 조건이 된다. 단, 이때 인성이 없으므로 상관만이 해당되고 식신의 작용은 해당되지 않는다. 이런 유형의 사주는 비교적 적게 나타나는 것이 특징이다.

時	日	月	年
丙	乙	辛	甲
戌	巳	未	戌

사주분석
위 사주는 乙木 日干이 月支에 편재를 둔 未月 출생으로 자신을 生하는 인성이 없고, 年干의 甲木 겁재만의 도움이 있는 극히 약한 사주다.

그러나 丙火 상관의 강한 설기와 月干의 辛金 편관이 지능을 발현하는 3코스(E - B - D)에 해당한다.

학과적성검사

1
학과선택

1. 학과선택의 중요성

영유아 시기부터 유치원, 초등학교, 중학교, 특히 고등학교에 진학하는 과정에서 자신이 전공해야 할 학과를 뚜렷하게 선택할 수 없어 고민하는 사람들이 많다. 성장하는 동안 익히고 습득하게 될 학과나 전공은 자신의 평생직업과 연결되는 중요한 지식자원이 된다. 문제는 이러한 중요성에도 학과선택의 기준이 개인적인 불특정 상황에 의한 자극에서 연유되는 경우가 많고, 막연한 미래의 일로 생각하여 구체적인 탐색과 본인의 주체적인 선택 및 계획이 바람직하게 이루어지지 못하고 있는 데 있다.

이러한 가운데 서울시 교육청은 진로지도의 체계적 관리와 전문성

제고를 위한 각종 계획을 발표한 바 있다. 교육청은 '실력과 인성을 갖춘 창의적 인재 육성'이라는 교육지표 아래, 2006년도 정책방향의 하나로 '인성·진로 교육 내실화 추진'에 노력을 기울여왔으며, 그 사업의 일환으로 '진학진로정보센터' 운영 및 진로지도를 위한 다양한 프로그램을 모색하고 있다. 따라서 지금부터는 그 혁신적인 대안으로 떠오르고 있는 '사주명리학을 활용한 학과선택'이 어떤 방식으로 활용될 수 있는지 살펴보도록 하자.

사주를 통하여 학과를 선택할 시에는 단순히 일간의 오행이나 용신 오행으로만 정하기보다는 사주 전체의 흐름을 보고, 거기서 나타나는 경쟁력이 강한 특성을 고려해야 한다. 학과를 선택하기란 그리 쉬운 일만은 아니다. 또 현대에 들어 인간이 누리는 문화적 혜택이 광범위하게 되자 학과도 그에 발맞추어 수없이 많아졌다. 그러다 보니 한 가지 적성으로 유사성이 있는 여러 학과에 적합성을 띠기도 한다. 그러니 자신에게 적합한 계열의 학과들 중에 하나를 선택하여야 할 과제가 주어지게 마련이다. 성장환경 속에서 자연스럽게 무의식적으로 받아들이고 흥미를 갖게 된 학과와 사주에서 분류할 수 있는 적성군의 학과와 일치한다면 그 학과가 가장 이상적이겠지만, 자신이 흥미를 갖는 학과와 사주에서 분석된 학과가 서로 다른 경우는 세밀한 조건을 따져보고 결론을 내려야 한다. 이럴 때는 대운의 흐름에서 확실하게 도움을 받을 수 있는 쪽의 학과를 선택하는 것도 하나의 유리한 방법이다. 이 점은 현재 상황에서의 개인의 흥미와 관심, 적성만을 고려한 진로지도와 사주를 통한 진로지도의 차별화와 우수성을 주장할 수 있는 근거로서 작용한다. 사주명리학에서는 한 개인의 적성이 그 사람의 인생곡선과 더불어 활용이 가능한지 그렇지 않은지 판단이 가능하다.

지금 이 시점에서 필자는 우리나라 학부모들에게 간곡히 부탁하고 싶은 말이 있다. 그것은 선천적인 학과적성을 무시하고 자신의 대리만족이나 명분과 가치관을 내세우거나, 직업의 귀천만을 기준으로 삼아 자녀의 학과선택을 강요해서는 안 된다는 것이다. 성인이 되어 하나의 독립된 사회인이 되었을 때 찾아올 수 있는 적성과 직업의 부적응으로 인한 폐해는 매우 크다. 또한 개인적인 문제에만 그치는 것이 아니라 전반적인 사회발전에도 부정적인 요소로 작용할 수 있으며, 이 문제를 해결하고자 할 때 부가되는 시간적 물질적 정신적 손실은 실로 대단하다.

그러므로 필자는 요즘 교육계 전반에 걸쳐 시도되고 있는 교육혁신의 한 방법으로 사주명리학을 통한 진로지도를 추천하면서 본 장에서 구체적으로 소개하고자 한다.

2. 계열(系列)과 전공학과의 분류

사주에서는 우선적으로 계열별로 분류하는 것이 중요하며, 2차적으로 그 분류된 계열에서 자신이 갖고 있는 흥미와 의지가 반영된 다음에 차후 전공을 활용할 수 있는 배경이나 환경까지를 고려하는 것이 좋다. 아래는 오행별로 취할 수 있는 지식활용의 방향성으로 학과선택 시 참고할 수 있다.

오행별 지식활용 방향

木	교육, 문화, 언론, 신문, 방송, 문자, 표시, 지시, 방향
火	어문학, 이공계, 언론, 발명, 정보, 통신, 광고, 교육
土	사회학, 종교학, 지리학, 박물관, 고고학, 부동산학
金	정치학, 금융계, 기계공학, 피부과, 치과, 이비인후과
水	경제학, 경영학, 법학, 생물학, 호텔학, 교육, 식품공학

3. 대학의 계열별 분류

분류방법

인문계
- 관인상생이 적극적인 구조 및 인성·관성의 편향.
- 정인과 식신이 적극적인 구조 및 식신의 편향.
- 종관격 및 종인격.
- 오행이 水, 木으로 편향된 구조.
- 오행이 金, 水로 편향된 구조.
- 오행이 木, 火로 편향된 구조.

자연계
- 관인상생과 상관이 적극적인 구조.
- 편인 정인과 재성이 적극적인 구조.
- 재다신약의 구조 및 종재격.
- 오행이 火, 金으로 편향된 구조.
- 오행이 土, 金으로 편향된 구조.

예체능계
- 비겁과 식상이 적극적인 구조 및 비겁의 편향.
- 편인과 식상이 적극적인 구조 및 편인의 편향.
- 인성과 상관이 적극적인 구조 및 상관의 편향.
- 식신·상관으로 치우친 구조 및 종식격.
- 오행이 火로 편향된 구조.

4년제 대학교

계열	중계열	소계열	전공학과
인문계	인문계열	어문계열	국어국문학과, 중어중문학과, 영어영문학과, 불어불문학과, 독어독문학과, 노어노문학과, 서어서문학과
		인문계열	언어학과, 국사학과, 동양사학과, 서양사학과, 고고미술사학과, 철학과, 종교학과, 미학과, 문헌정보학과
	사회과학계열		정치학과, 외교학과, 경제학과, 응용통계학과, 사회학과, 인류학과, 심리학과, 지리학과, 사회복지학과, 언론정보학과, 행정학과, 신문방송학과, 행정학과, 국제학과
	경영계열		경영학과, 비서학과
	법학계열		법학과
	사범계열	인문계열	교육학과, 국어교육과, 영어교육과, 독어교육과, 불어교육과, 사회교육과, 역사교육과, 지리교육과, 국민윤리교육과, 유아교육과, 특수교육과
자연계	사범계열	자연계열	수학교육과, 물리교육과, 화학교육과, 생물교육과, 지구과학교육과
	자연계열	이학계열	수학과, 물리학과, 화학과, 생물학과, 생화학과, 통계학과
		지구환경과학부계열	천문학과, 대기과학과, 지구시스템과학과, 해양학과
	의학계열		의학과, 치의학과, 수의학과, 간호학과
	약학계열		약학과, 제약학과
	공학계열		건축학과, 산업공학과, 화학공학과, 원자핵공학과, 조선해양공학과, 전기공학과, 컴퓨터공학과, 토목환경공학과, 재료공학과, 기계항공공학과, 금속시스템공학과, 세라믹공학과, 도시공학과, 정보산업공학과, 지구환경시스템공학과, 화학생물공학과
	농업생명과학계열		식물생산과학과, 산림과학과, 식품·동물생명공학과, 바이오시스템·소재학과, 응용생물화학과, 조경·지역시스템공학과, 농경제사회학과
	생활과학계열		의류환경학과, 식품영양학과, 주거환경학과, 아동·가족학과, 생활디자인학과, 소비자인간발달학과
예체능계	미술계열		디자인학과, 동양화과, 서양화과, 조소과
	음악계열		성악과, 작곡과, 국악과, 기악과
	체육계열		체육학과, 무용학과

2년제 대학

계열	중계열	소계열	전공학과
인문계		국제관광계열	호텔/항공, 외국어통역, 호텔관광경영, 항공관광, 관광, 국제무역
		디지털경영계열	마케팅/컨텍관리, 회계금융, 경영정보, 산업시스템경영, 부동산경영컨설팅, 경영, 세무회계정보, 산업경영
		보건복지계열	메디컬스킨케어, 보건행정, 생명공학, 양조발효식품, (호텔)외식조리
		사회실무계열	금융재테크정보, 사회복지, 유통경영, 유아교육과
		영상디자인계열	방송영상
자연계	의료계열	간호계열	간호
		보건계열	임상병리, 방사선, 치기공과, 치위생, 물리치료, 직업치료, 보건환경, 건강다이어트, 보건행정(의무행정), 안경광학, 언어재활, 호텔조리음료, 뷰티코디네이션
		디지털의료전기계열	디지털전기, 의료시스템
		생활산업계열	식품과학, 신발패션, 신소재응용과학, 피부미용, 패션디자인·이벤트
		공업계열	행정전산, 소방안전관리, 기계자동차산업, 건설정보, 건축, 환경생활화학
		자연과학계열	레저원예조경, 동물산업
	컴퓨터계열	컴퓨터응용계열	CAD디자인, 디지털메카트로닉스, 디지털사진영상, 게임애니매이션, 디지털기계
		인터넷전자정보계열	전자정보통신, 인터넷(사무)정보, 전기전자통신
		컴퓨터정보계열	컴퓨터프로그래밍, 인터넷컴퓨팅, 컴퓨터정보(관리), 인터넷응용, 모바일정보기술
예체능계		예체능계열	인테리어디지털디자인, 생활체육, 안경디자인, 레저스포츠, 생활음악, 연극영화
		건축인테리어디자인계열	건축디자인, 실내건축(디자인), 환경디자인, 실내공간인테리어, 공간환경
		디자인계열	시각디자인, 패션디자인, 인테리어디지털디자인

4. 십성의 학과와 적성

십성은 각각의 중요한 특징과 고유한 기능, 장단점 등과 관련지어 전공학과를 선택하는 중요한 기준으로 삼을 수 있다. 다만, 그 해당되는 십성이 사주명식 내에서 어떠한 유기적인 관계를 이루고 있는지가 매우 중요하다. 만일 효용성 있는 격국을 이루고 있거나 용신에 해당하여 일간이 그를 필히 요구하게 되는 조건에서라면 추가로 적용할 것이 있다. 즉, 지지에서 합국을 이루었는지 천간에 투출하여 유발된 흥미에 의해 사회성이 강하게 작용하는지에 따라서 지식의 수용을 평가할 수 있으며 전공학과에 대한 적합성을 판단할 수 있다.

십성의 전공학과 도표

구분	전공학과
비견	인류학과, 경제학과, 경호학과, 관광학과, 장의사학과, 안경학과, 체육과, 약학과, 한의학과, 의학전공, 기계공학과, 수의학과, 방사선과, 보건학과, 자동차공학 등
겁재	경제학과, 체육학전공, 경호학과, 수의학과, 장의사학과, 안경학과, 체육과, 약학과, 외과, 치과, 국제금융학과, 국제정치학과, 국제변호사학과, 조소과, 외식산업, 광고홍보 등
식신	경영학과, 교육학과, 유아교육, 사회복지학과, 의학과, 미래과학과, 미술학과, 문예창작과, 어문학과, 작곡과, 사회심리학과, 섬유공학과, 미생물학과, 식품공학과, 아동심리학과 등
상관	정신과, 정치외교학과, 연극과, 영상학과, 어문학과, 성악과, 관광통역과, 무역학과, 언론정보학과, 사진예술학과, 언론학과, 천문기상학과, 호텔학과, 의상학과, 정보통신과, 종교학과, 문예창작과 등
정재	식품영양학과, 경제학과, 경영학과, 금융학과, 원예과, 분석심리학과, 내과, 성형외과, 재료분석학과, 회계학과, 건축공학과, 토목과, 물리학과, 통계학과, 가정관리학과 등
편재	수학과, 경영학과, 건축과, 항공학과, 토목과, 물리학과, 무역학과, 외교학과, 철도학과, 정형외과, 설치미술, 산부인과, 실내건축, 국제금융학과, 체육학과, 섬유공학 등
정관	법학과, 행정학과, 사회과학과, 정치학과, 독서지도학과, 교육학과, 비서학과, 경찰행정과, 사무자동학과, 대기과학과, 지구시스템과학과 등
편관	요리학과, 국방대학, 경찰대학, 경호학과, 사관학교, 정치외교학과, 체육학과, 신학대학. 국제정치학, 해양학과 등
인수	교육학과, 행정학과, 국문학과, 신문방송학과, 문예창작과, 사학과, 유아교육과, 종교학과, 심리학과, 문화인류학과, 어문학전공, 그래픽디자인, 전산정보 등
편인	문헌정보, 사학과, 종교학과, 심리학과, 디자인학과, 철학과, 정신과, 약학과, 교육학과, 정보학과, 무용학과, 음악과, 신문방송학과, 외국어전공 등

비견(比肩)

비견은 자존심과 책임감, 자신감이 강하다. 행동하는 직업인 프리랜서에 적합하고 식신이 좋은 경우 연구에 몰두하는 형이다. 정당한 자신의 주관을 지키며, 사주에 편관이 있으면 누구보다 관공직에서 투철한 사명의식으로 성공하게 된다. 참고로 세계 경제인 100명 중에 月支 비겁이 29퍼센트, 식상 24퍼센트로 가장 높게 나타났다.

- 전공학과 : 경제학과, 경호학과, 장의사학과, 안경학과, 체육학과, 약학과, 한의학과, 치의학과, 기계공학과, 이비인후과, 방사선과.

겁재(劫財)

겁재는 비견과 대체적으로 동일한 성향이다. 단지 재물에 대한 욕구나 경쟁을 선의적인 경쟁으로 이끌지 못하는 경우가 있어 성공하는 과정에서 오해를 많이 받게 되는 것이 특징이다. 겁재의 특성은 자존심과 경쟁심이 강하므로 자신의 체력을 활용하는 직업이나 학과가 좋다. 하나의 예로, 특전사의 직업군인이라면 누구보다 생존훈련에 능하게 된다. 어느 학과나 직업에서도 이런 장점을 살릴 수 있다.

- 전공학과 : 경제학과, 경호학과, 장의사학과, 안경학과, 체육학과, 약학과, 외과, 치과, 국제금융학과, 국제정치학과, 국제변호사, 조소학과.

식신(食神)

식신은 연구하는 심성으로 정해진 일에 충실하고 능률적이다. 정신적 영역으로 자신을 구축하는 내면적 실험정신을 갖는다. 또한 미래에 대한 관심이 많고 자기 기여도가 높은 공적 희생과 봉사정신이 크며, 이타적 실현성이 크다. 따라서 어느 직종에서나 맡은 바 임무에 창의성을 발휘하는 것에서 대단한 만족감을 느끼므로 이에 적합한 학과를 선택하는 것이 좋다.

- 전공학과 : 경영학과, 교육학과, 사회복지학과, 의학과, 미래과학과, 미술학과, 작곡과, 어문학과, 사회심리학과, 섬유공학과, 미생물학과, 식품공학과, 아동심리학과.

상관(傷官)
상관은 자신을 표현하고 상대를 설득할 능력이 있으며, 주제를 설명하고 이해시키는 탁월한 능력이 있다. 순간발상이 뛰어나 발명과 예능 방면에 소질을 보인다. 이와 같은 적성으로 자신을 알릴 수 있고 인정받을 수 있으며, 흥미를 갖는 학과라면 무난할 것이다. 독창성이 강한 성향이므로 창의적이고 자유로운 업무에 좋다.

- 전공학과 : 정신과, 정치외교학과, 연극과, 영상학과, 어문학과, 성악과, 관광통역과, 무역학과, 언론정보학과, 사진예술학과, 언론학과, 천문기상학과, 호텔학과, 의상학과, 정보통신과, 종교학과, 문예창작과.

정재(正財)
정재는 신용과 치밀한 관리력이 있으니 행정직이나 급여생활에 적합하며, 물질적인 면에서 편재보다는 가공한 완제품이나 차려진 밥상의 음식을 다루는 일에 민감하다. 편인이 함께한다면 실리적인 이익창출에 탁월한 능력이 있다. 현금이나 재무를 담당·관리하는 학과나 직업에 종사할 경우 발전할 수 있다.

- 전공학과 : 식품영양학과, 경제학과, 경영학과, 금융학과, 원예과, 분석심리학과, 내과, 성형외과, 재료분석학과, 회계학과, 건축공학과, 토목과, 무역학과, 통계학과, 가정관리학과.

편재(偏財)

편재는 수단이 좋고 영역을 확보하려는 심성이 강하여, 관심이 있는 곳에는 물질적으로나 물리적으로 이해하려 한다. 수리계산이 빠르고 실현을 목적으로 행동하기 때문에, 이상과 공상은 어울리지 않게 된다. 그러므로 편재는 설계하고 시공함과 동시에 개척하며 물리적인 변화에 매력을 느끼는 학과가 좋다. 경제도 물리적 변화에서 오는 수치라고 볼 때 사업에 능하다.

- 전공학과 : 수학과, 경영학과, 건축과, 항공학과, 토목과, 물리학과, 무역학과, 외교학과, 철도학과, 정형외과, 설치미술, 조소학과, 산부인과.

정관(正官)

정관은 명예와 권위를 중시하고 원리원칙을 고수하며, 행정상 올바른 이론을 추구한다. 또 시시비비를 잘 가려 옳고 그름에 대한 답을 내는 군자의 성향이다. 그러므로 교육이나 행정학, 법학과 등에 관심이 많고, 약자를 보호하는 봉사정신도 강하다. 이런 성격에 부합되는 학과나 직업을 선택할 경우 역량을 발휘할 수 있다.

- 전공학과 : 법학과, 행정학과, 사회과학과, 정치학과, 독서지도학과, 교육학과, 비서학과.

편관(偏官)

편관은 도전하는 기분을 즐기며, 새로운 것에 대한 모험을 원한다. 이론보다는 행동을 원하기에 신속하고 수단이 좋다. 상당히 담백하고 화끈한 성정이다. 이 때문에 군인이나 경찰 등의 힘을 사용하여 자신의 명예를 얻고, 많은 사람들을 지키는 것에 스스로 만족감을 느낀다. 무기를 다루는 일에 적합하며, 군중의 리더가 되는 학과나 직업이라면 무난할 것이다.

- 전공학과 : 요리학과, 국방대학, 경찰대학, 경호학과, 사관학교, 정치외교학과, 체육학과, 신학대학.

정인(正印)

정인은 숭고한 계승을 원칙으로 하며, 학업능력이 우수하다. 자유분방한 것을 싫어하고 보수적 성향이 강하고, 한결같이 정확히 받고 정확하게 주려는 습성이 있어서 교육자에 적합하다. 식상이 있을 경우 아이디어가 풍부하고 직관성을 발휘하여 글을 잘 쓰니 작가나 논설(論說) 능력을 필요로 하는 신문방송 관련 학과도 좋다.

- 학과 전공 : 교육학과, 행정학과, 국문학과, 신문방송학과, 문예창작과, 사학과, 유아교육과, 어문학과, 종교학과, 문화인류학과.

편인(偏印)

편인은 재치 있고 순발력이 있으며, 신비주의적 성향이 강하여 다소 비현실적, 비구상적인 면이 많다. 그러므로 정신적 성향이 깊은 종교에 심취하거나 예술적 성향이 많고, 보이지 않는 곳에 흥미를 느낀다. 항상 두 가지 이상을 동시에 생각하기 때문에 이런 면에 장점을 두는 학과나 직업이 유리하다.

- 전공학과 : 종교학과, 심리학과, 디자인학과, 철학과, 정신과, 약학과, 교육학과, 정보학과, 무용학과, 음악과(관현악), 신문방송학과.

2

계열별 전공학과 선택방법

　계열은 인문계와 자연계, 예체능계로 분류하고, 또 그 계열에서 각각 중계열별 전공에 적합한 학과선택의 방법과 그 여부에 대한 사례를 들어 설명한다. 참고로 적합성이 결여된 학과 전공을 습득하고 직업을 선택한 경우 이직을 고려한하고 있다는 의견이 다수였음을 임상실험에서 확인하게 되었다.

1. 인문계(人文系)

구분	인문계
적요	• 관인상생이 적극적인 구조 및 인성·관성의 편향 • 정인과 식신이 적극적인 구조 및 식신의 편향 • 종관격 및 종인격 • 오행이 水, 木으로 편향된 구조 • 오행이 金, 水로 편향된 구조 • 오행이 木, 火로 편향된 구조

인문계열
- 어문계열 : 국어국문학과, 중어중문학과, 영어영문학과, 불어불문학과, 독어독문학과, 노어노문학과, 서어서문학과.

```
영어영문학 전공

時  日  月  年
己  辛  戊  癸
亥  卯  午  亥
```

辛金 일간이 관인상생의 적극적인 구조로 암기력과 기억력이 우수한 신약의 구조다. 월간의 戊土 정인과 시간의 己土 편인은 이론의 수용능력을 주관하는 중, 표현력이 좋은 식상 水가 왕성하니 어문학 전공에 적합한 예이다. 영어영문학의 전공에 만족하다는 여학생의 사주다.

불어불문학 전공

時	日	月	年
癸	甲	丁	癸
酉	辰	巳	亥

甲木 일간이 巳月 생으로 월간의 丁火가 투출하여 상관격을 이루었다. 상관은 언어와 예술에 능한 중 癸水 인수는 학문의 수용에 능하고, 시지의 酉金 정관은 어학의 기본이 되는 암기력을 주관하니 어문학에 능력을 갖춘 구조다. 학과 만족도가 높은 불어불문학과 여학생의 사주다.

- 인문계열 : 언어학과, 국사학과, 동양사학과, 서양사학과, 고고미술사학과, 철학과, 종교학과, 미학과, 문헌정보학과.

고고미술학 전공

時	日	月	年
丁	丁	丁	庚
未	亥	亥	申

丁火 일간이 亥月에 생하여 정관격으로 신약하다. 亥未의 합 木 성분과 亥水의 지장간 甲木 인성의 잠재적인 욕구는 고고학과 관련이 있고 시지의 未土 식신으로 제살하는 구조는 미술과 연관된다. 자신의 전공에 만족하는 사람이다.

```
     신학 전공

    時 日 月 年
    丁 己 癸 癸
    卯 巳 亥 亥
```

己土 일간이 亥月에 癸水가 투출하여 편재격의 재다신약이 되어 있다. 일간이 土 성분과 함께 시상의 丁火 편인은 종교정신을 갖게 한다. 편인 용신이 활용되는 구조로 종교학 전공에 적합한 예다. 신학과 재학 중 학과 만족도가 높았으며, 현재는 목회자로 활동하고 있다.

사회과학계열

- 사회과학계열 : 정치학과, 외교학과, 경제학과, 응용통계학과, 사회학과, 인류학과, 심리학과, 지리학과, 사회복지학과, 언론정보학과, 행정학과, 신문방송학과, 행정학과, 국제학과.

```
     심리학 전공

    時 日 月 年
    庚 丙 甲 辛
    寅 子 午 酉
```

丙火 일간이 午月 생으로 겁재격으로 자기이해가 우수한 동시, 월간 甲木 편인과 시지 寅木 편인은 심리적 탐구성향이 강하다. 일지의 子水 관성이 편인과 함께 火의 감정을 조절하며 정신세계를 통솔하게 되니

심리학과의 적성에 만족할 수 있다.

사회학 전공

時	日	月	年
乙	壬	己	丁
巳	辰	酉	巳

壬水 일간이 酉月 출생이니 정인격으로 관인상생이 적극적인 구조다. 인성의 수용과 관성의 사회적 마인드 및 재성의 관찰력이 우수하여 사회학과의 적성에 잘 적응되고 있다.

경영계열
- 경영계열 : 경영학과, 비서학과

경영학 전공

時	日	月	年
丁	乙	壬	己
丑	亥	申	未

乙木 일간이 申月에 壬水가 월간으로 투출하여 정인격으로 관인상생이 잘 되어 있는 중, 시상의 丁火 식신으로 설기 생재하는 통로가 좋아 경영학에 적합한 구조다. 자신의 전공에 만족한 사람이다.

```
        경영학 전공

        時 日 月 年
        丙 甲 壬 己
        寅 寅 申 未
```

甲木 일간이 申月에 壬水가 투출하여 편인격이다. 연세대와 동대학원의 경영학과를 졸업하고 현재 유학 중에 있는 학생의 명조다. 관인상생에 식신과 정재의 효용성이 좋아 보이는 구조로서 어려서부터 경제 관련 사안에 관심이 많았고 전공에 매우 만족하고 있다.

법학계열

- 법학계열 : 법학과.

```
        법학 전공

        時 日 月 年
        己 辛 癸 丙
        亥 巳 巳 辰
```

辛金 일간이 巳月 생으로 사회성을 주관하는 丙火가 연간으로 투출하여 정관격이며 시상의 己土 편인을 용신한다. 관인상생이 적극적인 구조로 법학 전공에 적합하다. 자신의 전공에 긍정적인 사람이다.

법학 전공

```
時 日 月 年
甲 戊 丁 甲
寅 辰 卯 寅
```

戊土 일간이 卯月 생이며 사주 전체가 관성 木으로 이루어져 있으며 월간의 丁火가 관성 木 기운을 설기하여 일간을 생하는 살중용인격이 되었다. 즉, 관성의 적극적인 구조로 법학에 적합한 구조다. 법학을 전공한 것에 만족해하는 사람이다.

사범계열

- 인문계열 : 교육학과, 국어교육과, 영어교육과, 독어교육과, 불어교육과, 사회교육과, 역사교육과, 지리교육과, 국민윤리교육과, 유아교육과, 특수교육과.

국어교육학 전공

```
時 日 月 年
乙 乙 壬 辛
酉 卯 辰 酉
```

乙木 일간이 월간으로 정인 壬水가 투출하였다. 연간의 편관 辛金과 관인상생을 이루고 있어 전통계승과 이론의 수용성이 좋다. 국어교육에는 적합한 구조로 자신의 전공에 만족한다고 한다.

지리교육학 전공

時	日	月	年
乙	乙	丙	壬
酉	酉	午	戌

乙木 일간이 월간의 丙火 상관격으로 인수를 용신하게 되는데, 연간에 壬水 정인이 있고 일·시지의 편관 酉金은 壬水를 생하게 되어 탐색과 기억 및 기록 능력이 좋은 사주다. 지리학의 전공에 만족하는 사람이다.

2. 자연계(自然系)

구분	자연계
적요	• 관인상생과 상관이 적극적인 구조 • 편인 정인과 재성이 적극적인 구조 • 재다신약의 구조 및 종재격 • 오행이 火, 金으로 편향된 구조 • 오행이 土, 金으로 편향된 구조

자연계열

• 자연계열 : 수학교육과, 물리교육과, 화학교육과, 생물교육과, 지구과학교육과.

생물교육학 전공

時	日	月	年
壬	癸	庚	己
戌	酉	午	酉

癸水 일간이 午月 생으로 편재격이며 인성 金이 왕하여 午火 편재는 격이자 용신이 된다. S대 생물교육학과를 졸업하고 임용시험에서 1등을 하였으며, 지금 중학교 과학교사이고, 특별활동으로 과학영재들을 지도하고 있다.

과학교육학 전공

時	日	月	年
戊	戊	辛	癸
午	辰	酉	丑

戊土 일간이 酉月 생으로 상관격이며 상관이 적극적인 구조인 동시에 오행이 土, 金으로 편향된 구조로 볼 수 있는 명조다. 대학에서의 과학교육 전공에 만족해했고, 현직 교사로 과학중심학급을 활발하게 운영하고 있다.

- 이학계열 : 수학과, 물리학과, 화학과, 생물학과, 생화학과, 통계학과.

```
      수학 전공

    時 日 月 年
    辛 丁 庚 丙
    丑 酉 子 寅
```

丁火 일간이 정관격이며 재다신약을 이루고 있다. 재성이 많은 것은 수리능력이 좋음을 말한다. 참고로 재다신약의 구조는 수학에 능력이 있어 이공계의 선택이 많고 적성에도 유리하다. 수학과를 전공한 것에 자부심을 갖고 있다.

```
     물리학 전공

    時 日 月 年
    己 丁 己 辛
    酉 酉 亥 酉
```

丁火 일간이 亥月에 생하여 정관격이나 일간을 생하는 오행이 없고 대부분 재성 金으로 이루어진 종재격이다. 재다신약과 같이 종재격 또한 수리능력이 좋아 수학이나 물리학 공학계열에 우수하다. 이 사람 역시 자신의 전공에 만족하고 있다.

- 지구환경과학부 계열 : 천문학과, 대기과학과, 지구시스템과학과, 해양학과.

환경화학 전공

```
時 日 月 年
戊 己 丙 甲
辰 丑 寅 子
```

己土 일간이 寅月에 甲木이 연간으로 투출하여 정관격을 이루고, 월간으로 丙火가 투출하여 관인상생이 적극적인 구조며 비겁성 土가 많아서 환경관련학과에 적합한 구조다. 학과 전공에 만족한 반응을 보인 사람이다.

생명과학 전공

```
時 日 月 年
丁 癸 甲 乙
巳 未 申 丑
```

癸水 일간이 申月에 생하여 인수격이며, 생명의 근원인 水가 金의 생으로 요원히 흐른다. 水木 상관으로 이어져 생재하는 구조로 생명공학에 적합하다. 전공학과에 매우 높은 흥미를 보였다.

의학계열
- 의학계열 : 의학과, 치의학과, 수의학과, 간호학과.

의학 전공

時	日	月	年
甲	癸	壬	辛
寅	亥	辰	亥

癸水 일간이 辰月에 출생하였다. 연·월·일주에 비겁 水가 많아 설기하는 시주의 甲寅 상관을 용신한다. 상관이 적극적인 구조에 해당하며 의학을 전공한 것에 만족하고 있다. 대학병원의 이비인후과 의사로 근무한다.

수의학 전공

時	日	月	年
丁	己	癸	辛
卯	丑	巳	酉

己土 일간이 巳月에 생한 중 시상의 편인 丁火가 뿌리를 두고 있어 학문의 수용능력이 우수하며, 연월일지에 巳酉丑 식신 金局을 이루어 수의학에 안성맞춤인 구조다. 자신의 뜻대로 전공학과에 진학하고 우수한 학업성적을 내는 것은 전공에 만족할 수 있기 때문이다.

간호학 전공

時	日	月	年
癸	庚	辛	壬
未	子	亥	戌

庚金 일간이 亥月 생으로 신약하여 인성 土를 용신한다. 그러나 식상 수가 강하니 희생정신과 봉사정신이 높은 구조다. 대학에서 간호학을 전공하고 이를 천직으로 생각하며 만족한 생활을 하고 있다.

약학계열

- 약학계열 : 약학과, 제약학과.

약학 전공

時	日	月	年
己	丙	丁	己
丑	午	卯	卯

丙火 일간이 卯月 생으로 신강하다. 시상의 상관 己土로 설기하는 용신의구조로 약학에 적합하다. 약학 전공에 만족한 사람으로 현재 약국을 경영하고 있다.

약학 전공

時	日	月	年
甲	庚	己	丙
申	子	亥	午

庚金 일간이 亥月 생으로 신약하나, 월간의 己土 정인을 연주의 丙午 火가 적극 생해주는 관인상생을 이루어 학문의 수용이 좋다. 일지의 子水와 월지의 亥水의 식상이 적극적인 구조로 약학에 적합하다. 자신의 전공에 만족해하며 현재 외국유학을 하고 있다.

공학계열

- 공학계열 : 건축학과, 산업공학과, 화학공학과, 원자핵공학과, 조선해양공학과, 전기공학과, 컴퓨터공학과, 토목환경공학과, 재료공학과, 기계항공공학과, 금속시스템공학과, 세라믹공학과, 도시공학과, 정보산업공학과, 지구환경시스템공학과, 화학생물공학과

전기공학 전공

時	日	月	年
辛	己	辛	庚
未	酉	巳	申

己土 일간이 巳月에 庚金이 투출하여 상관격이며 인성 巳火를 용신한다. 일간 己土가 태과한 식상 金으로 설기되는 구조며 오행이 土金으

로 치우친 이공계의 사주 유형에 해당한다. 대학에서 전기공학을 전공한 것이 매우 흥미롭다.

전자공학 전공

時	日	月	年
甲	乙	壬	己
申	丑	申	酉

乙木 일간이 申月에 壬水가 투출하여 정인격이다. 관인상생이 이루어지면서 신약에 인수와 재성이 적극적인 구조다. 전공을 잘 살려서 현재 전자계통의 업체에서 MP3플레이어 제조업무를 맡고 있으며 본인의 만족도 또한 높다.

농업생명과학계열

- 농업생명과학계열 : 식물생산과학과, 산림과학과, 식품·동물생명공학과, 바이오시스템·소재학과, 응용생물화학과, 조경·지역시스템공학과, 농경제사회학과.

농경제사회학 전공

時	日	月	年
戊	辛	甲	壬
子	未	辰	戌

辛金 일간이 辰月에 戊土가 시간으로 투출하여 인수격이다. 인성이 강한 중, 상관이 발달했고 월간의 甲木 정재가 건실하여 농경제 사회학과에 적합한 구조다. 자신의 전공에 만족하고 있다.

생활과학계열
- 생활과학계열 : 의류환경학과, 식품영양학과, 주거환경학과, 아동·가족학과, 생활디자인학과, 소비자인간발달학과.

공간디자인학 전공

時	日	月	年
辛	癸	甲	辛
酉	亥	午	酉

癸水 일간이 午月에 생하여 편재격이다. 편재는 공간지능이 높고 월간의 甲木 상관은 공간지능과 함께 응용력이 우수하여 공간 디자인학과에 적합한 적성을 갖는다. 전공학과에서 남과 다른 능력을 보일 것이라는 의지가 강한 사람이다.

아동학 전공

時	日	月	年
庚	丁	丙	癸
子	卯	辰	亥

丁火 일간이 辰월 출생으로 오행을 고루 갖추었다. 일지에 卯木 편인을 두고 월지 진토 상관이 적극적이다. 식신·상관은 본성이 희생과 양육을 의미하여 아동학과에 적응능력을 갖춘 구조다. 전공학과에 만족하고 있는 사람이다.

3. 예체능계(藝體能系)

구분	예체능계
적요	• 비겁과 식상이 적극적인 구조 및 비겁의 편향 • 편인과 식상이 적극적인 구조 및 편인의 편향 • 인성과 상관이 적극적인 구조 및 상관의 편향 • 식신·상관으로 치우친 구조 및 종식격 • 오행이 火로 편향된 구조

미술계열
• 미술계열 : 디자인학과, 동양화과, 서양화과, 조소과.

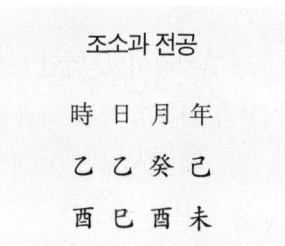

조소과 전공

時	日	月	年
乙	乙	癸	己
酉	巳	酉	未

乙木 일간이 월간의 癸水 편인을 용신으로 하는 동시, 일지에 巳火 상관으로 설기하는 구조다. 즉, 편인과 상관이 적극적이고 유용하게 활용되니 미대에서 조소를 전공했고 자신의 전공에 매우 긍정적이다.

```
       서양화 전공

     時  日  月  年
     丁  庚  壬  丁
     丑  戌  子  巳
```

庚金 일간이 子月에 壬水가 투출하여 식신격이며, 일지 戌土 편인과 시지 丑土 정인을 두어 편인과 식상이 적극적인 구조에 해당한다. 대학에서 서양학을 전공했고 자신의 전공에 매우 만족한다는 사람이다.

```
     응용미술교육 전공

     時  日  月  年
     壬  庚  癸  甲
     午  辰  酉  辰
```

庚金 일간이 酉月 생으로 겁재격이다. 편인 辰토와 겁재 酉금으로 신강한 중 시간의 壬水 식신과 월간의 癸水 상관이 적극적인 구조로 자신의 예술성을 표현하는 예능에 적합하다. 학과 전공에 만족한 사람으로 입시지도에 매우 보람을 느끼고 있다.

음악계열

• 음악계열 : 성악과, 작곡과, 국악과, 기악과.

기악 전공

時	日	月	年
壬	乙	戊	丙
午	巳	戌	寅

乙木 일간이 戌月에 戊土가 투출하여 정재격이며 신약사주다. 연지의 寅木 겁재와 시상의 정인 壬水를 용신으로 하는 중, 지지에 寅午戌 火局을 이루고 연간에 丙火가 투출하여 식상으로 치우친 사주에 해당한다. 자신의 전공에 흥미를 느끼며 만족하는 사람이다.

성악 전공

時	日	月	年
壬	庚	壬	壬
午	子	子	寅

庚金 일간이 壬子 월에 출생하여 식신격이며, 사주 전체가 식상 水로 일관된 종식격에 해당하므로 예능에 적합한 구조다. 서울대재학 중 외국유학으로 음대를 졸업하고 세계적인 성악가로 활동하고 있다.

체육계열

● 체육계열 : 체육학과, 무용학과.

```
체대에서 무술 전공

時 日 月 年
庚 辛 己 癸
寅 酉 未 卯
```

辛金 일간이 未月 생으로 己土가 월간으로 투출하여 편인격이다. 일지 酉金 비견과 시상의 庚金 겁재가 있어 자신의 체력을 소모적으로 활용하는 체질이며, 연지와 시지로 정·편재를 두어 공간기능이 우수하니 체육학에 적합하다. 체대에서 무술을 전공한 여성으로 학과적성에 만족했다고 한다.

```
체대에서 유도 전공

時 日 月 年
乙 庚 壬 丁
酉 申 寅 酉
```

庚金 일간이 寅月 생으로 실령했으나, 연지 酉金 겁재와 일지 申金 비견과 시지 酉金 겁재가 강한 비겁이 편향된 구조로서 체력이 필요한 체육학과에 적합한 구조이다. 현재 후학을 양성하며 자신의 전공에 대하여 자부심을 갖고 있다.

선천적성검사

1
직업적성의 그래픽과 사회성

1. 직업적성(職業適性)의 의미와 중요성

사주에서는 직업적성을 분류할 수 있다. 직업적성은 선천적으로 태어난 성정과 사주체질과의 상관성이 밀접하며, 그것은 자신의 미래에 대한 직업만족도의 결과로 나타나게 된다. 앞의 4장에서는 전공학과 선택과 관련지어 진로지도라는 차원에서의 분석이었다면, 본 장에서는 직업의 구체적인 업무유형과 관련지어 살펴보고자 한다.

한 사람의 사주를 통하여 직업적성을 분류하는 기본적인 구분방법을 논하기 전에, 직업은 처해 있는 환경의 영향도 많이 받게 된다는 점을 참고해야 한다. 필자의 저서 『사주심리치료학』에서도 언급했지만 부모에게 받는 유전인자, 성장환경, 동기부여, 노력 등은 사주명조분석 외에 또 다른 결과를 분별해내야 하는 과제를 남기게 되는 것이다. 사람의 두뇌는 출생 후 9세 이내에 거의 모두 발달된다는 연구결과를 비추어볼 때, 유아성장시기가 일생을 살아가는 데 매우 중요한 역할을 한다는 것을 알 수 있다.

그렇기 때문에 출생과 동시에 사주를 분석하여 선천적인 적성을 발견하고, 그 발견된 선천적성에 따른 부모의 양육방법, 교육방법이 개발되어 제공할 수 있어야 한다. 사주를 통한 선천적성검사 분석은 한 인간에게 매우 중요하고 이로운 정보다. 이러한 정보는 결과적으로 자신의 체질코드와 맞는 직업을 선택하여 일생 능률적인 경제활동을 하게 도움으로써 행복한 삶을 원하는 인간에게 가장 위대한 학문적 혜택을 줄 수 있다.

직업적성 검사방법에 들어가기 전에 필히 이해하고 알아두어야 할 것은 사주명조에서 직업을 분류하는 데에는 필수적으로 인코스와 아웃코스 두 가지 유형의 그래픽을 요구한다는 점이다. 첫째는 관인상생 유형(인코스)이며, 둘째는 식상생재(아웃코스)의 유형이다. 사주 내에서 이 두가지 조건이 명확해야 한 사람의 사회활동이 명료하게 된다. 사주의 신강과 신약은 행복과 불행을 주는 요소가 결코 아니다. 사주 체형상으로 신약이나 사회성이 강한 구조가 있고, 사주체가 강해도 사회성이 약한 구조가 있다는 것을 이해할 수 있어야 한다.

2. 신강(身强)·신약(身弱)의 사회성

신약사주
- 관인상생이 확실한 구조 – 사주는 약 사회성은 강함.
- 식상생재가 확실한 구조 – 사주는 약 사회성은 강함.
- 재생관, 관생인이 확실한 구조 – 사주는 약 사회성은 강함.
- 식관투쟁, 재인투쟁의 구조 – 사주 약 사회성도 약함.

신강사주
- 관인상생이 확실한 구조 – 사주 강 사회성도 강함.
- 식상생재가 확실한 구조 – 사주 강 사회성도 강함.
- 식상생재가 불협한 구조 – 사주 강 사회성 약함.
- 관인상생이 불협한 구조 – 사주 강 사회성 약함.

3. 위치(位置)에서의 사회성

십성의 상관관계 중 인코스와 아웃코스를 이루는 그래픽선상으로 직업의 선명성을 구별할 수 있다. 여기서 또한 중요한 것은 위치다. 직업을 선택하는 것은 일간의 마음이 원하는 것에 우선하기 때문이다. 즉, 천간은 일간이 원하는 마음을 사회적으로 드러내고자 하는 것이며, 지지는 일간이 내면적으로 원하는 것을 기준으로 행동하고자 하는 것이다.

- 사주체에서 관인상생이 천간에서 이루어지면 직장을 우선 선호한다.

- 식상생재가 천간에서 이루어지면 사업이나 자영업을 원하게 된다.
- 천간은 관인상생, 지지는 식상생재로 이루어졌을 경우 직장을 선호하나, 마음속으로는 자영업을 원하니 두 가지 직업을 갖는 경우가 많다.
- 천간은 식상생재, 지지는 관인상생으로 이루어져 있으면 자영업을 원하나 내심은 안정된 직장에 소속되고 싶다.
- 이 외에 천간에서 지지로, 지지에서 천간으로 이런 구조가 형성될 경우 연월에 있으면 우선하고 일시에 있으면 차선이라고 볼 수 있다.
- 사주의 구조에 따라 형평성에 맞게 직업관을 설정하게 되는 것이며, 이 모든 것들이 원만하지 못할 경우 직업의 격이 현저하게 떨어진다.

4. 십성의 직업적성

십성은 독자적인 기질과 작용이 있으며, 특히 사주명식 내에서 튼튼한 격국이 형성되거나 용신으로 작용할 때 직업적성과 호환관계를 이루게 된다. 즉, 사주 전체의 구조에서 음양오행의 편중과 함께 연계되는 십성의 특질이 직업적성과 일맥상통하게 된다는 것이다. 단, 복합적인 판단을 필요로 하며 사주의 격과 희신의 역할일지라도 일간이 요구하는 관계에 있는가를 주목하여야 한다.

구분	직업적성
비견	프리랜서, 의사, 변호사, 미용업, 언론사, 기자, 대리점, 조경, 스포츠, 물류유통, 사진, 종교 지회지부, 출장소, 건축, 납품업, 주유소
겁재	기술, 스포츠, 구매, 창고관리, 경호원, 경비원, 기자, 보석세공, 투기업, 유흥업, 요식업, 수금업, 요리사, 운수업, 조각가
식신	교사, 의사, 연구원, 생산, 예능, 종교, 보육사, 유치원, 교사, 음식점, 제조업, 호텔, 사회복지사, 서비스, 농산업, 식료품업, 슈퍼마켓, 도매업
상관	예체능 종사자, 과학, 발명, 대변인, 연설, 강사, 디자인, 종교인, 아나운서, 코디네이터, 역술, 유통업, 제조업, 변호사, 가수, 문필가, 수리업, 외판업
편재	무역, 부동산, 금융업, 증권, 투자, 사업, 전당포, 음식점, 경영, 유흥업, 약물업, 생산업, 축산업, 여행사
정재	금융업, 상업, 무역, 세무사, 회계사, 생산제조업, 부동산, 경리, 관리, 운수업, 건축업, 도매업, 학원, 신용사업, 특허 인증 대행사업
편관	군인, 경찰, 경비원, 경호원, 교도관, 군무원, 형무관, 별정직, 정치가, 하사관, 장성, 종교지도자, 기술직
정관	학자, 행정관, 관공계통, 사법관, 군인, 경찰, 공무원, 회사원, 통계업, 비서, 총무, 위탁관리, 지배인, 의류제조업
편인	여행사, 소개업, 예능, 종교가, 디자인, 인테리어, 골동품, 보석, 오락, 역술, 부동산 가이드, 출판업, 언론인, 인쇄업, 요리업, 여관, 미용, 배우
인수	교육, 학원, 육영, 문화, 예술, 언론, 종교, 출판, 정치, 통역, 번역, 출판, 행정, 컴퓨터관련 직종, 방송작가, 응용미술, 일반예술, 저술, 기사, 창작적 업무

2 직업적성검사방법론

1. 적성검사 1차방정식

수직구조

수직구조란, 사주 내에 뚜렷한 관성을 기준으로 관성이 충당하거나 합화 및 기반되지 않고 상생관계가 유력한 것을 말한다.

즉, 관인상생이 잘된 구조, 관성의 지배가 확실한 구조, 종적인 직업유형의 구성원이 될 경우 적응을 잘하고 상하관계를 원만하게 유지한다. 반면, 자유직업을 선택할 경우 원칙을 고수하기 때문에 신용은 있으나 결국 이익을 창출하는 데에는 비능률적이다.

수평구조

수평구조란, 사주 내에 관성이 없거나 합화 및 기반 되어 쓸모가 없게 된 것을 말한다.

즉, 관성이 없거나, 무력하거나 일간에게 미치는 영향이 무정하게 편성된 구조, 횡적인 구성으로 자율적인 일에 적합하고 창조적이며 자유로운 일에 능동적이다. 반면 상하 명령체계의 종적인 직업유형의 구성원이 될 경우 매우 부적응의 현상이 나타나며, 적응할 때는 능력이 현저히 떨어지게 된다.

혼합구조

혼합구조란, 사주 내에 관성이 있으나 뿌리가 약하고 또는 일간에게 미치는 영향이 약하거나 할 때 생겨나며, 관성이 비록 뚜렷하다 해도 상생구조가 어그러져 있거나 인비식재가 더 강하게 작용되어 있을 때 작용한다.

즉, 관성이 적극적이면 일간은 관을 활용하여 직장생활이 가능하다. 또 관성이 무력하면 일간은 관에 연연하지 않기에 자유직업을 선호하게 된다. 한편, 어느 정도 관성의 역살이 있는 중, 비겁이나 식상, 재성 등이 병행하여 강하면 직장이나 자유직, 어느 한쪽을 선호하지 않게 되니 결국 자신의 흥미나 주변의 환경적 동기부여에 따라 선택을 하는 다중성이 존재하는데, 이를 혼합형이라 부르는 것이다.

A	수직구조	관성이 뚜렷하고 강왕하거나 관인상생이 적극적인 구조
	직장형	공직, 직장, 계급사회, 상하직계구조의 종적 직업유형
B	수평구조	관성이 무력, 소원하고 인·비·식·재가 활동적인 구조
	자유형	자유직업, 전문직, 자영업, 예체능구조의 횡적 직업유형
C	혼합구조	관성이 보존되었고 인·비·식·재가 공존 혼합 발달한 구조
	선택형	직장생활, 자유직업, 프리랜서, 체제구조 등의 선택 가능유형

2. 적성검사 2차방정식

　1차 직업구조는 수직구조와 수평구조, 혼합구조로 사주상의 상생구조관계에 따른 구분이다. 2차 적성의 구조에서는 사주 내에서 일간이 직접적으로 활용할 수 있는 십성의 정편을 적용하는 과정이다. 정은 '정인·정재·정관·식신·비견'으로서 십성의 기질과 작용에 상관없이, 이들은 정직하고 노력형이며 보수적이고 안정을 지향한다는 데 주목할 필요가 있으며, 편은 '편인·편재·편관·상관·겁재'로서 역시 십성의 기질과 상관없이 모두 수단이 좋고 융통성이 있으며 실험지향적이라는 점을 알아야 한다. 한 예로, 편관은 관성으로서 씩씩한 군인의 상이라고만 볼 것이 아니라 수단이 좋아서 기술자로도 진출할 수 있고 상업도 가능하다.

십성의 편형
　편들은 수단을 부린다. 융통성이 많다. 욕심이 많다. 변화에 능동적이고 과장과 허풍이 있다. 변덕, 모사, 도전에 대한 수행도 잘하나 포기도 빠르다.

십성의 정형

정들은 원론적이다. 원형을 보존하려 하니 보수성이 강하고, 변화에 신중하다. 정직한 면이 있고 바르며 규정대로 행하기를 좋아하고 고지식하다.

a	정형	정인 · 정재 · 정관 · 식신 · 비견의 실용구조(정형화된 생산)
	성향	원칙주의, 내향적, 정직성, 고정관념, 안정지향, 소극적, 보수적
	직업	종적직업, 내근직, 행정, 분석, 급여
b	편형	편인 · 편재 · 편관 · 상관 · 겁재의 실용구조(수단을 활용)
	성향	변혁주의, 외향적, 가식성, 유동관념, 실험지향, 적극적, 개방적
	직업	자유직업, 외근직, 기술, 사업, 투자
c	혼형	정편의 복합적 실용구조
	성향	외부의 자극, 대운의 유도, 환경적 영향에 따라 선택 및 공용
	직업	내근, 외근, 자유직, 직장구조 등 선택적 유용성

3. 적성검사 3차방정식

위 1차방정식은 사주 오행 상생상극관계의 구조적 체질을 보고, 2차방정식은 십성의 정편에 의한 작용력을 설명했다. 3차 직업적성의 분류방정식은 위 1, 2차를 사주에 동시 적용하여 결과와 답을 구하는 3차방정식으로 다음과 같이 세밀히 체계화할 수 있다. 그러나 만여 가지나 되는 수많은 직업 중에서 본인에게 맞는 단 하나를 선택해주는 것이 아니라, 출생연월일시만으로 구성되는 사주의 구조를 통하여 선천적으로 타고난 직업유형에 정확히 접근할 수 있는 방법을 제시하는 것이다. 누구나 이 방법을 활용한다면 자기자신도 모르고 있는 타고난 선천적성을 확인하게 된다. 여기서 검사자의 사주구조 분석능력의 편차에 따라서 분명 결과는 다소 차이가 날 수 있다는 점을 밝혀둔다. 따라서 그런 점을 보완하기 위해서는 검사방법에 대한 기본적인 이론의 이해와 철저한 전문교육이 뒤따라야 함을 명심하기 바란다.

직업적성 유형의 타입

1	(A)수직구조 + (a)정형	종적안정지향형
2	(A)수직구조 + (b)편형	종적실험지향형
3	(A)수직구조 + (c)혼형	종적선택유용형
4	(B)수평구조 + (a)정형	횡적안정지향형
5	(B)수평구조 + (b)편형	횡적실험지향형
6	(B)수평구조 + (c)혼형	횡적선택유용형
7	(C)혼합구조 + (a)정형	선택안정지향형
8	(C)혼합구조 + (b)편형	선택실험지향형
9	(C)혼합구조 + (c)혼형	선택선택유용형

3
선천직업적성검사 사례

1. 종적안정지향형(縱的安定指向形) (A)수직구조+(a)정형

이 사주의 유형은 책임감과 의무감이 뛰어나고, 끈기와 인내심이 있어 맡겨진 일에 최선을 다한다. 규칙적인 생활과 성실한 모습은 타의 모범이 되기도 한다. 정확한 업무처리 능력과 상하의 수직관계를 중시하므로 공직이나, 직장생활에 적합하다. 법을 준수하여 정직하고, 정의감과 위엄이 있다. 일간의 뿌리가 강하고 관성도 강하여 일간으로 하여금 관의 지배를 따르게 하는 구조.

A	수직구조	관성이 뚜렷하고 강왕하거나 관인상생이 적극적인 구조
	직장형	공직, 직장생활, 계급사회, 상하직계구조의 종적 직업유형
b	정형	정인·정재·정관·식신·비견의 실용구조(정형화된 생산)
	성향	원칙주의, 내향적, 정직성, 고정관념, 안정지향, 소극적, 보수적
	직업	종적직업, 내근직, 행정, 분석, 급여

경찰공무원

時 日 月 年
乙 戊 己 甲
卯 辰 巳 辰

丁 丙 乙 甲 癸 壬 辛 庚
丑 子 亥 戌 酉 申 未 午

위 사주는 비겁이 태왕한 신강사주로 비겁을 다스리는 시주의 정관 역할이 잘 발달되어 있어 공직 생활에 적합하다. 현재 경찰공무원으로 원리원칙주의자이며, 정직하고 안정지향을 우선한다. 자신의 직업에 대한 만족도가 높고 직장에서도 능력을 인정받고 있다.

전직 공무원

時 日 月 年
丙 甲 癸 己
寅 寅 酉 卯

丙 丁 戊 己 庚 辛 壬
寅 卯 辰 巳 午 未 申

　위 사주는 甲木 일간이 관인상생격을 이룬 수직구조로서, 종적인 직업유형으로 공무원을 지낸 사람이며, 월지 酉金 정관, 월간 癸水 인수, 시상 丙火 食神이 모두 정형으로서 정직성, 원칙주의, 고정관념이 강한 안정지향의 보수적인 사람이다. 丁卯 대운에 酉金 정관과 卯酉 충이 중복되자 곧바로 퇴직하게 되었다.

2. 종적실험지향형(縱的實驗指向形) (A)수직구조+(b)편형

　이 사주의 유형은 강한 카리스마로 경쟁, 억압, 통솔의 능력을 지닌다. 책임감이 강하고 수단이 좋아 목적한 것은 끝까지 이루어낸다. 열정적이고 외향적이며 모험적이다. 야심이 있고 융통성 또한 뛰어나고 머리회전이 빠르다.
　일간의 뿌리가 강하고 관성도 강하여 일간으로 하여금 관의 지배를 따르게 하는 구조.

A	수직구조	관성이 뚜렷하고 강왕하거나 관인상생이 적극적인 구조
	직장형	공직, 직장생활, 계급사회, 상하직계구조의 종적직업유형
B	편형	편인 · 상관 · 편재 · 편관 · 겁재의 실용구조(수단을 활용)
	성향	변혁주의, 외향적, 가식성, 유동관념, 실험지향, 적극적, 개방적
	직업	자유직업, 외근직, 기술, 사업, 투자

카이스트 연구원

時 日 月 年
壬 癸 丁 甲
戌 酉 卯 寅

庚 辛 壬 癸 甲 乙 丙
申 酉 戌 亥 子 丑 寅

위 사주는 日干 癸水가 用神은 印星인 金이다. 위 사주는 癸水 일간이 시지 戌土 정관으로부터 일지 酉金의 관인상생을 이루고 있으니 수직구조다. 卯月에 失令한 신약사주로 연간의 甲木 상관이 투출하였으며 월간의 丁火 편재이니 편형이다. 인수용신 관성 희신이며 두뇌가 총명하고 창의력이 뛰어난 종적 · 실험지향의 직장형이다.

사업가

時 日 月 年
丁 甲 壬 己
卯 戌 申 亥

乙 丙 丁 戊 己 庚 辛
丑 寅 卯 辰 巳 午 未

위 사주는 甲木 일간이 월주에 관인상생이 잘 되어 있는 구조로 시상의 상관과 일지 편재를 두어 수직구조의 종적·실험지향형이나 모두 편을 이루어 일찍부터 사업을 하게 되었다. 대운이 용신 식상운으로 향하여 사업에 성공한 사람이다. 머리가 좋고 획기적인 아이디어로 유행의 흐름을 주도하고 있다. 이처럼 수직구조이나 편형은 학문적 전문성의 배경을 토대로 사업가로도 성공한다.

사례3) 이동이 많은 직장여성

時 日 月 年
戊 乙 甲 庚
寅 未 申 寅

丁 戊 己 庚 辛 壬 癸
丑 寅 卯 辰 巳 午 未

위 사주는 乙木 일간이 申月에 庚金이 투출하여 正官格이다. 비록 사주에 인수가 없으나 월간 정재와 관성이 주도한 수직형으로 볼 수 있으니 직장형이다. 그러나 직장이동이 많은 것은 인수가 없는 중, 겁재와 일지 편재를 둔 것이며, 실험지향형으로 격이 떨어지는 중 대운이 식상으로 향한 까닭이다. 다시 己卯 대운부터 직장에 안주할 수 있는 것은 희신운이기 때문이다.

3. 종적선택유용형(縱的選擇有用形) (A)수직구조+(c)혼형

이 사주의 유형은 정·편이 혼잡되어 있어 직장생활이나 자유직업을 자유롭게 선택할 수 있다. 대운의 방향이나, 환경적 영향에 의해 변화되기도 한다. 이해심이 많고 사교적이고 동정적이며 어떤 직업을 선택하든 책임감 있게 자신의 맡은 바 임무를 충실히 해낸다. 일간의 뿌리가 강하고 관성도 강하여 일간으로 하여금 관의 지배를 따르게 하는 구조.

	수직구조	관성이 뚜렷하고 강왕하거나 관인상생이 적극적인 구조
A	직장형	공직, 직장생활, 계급사회, 상하직계구조의 종적직업유형
	혼형	정편의 복합적 실용구조
C	성향	외부의 자극, 대운의 유도, 환경적 영향에 따라 선택 및 공용
	직업	내근, 외근, 자유직, 직장구조 등 선택적 유용성

교육 및 사업병행

時 日 月 年
癸 丁 己 乙
卯 卯 丑 巳

丁 丙 乙 甲 癸 壬 辛 庚
酉 申 未 午 巳 辰 卯 寅

위 사주는 시간의 편관이 월지에 뿌리를 두고 일지와 시지의 편인을 돕고 있다. 학문은 편인에 주력하는 구조로 중국어를 전공했고, 선천적성을 활용하는 직업으로는 월주의 식신을 쓰는 것이 유력하고 편관을 쓰기도 한다. 현재 대학교에서 학생들을 가르치고 있고 개인 사업도 운영하고 있다. 이런 사주는 두 가지의 직업을 갖는 경우가 많다.

공무원(여)

時 日 月 年
壬 丙 癸 丙
辰 申 巳 午

丙 丁 戊 己 庚 辛 壬
戌 亥 子 丑 寅 卯 辰

위 사주는 丙火 일간이 巳月에 태어나 丙火가 투출하여 比肩格으로 신강하다. 월간의 癸水 정관과 시간의 壬水 편관이 火를 억제하는 중 일지 편재 申金의 생을 받고 시지 辰土가 水 관성의 뿌리가 되는 동시 申辰으로 유정하다. 정편이 혼잡된 혼형이나 관성이 통근하여 수직구조를 이루게 되니 공무원이 되었다. 이런 수직의 혼형구조는 운에 따라 사업을 할 수도 있다.

```
       대법원 판사

       時  日  月  年
       丙  丙  甲  壬
       申  申  辰  辰


   辛  庚  己  戊  丁  丙  乙
   亥  戌  酉  申  未  午  巳
```

위 사주는 丙火 일간이 신약하다. 그러나 월간의 편인 甲木이 辰月에 통근한 중, 연간의 壬水 편관이 사지에 모두 뿌리를 두고 甲木을 생하고 있으니 관인상생이 잘 이루어졌다. 식신, 편인, 편관, 편재의 혼형이나 수직구조가 균형을 이루어 대법원 판사로 재직 중인 사람이다. 비록 혼형이라도 중화를 이루고 수직구조가 확실하게 형성되면 관직으로 진출한다. 다만 재성 대운을 만나면 변호사로 재물에 욕심을 갖게 될 것을 예측할 수 있다.

4. 횡적안정지향형(橫的安定指向形) (B)수평구조+(a)정형

이 사주의 유형은 관의 역할이 다소 떨어지나, 정으로 이루어져 있어 무난히 직장생활에 적응을 하며 살아간다. 정직하고 계획적이며 한 곳의 직장을 오래 다니기보다는 자주 직장을 옮긴다. 직업에 대한 만족도는 높지 않지만 성실하고 지적이며 독립적이며 내성적인 사람이다. 관성이 없거나 관성이 있어도 무력하고 뿌리가 약해서, 관보다는 인·비·식·재가 발달한 활동적인 구조로서 관의 역할이 미비하지만 안정을 추구하므로 직장생활이 가능하다.

B	수평구조	관성이 무력, 소홀하고 인·비·식·재가 발달한 활동적인 구조
	자유형	자유직업, 전문직, 자영업, 예체능구조의 횡적 직업유형
a	정형	정인·정재·정관·식신·비견의 실용구조(정형화된 생산)
	성향	원칙주의, 내향적, 정직성, 고정관념, 안정지향, 소극적, 보수적
	직업	종적직업, 내근직, 행정, 분석, 급여

외국인 회사에 근무

時 日 月 年
戊 辛 甲 癸
子 丑 寅 卯

丙 丁 戊 己 庚 辛 壬 癸
午 未 申 酉 戌 亥 子 丑

위 사주는 辛金 일간이 관성의 없지만, 정재와 정인, 식신의 영향으로 전문직종의 직장생활을 하고 있다. 매사 정확하고 분석적이며 치밀한 계획을 세워 일을 진행하는 사람이다. 하지만 관성의 부재로 상하관계의 명령체계를 싫어한다. 비교적 계급에 지배를 받지 않고 자유의사가 존중되는 외국인 회사에 다닌다.

의사에서 판사가 된 사람

時	日	月	年
戊	丙	庚	丙
子	辰	子	午

丁	丙	乙	甲	癸	壬	辛
未	午	巳	辰	卯	寅	丑

丙火 일간이 子月에 정관격이나 관성이 천간으로 투출되지 않는 중, 월간에 편재, 시간에 식신의 영향이 크니 수평구조에 가까워 의사가 되었다. 그러나 대운에서 인성 운이 계속되자 관인상생의 수직형의 작용이 일어났다. 다시 사법시험에 합격하였으나 추후 남방 火 대운에 이르면 다시 의료전문 변호사 업무를 맡게 될 듯하다. 고등학교 시절 공부를 잘하여 壬寅 대운 乙丑 세운에 의과대학에 합격하였다. 졸업을 하고 내과의로 근무하다 甲辰 대운에 들어서서 사법고시를 준비하여 일차에 두 번 만에 합격하고 이차도 두 번 만에 합격하였다.

5. 횡적실험지향형(橫的實驗指向形) (B)수평구조+(b)편형

이 사주의 유형은 규칙적인 구조보다는 자유로움을 더 좋아한다. 사무기록 행정적인 재능보다는 혁신적이고 응용적인 재능이 있다. 비구상적 아이디어, 서정적, 감정, 창조적 표현이 뛰어나다. 직장생활보다는 자유업 쪽을 더 선호한다. 사업이나 기술직, 전문직으로 직업을 가져야 좋다. 관성이 없거나 관성이 있어도 무력하고 뿌리가 약해서 관보다는 인·비·식·재가 발달한 활동적인 구조로서 관의 역할이 미비하여 직장생활을 하기 힘들다.

B	수평구조	관성이 무력, 소홀하고 인·비·식·재가 발달한 활동적인 구조
	자유형	자유직업, 전문직, 자영업, 예체능구조의 횡적 직업유형
b	편형	편인·편관·편재·상관·겁재의 실용구조(수단을 활용)
	성향	변혁주의, 외향적, 가식성, 유동관념, 실험지향, 적극적, 개방적
	직업	자유직업, 외근직, 기술, 사업, 투자, 체력소모

스포츠 관련 자영업

時 日 月 年
庚 壬 癸 戊
子 午 亥 申

辛 庚 己 戊 丁 丙 乙 甲
未 午 巳 辰 卯 寅 丑 子

壬水 일간이 亥月에 癸水가 투출하여 겁재격으로 비겁이 왕하다. 연간의 戊土 편관을 써야 하나, 戊癸 합으로 기반되고 근간이 무력하여 직장에는 적응이 안 되고 식상이 없는 구조로 자신의 섬세한 노하우를 필요로 하는 직장에는 불리하다. 더욱이 군겁쟁재의 형상으로 수평구조이니 신체적 체력소모가 필요한 유형의 자유직종으로 노동력이 필요한 직업이나 스포츠, 수단을 활용하는 파트타임의 자영업 등이 적합하다.

치과기공사

時	日	月	年
壬	戊	乙	乙
子	戌	酉	酉

戊	己	庚	辛	壬	癸	甲
寅	卯	辰	巳	午	未	申

戊土 일간이 신약한 중 인성은 없으나 상관격으로 총명함과 친화력 및 독특한 재능은 지녔다. 현재 치과기공소를 운영하고 있으며 상관태과의 이기적 자존심이 강하여 자만심과 고집으로 맡은 제작물을 기어코 납품한다. 위 사주는 인성이 없으니 수용능력이 없으며, 비겁용신에 적합한 자신의 수단을 이용하는 수평형으로 남의 밑에서 직장생활을 하기는 어렵고 실험성향이 강하니 앞서 말한 자신의 노하우인 기술을 활용하는 자유직이 알맞다.

불안한 사업가

時 日 月 年
庚 辛 丁 庚
寅 亥 亥 寅

甲癸壬辛庚己戊
午巳辰卯寅丑子

辛金이 인성은 없고 庚金 겁재가 있다. 상관이 태과하여 편관 丁火가 힘을 쓰지 못한다. 상관이 태왕하여 꼭 필요한 인성이 없는 중, 식·재·관·비가 불균형을 이루고 있는 수평형으로 분류된다. 이런 사주의 유형은 직장생활에 매우 부적합하다. 실제 이 사람은 건축업을 하는 사람으로 비겁 대운에서 실험적인 면에 힘입어 어느 정도의 이익이 있었으나 사주가 그렇듯 여러 차례 위기를 겪었다.

6. 횡적선택유용형(橫的選擇有用形) (B)수평구조+(c)혼형

이 사주의 유형은 정편이 혼잡되어 있어 직장생활이나 자유직업을 자유롭게 선택할 수 있다. 대운의 방향이나 환경적 영향에 의해 변화되기도 한다. 이해심이 많고 사교적이고 동정적이며 어떤 직업을 선택하든 책임감 있게 자신의 맡은 바 임무를 충실히 해낸다. 관성이 없거나 관성이 있어도 무력하고 뿌리가 약해서 관보다는 인·비·식·재가 발달한 활동적인 구조다.

B	수평구조	관성이 무력, 소홀하고 인·비·식·재가 발달한 활동적인 구조
	자유형	자유직업, 전문직, 자영업, 예체능구조의 횡적직업유형
C	혼형	정편의 복합적 실용구조
	성향	외부의 자극, 대운의 유도, 환경적 영향에 따라 선택 및 공용
	직업	내근, 외근, 자유직, 직장구조 등 선택적 유용성

동양화 전공

時 日 月 年
辛 己 戊 辛
未 巳 戌 亥

乙 甲 癸 壬 辛 庚 己
巳 辰 卯 寅 丑 子 亥

　　己土가 戌월에 득령하고 관성이 없는 중, 인수와 비견이 다한 신약 사주로 설기가 필요하여 월지에 뿌리를 둔 辛金 식신 용신으로 자신의 재주를 풀어내고 있다. 겁재와 식신의 혼합인수평형으로 자유직종인 예술이나 기술 및 종교 등에 적합한 구조다.

서양화 전공

時 日 月 年
丁 甲 戊 甲
卯 寅 辰 辰

辛 壬 癸 甲 乙 丙 丁
酉 戌 亥 子 丑 寅 卯

甲木 일간이 辰月에 편재가 투출하여 편재격이며 인성은 없으나 寅卯辰 方合을 이루어 비견왕의 신약사주다. 관성과 인성이 없는 수평형으로 시상의 丁火 상관을 유용하게 활용하는 전문직, 예체능 등 자유직업에 적합하다.

7. 선택안정지향형(選擇安定指向形) (C)혼합구조+(a)정형

이 사주의 유형은 정해진 원칙과 계획에 따라서 일을 하고 체계적인 환경에서 사무적 능력을 발휘하는 직업을 좋아한다. 안정을 추구하고 규율적이며 현실적이고 성실한 성격이다.

관성이 보존되어 있고 인·비·식·재가 공존하여 혼합발달된 구조.

C	혼합구조	관성이 보존되었고 인·비·식·재가 공존 혼합 발달된 구조
	선택형	직장생활, 자유직업, 프리랜서 체제구조 등의 선택가능유형
a	정형	정인·정재·정관·식신·비견의 실용구조(정형화된 생산)
	성향	원칙주의, 내향적, 정직성, 고정관념, 안정지향, 소극적, 보수적
	직업	종적직업, 내근직, 행정, 분석, 급여

공무원

```
時 日 月 年
癸 癸 戊 甲
丑 巳 辰 辰

乙 甲 癸 壬 辛 庚 己
亥 戌 酉 申 未 午 巳
```

　癸水 일간이 辰月에 戊土가 투출하여 정관격으로 신약하여 인성 金이 용신이 된다. 그러나 인성이 드러나지 못하여 시상 癸水 비견에 의존하고 시지 丑土 중, 辛金을 요구하는 선택형이며 戊土 정관 및 일지의 巳火 정재로 안정을 추구하는 정형이니 원칙과 안정적 보수의 타입으로 노력한 결과를 얻는 공무원이나 직장형으로 구분된다. 이 사람은 실제 인성 운인 庚午 대운에 공부를 잘하고 辛未 대운을 맞아 공무원이 되었다.

직장인

時	日	月	年
辛	丁	壬	癸
亥	亥	戌	丑

乙 丙 丁 戊 己 庚 辛
卯 辰 巳 午 未 申 酉

　丁火 일간이 戌月에 실령하고 관살이 태중한 중, 일간을 돕는 인성과 비겁이 없으므로 상관제살격이 되었다. 월지 戌土 상관으로 관살을 다스려 유용하게 쓰는 혼합구조로 분류할 수 있고, 월간의 壬水 정관이 장악하여 정형으로 안정을 추구하는 성향이므로 직장이나 교육, 언어 등의 자신의 노하우를 활용하는 자유로운 업무의 직장에 적합한 경우다. 대학을 졸업하고 己未 용신 대운에 대기업에 취직하고 결혼도 했다.

8. 선택실험지향형(選擇實驗指向形) (ⓒ)혼합구조+ⓑ편형

　예술적 창조와 표현, 변화와 다양성을 선호하고 틀에 박힌 것을 싫어하며 자유롭고 상징적인 일에 흥미를 느낀다. 유별나고 혼란스러워 보이며 예민하지만 창조적인 사람이다. 관성이 보존되어 있고 인·비·식·재가 공존하여 혼합 발달된 구조다.

c	혼합구조	관성이 보존되었고 인·비·식·재가 공존 혼합 발달된 구조
	선택형	직장생활, 자유직업, 프리랜서 체제구조 등의 선택가능유형
b	편형	편인·편관·상재·정관·겁재의 실용구조(수단을 활용)
	성향	변혁주의, 외향적, 가식성, 유동관념, 실험지향, 적극적, 개방적
	직업	자유직업, 외근직, 기술, 사업, 투자

국악인이자 주지승

時 日 月 年
辛 庚 辛 乙
巳 寅 巳 酉

癸 甲 乙 丙 丁 戊 己 庚
酉 戌 亥 子 丑 寅 卯 辰

　　庚金 일간이 巳月에 실령하였으나 연·월지 巳酉 합으로 뿌리가 된다. 신약의 명으로 인수가 요구되고 있는 중, 巳火 중 丙火 편관, 월·시간의 辛金 겁재, 일지의 寅木 편재로 편형에 해당된다. 편형은 수단을 활용하는 면이 탁월하고 변혁주의, 외향적, 가식성, 유동관념, 실험지향, 적극적, 개방적인 면이 강하므로 자유직업에 적합하다. 사주가 상생관계가 불미하여서인지 결혼 후 두 자녀를 두었으나 해로하지 못하고 入山하여 불가에 귀의한 후 특유의 수단을 활용하는 사람이다.

클라리넷 전공

時 日 月 年
癸 戊 庚 壬
丑 戌 戌 子

甲 乙 丙 丁 戊 己
辰 巳 午 未 申 酉

戊土 일간이 戌월에 태어나 득령하고 관성과 인성이 없는 중, 일·시지의 비겁으로 신강하여 월간의 庚金 식신을 용신으로 하여 재성과 통관을 시키고 있다. 이 사주도 비겁과 식신 정·편재의 혼합구조이며 비견 특유의 특기와 체질을 활용하는 수평형이다. 통제를 싫어하고 실험정신과 개방적인 성향이 강한 사람으로 음악을 하는 사람이다.

9. 선택선택유용형(選擇選擇有用形) (C)혼합구조+(c)혼형

조직의 목적과 경제적인 이익을 얻기 위해 타인을 지도, 계획, 통제, 관리하는 일과 그 결과로 얻어지는 명예, 인정, 권위에 만족감을 느낀다. 금전적인 성취와 사회, 사업, 정치 영역에서의 권력을 획득한다. 관성이 보존되어 있고 인·비·식·재가 공존하여 혼합 발달된 구조.

C	혼합구조	관성이 보존되었고 인·비·식·재가 공존 혼합 발달된 구조
	선택형	직장생활, 자유직업, 프리랜서 체제구조 등의 선택가능유형
C	혼형	정편의 복합적 실용구조
	성향	외부의 자극, 대운의 유도, 환경적 영향에 따라 선택 및 공용
	직업	내근, 외근, 자유직, 직장구조 등 선택적 유용성

```
복잡하고 힘든 삶

時 日 月 年
戊 甲 辛 戊
辰 辰 酉 寅

戊 丁 丙 乙 甲 癸 壬
辰 卯 寅 丑 子 亥 戌
```

甲木 일간이 정관격으로 신약한 중 연지의 寅木 비견과 일시지의 辰土에 통근하여 지탱한다. 인성과 비겁이 요구되나 인성은 사주 내에 없고, 비겁 또한 멀고 무정하여 일간은 능력을 발휘하기 어렵다. 이렇듯 혼합구조로 분류되며 관성이 있으니 명예와 권위를 생각하나 생각뿐이고, 편재를 좇아 자영업 등을 구상해도 극히 약하여 뜻을 이루기 어려운 혼형이다. 대운에 따라 적절히 직업을 선택해야 그나마 안정될 것이다. 이 사람은 매우 어려운 삶을 살아가고 있다.

가정주부

```
時 日 月 年
乙 戊 辛 庚
卯 午 巳 子
```

```
甲 乙 丙 丁 戊 己 庚
戌 亥 子 丑 寅 卯 辰
```

戊土 일간이 巳午火가 왕하여 신강하므로 재성 水가 요구된다. 그러나 水는 연지에 있어 도움을 받기에는 어려움이 많고, 시주의 정관이 있어 직장에 유력하다고 볼 수 있으나 재생관을 못 받는 중, 기신인 인성 火만을 생조하고 있는 혼합구조다. 또한 천간에 있는 식신과 상관이 무근에다 인성의 극을 받아서 능률적인 활동에는 어려움이 따른다. 이처럼 사주의 구조가 혼합구조에 혼형이면 명쾌한 직업을 갖기에는 부족함이 있다.

재운관리검사

1

사주와 재운의 관계

1. 재운관리(財運管理)의 개요

인간이 행복한 삶을 추구하기 위해서는 지속적인 경제활동이 이루어져야 한다. 이는 다양한 직업군이 존재하는 현대사회에서 필연적으로 안정성과 밀접한 관계를 가진다. 훌륭한 직업을 얻고 부귀할 운명이라면 그 사람의 부귀(富貴) 정도를 사주 내에서 가늠할 수 있다. 마찬가지로 사주는 격국과 용신을 포함하여 직업으로 연결되는 고유한 십성을 구하고, 그 고유한 십성으로 자신의 이익추구에 관한 주요 포인트를 구별할 수 있다. 이를 이재신(理財神)이라고 한다. 또 이재신을 극하는 십성은 탈재신(奪財神)이며, 탈재신을 극하는 십성은 관리신(管理神)이 된다. 용신을 극하는 오행을 병(病)으로 보고, 이 용신을 극하는 오행을 제하는 오행을 약(藥)신으로 보는 방법론〔病弱說〕과 같은 이치로 설명할 수 있다. 필자는 오랜 연구와 실험을 통하여 새로운 재운관리 검사방법의 체계에 대한 결과를 얻게 되었다.

개인의 사주로 재물을 검사할 수 있다는 것은 하나의 예방법이며, 이를 참고한다면 자신의 재물에 대한 관리능력 정도를 알 수 있는 것은 물론, 대운을 통하여 인생전반에 대한 재물의 득재시기, 안정시기, 위험시기까지 정확하게 검사할 수 있으며, 이는 함수적인 인간관계에도 적용시킬 수 있다. 예컨대, 자신의 사주명식 내에서 탈재를 범하는 작용에 해당하는 오행이, 나와 관계되는 상대방의 사주에도 많다면 결국 나의 사주에 탈재를 가중시키는 오행을 돕는 꼴로 협조자의 역할과 동업 등은 적절치 않다는 것이다. 아래에서 재운의 관계와 검사방법을 단계적으로 설명한다.

2. 사주의 기능적(技能的) 원리

재운관리를 위한 사주의 기능적 원리는 격국과 용신의 활용 외에 구조적인 문제가 포함된다. 크게 분류하여 官印相生과 食傷生財의 두 가지 사회활동 코스로 재물을 획득하게 된다. 또 그 두 가지 코스는 天干과 地支에서 이루어진 조건 중 드러난 사회성인 천간의 코스에 많은 비중이 있으며, 천간에서 코스가 이루어지지 않았을 경우 지지에서도 작용된다.

- 첫째는 (in 코스)관인상생의 체계다.
  공무원, 직장, 교육, 관리, 언어, 구조화, 체계화.
- 둘째는 (out 코스)식상생재의 체계다.

자영업, 사업, 생산, 육영, 서비스, 구성, 프리랜서.

어떠한 사주가 위 두 가지 체계 중 하나를 분명하게 갖추었다면 그는 사회적인 능력이 있게 된다. 만일 두 가지 체계를 모두 갖추었다면 두 가지의 직업능력을 가졌다고 볼 수 있으며 두 개의 직업을 갖게 될 수 있는 확률도 높다. 그러니 사주에서 사회성이 강한 것은 사주의 구조적 체제인 것이지 신강사주와 신약사주로 구분지어지는 것이 결코 아니다. 다시 말해서 사주의 신강과 신약으로만 분류해서 사회성을 논하는 것은 매우 어리석은 판단임을 명심해야 한다. 사회성의 체계에 대한 특징적인 면을 살펴보면 다음과 같다.

- 관인상생이 천간으로 이루어져 있고 그 뿌리가 약하면 직업은 뚜렷하나 크게 발전을 못할 수 있다.
- 관인상생이 지지로 이루어져 있고 투출하지 못했다면 내심 직장을 선호하나 사회성이 저조할 수 있다.
- 식상생재가 천간으로 이루어져 있고 지지의 도움이 없다면 생산 및 자영업을 하게 되나 외형보다는 내실이 없다.
- 식상생재가 지지로 이루어져 있고 투출하지 못했다면 자신의 안정을 구축하나 사회적인 공헌에는 인색하다.
- 위 두 가지 체계 중 하나가 천간과 지지로 유기상생되어 건실하게 구성되어 있다면, 사회적응능력과 사회활동성이 뛰어나 어느 한 분야에서 명쾌한 능력을 발휘할 수 있다.
- 두 체계가 비합리적으로 구성될 때 육체적 기능을 활용하는 직업이나 혹은 비교적 격이 낮은 직업으로 선택될 수 있다.

2

재물관리 검사방법

사주에서 선천적성을 이루며 이 적성을 경제성과 연계시켜 재물을 획득할 수 있는 관계의 편성이 바로 그 사주의 직업에 존속이 되는 것이다. 누구에게나 자신의 직업은 재물과 직접적인 관계가 형성된다. 즉, 사주에서 십성별로 재물을 구축(이재)하는 체계가 성립된다. 이때 탈재신이 있다면 반드시 관리신이 있어야 일생에 큰 피해가 없을 수 있다. 만일 탈재신이 없을 경우 크게 고난을 겪지 않게 되고, 관리신이 없다 해도 큰 곤경에 처하지는 않으나 관리신이 있다면 더욱 안정적인 재물관리가 된다. 그러나 탈재신이 있는 중, 관리신이 없다면 일생 동안 크게 재물에 대한 실패를 맛보게 되거나, 혹은 수입이 지출을 감당하지 못하는 폐해가 드러나게 된다. 앞서 설명했듯 주의할 것은 이재신이 결정되는 관계를 충분히 이해하고 습득해서 이재신을 규정지어야 한다.

1. 비겁(比劫)이 이재(理財)를 구축하는 구조

- 관성이 탈재를 주도한다.
- 식상이 재물을 관리한다.
- 인수가 관인상생으로 보호한다.

재물관리가 잘되는 유형

```
時 日 月 年
甲 甲 己 癸
戌 戌 未 卯
```

위 사주는 甲木 일간이 재다신약사주로 재성 土를 다스릴 비견으로 이재한다. 탈재신인 관성 金이 없으니 무탈하여 재물의 안정이 보장된 경우다. 비록 탈재신인 금이 온다 해도 인성 水가 金을 설기하여 일간과 비겁 木을 도우니 인생에서 재물로 인한 큰 고초를 겪지 않을 명이다. 한편, 사주구조에 식신생재나 관인상생의 작용이 이루어지지 않았으므로 사회성은 약하다. 실제 위 사람은 전업주부로 시부모에게 많은 재산을 상속받은 남편 덕으로 안정된 생활을 하고 있다.

```
時 日 月 年
辛 壬 丙 壬
亥 寅 午 申
```

위 사주는 편재격으로 재성 火가 왕하여 이를 다스리는 비견 水가 이재신이다. 관성 土가 탈재신이나 드러나지 않았으므로 큰 곤경에는 처하지 않게 된다. 관리신인 식상 木은 일·시지에 寅亥合 木을 이루어 좋다. 위 사주의 주인공은 여명으로 수많은 재물을 벌었고 또 잃기도 했으나, 결국에는 자기건물을 소유할 정도로 안정된 삶을 살고 있다.

```
時 日 月 年
丙 丙 丙 丙
申 辰 申 戌
```

위 사주는 丙火 일간이 천간을 모두 장악했으나 지지에 일점 뿌리가 없어 신약하다. 비견 火로 이재한다. 탈재신인 관성 水가 없어 다행이며 더욱 좋은 것은 관리신인 戌土가 있으니 문제없다. 가정주부로 자신의 노력으로만 억대의 재물을 모았다.

재물관리가 안 되는 유형

```
時 日 月 年
庚 辛 庚 甲
寅 卯 午 寅
```

위 사주는 辛金 일간이 약하고 재성 木이 강하여 木을 다스릴 겁재 金으로 이재한다. 탈재신인 관성 火가 강한 중, 관리신인 식상 水가 없으니 재물관리에 큰 문제가 된다. 더더욱 인성 土가 없으니 탈재신인 火를 설기하여 비겁을 보호할 수 없게 되어 안타깝다. 용신 대운의 힘을 얻어 소방 공무원이 되었으나 현재 경제적인 문제에는 남달리 어려움이 많다.

```
時 日 月 年
癸 戊 甲 癸
亥 戌 子 巳
```

위 사주는 일간 戊土가 재성이 강하여 비겁 土로 이재를 해야 하는 구조다. 탈재신인 편관 甲木은 득령하여 강한 중, 관리신인 식상 金이 없으므로 재물관리가 되지 않는 구조다. 정재격의 특징으로 알뜰한 생활습관이라든지 철저한 자기관리 능력은 뛰어나나 실재산은 그리 많지 않다.

```
時 日 月 年
庚 辛 丁 乙
寅 未 亥 卯
```

위 사주는 지지에 재성이 亥卯未 木局을 이루고 투출하여 辛金 일간은 재다신약이 되었다. 재를 다스리는 비겁 金으로 이재하는 구조다. 탈재신인 편관 丁火가 일간 옆에서 탈재역할을 톡톡히 하고 있는 중, 관리신인 상관 亥水와 관리신인 金을 생해줄 인성 未土가 木局으로 배반하여 재물관리가 잘 안되는 구조가 되어버렸다. 현재 자영업을 하고 있으나 늘 돈 걱정이 많은 사람이다.

2. 식상(食傷)이 이재(理財)를 구축하는 구조

• 인성이 탈재를 주도한다.

- 재성이 재물을 관리한다.
- 비겁이 인성을 설기하여 식상을 보호한다.

재물관리가 잘되는 유형

```
時 日 月 年
丁 庚 丁 乙
丑 申 亥 卯
```

위 사주는 식신격으로 식신 水로 이재한다. 탈재신은 인성 土로 시지에 丑土가 있다. 이를 관리하는 신은 재성인데 亥卯合 木局을 이루고 乙木이 건재하게 투출되어 관리가 잘된다. 현대그룹의 총수였던 고 정주영 씨의 사주다.

```
時 日 月 年
丁 乙 己 乙
亥 亥 丑 巳
```

위 사주는 편재격으로 신강하다. 시상 丁火 식신으로 이재함이 타당하다. 탈재신이 인성 水이므로 재물의 지출이 많을 것을 암시하고 있는 중, 이를 관리하는 신이 재성 土인데 월지가 己丑으로 관리가 잘 되고 있는 것이다. 사주의 주인공은 30대부터 단독주택을 소유하고 상담업과 학업에 열중하는 사람이다.

```
時 日 月 年
乙 壬 丁 甲
巳 申 丑 午
```

위 사주는 壬水가 丑月 生으로 좌하에 申金 편인을 얻어 木火 식상생재의 구조로 조리사의 직업을 갖고 있다. 상관 木으로 이재하는 구조며 탈재신은 인성 金이다. 관리신인 재성 火가 강하여 재물의 관리가 안정되니 부를 이루고 안정된 생활을 하고 있다.

재물관리가 안 되는 유형

```
時 日 月 年
辛 壬 辛 戊
亥 申 酉 寅
```

위 사주는 壬水가 金 인성이 多한 사주로 신강하다. 연지 寅木 식신으로 이재하게 된다. 탈재신인 인성 金은 태강한데 관리신인 재성 火가 없으니 재물관리가 될 수 없다. 사주 주인공은 가정주부로 가장 역할과 곤궁함 속에서 파출부 등으로 어려운 삶을 살아온 사람이다.

```
時 日 月 年
戊 辛 己 癸
子 亥 未 丑
```

위 사주는 인수격에 신강하나 식상 水도 왕하여 중화를 이룬 구조라고 볼 수 있다. 식상 水로 이재를 하게 되나 탈재신인 인성 土는 강하고 관리신인 재성 木이 없어 문제다. 사주의 주인공은 운수업에 종사하며 부지런히 일하나 재물에는 인연이 박하다.

```
時 日 月 年
丙 乙 壬 庚
子 亥 午 子
```

위 사주는 乙木 일간이 상관격에 실령했으나 인성 水가 多하여 신강사주가 되었으니 시상의 상관 丙火로 득재하는 구조다. 탈재신인 인성 水가 강한 중 水를 다스릴 관리신인 土가 없으니 재물관리가 어렵게 되었다. 이 사람은 사업을 하여 한때 많은 돈을 벌기도 했으나, 결국 모든 재산을 탕진하고 가정도 파탄에 이르렀다. 다행인 것은 자신의 특별한 기술로 새로운 생활에 전력하고 있는 점이다.

3. 재성(財星)이 이재(理財)를 구축하는 구조

- 비겁이 탈재를 주도한다.
- 관성이 재물을 관리한다.
- 식상이 비겁을 설기하여 재성를 보호한다.

재물관리가 잘되는 유형

```
時 日 月 年
己 乙 戊 乙
卯 丑 寅 酉
```

위 사주는 乙木이 신강하여 재성 土로 이재하게 된다. 탈재신인 비겁 木이 강하여 문제일 것 같으나 관리신인 酉金 관성이 연지에 있고 일지 丑土와 합의 뜻을 두게 되니 문제없다. 주인공은 대학을 졸업하고 금융관리업에 종사하며 어느 정도의 부를 축적하고 안정된 생활을 하고 있다.

```
時 日 月 年
癸 壬 丙 己
卯 午 子 丑
```

위 사주는 壬水가 한랭하고 강하여 월간의 丙火로 이재한다. 탈재신인 겁재 水가 시간으로 투출했으나 관리신인 연간의 己土가 투출하여 문제없다. 위 사람은 공무원으로 중산층 생활을 하고 있으며 성실한 면에 칭송이 자자하다.

```
時 日 月 年
癸 己 己 己
酉 酉 巳 丑
```

위 사람은 己土 일간이 신강하여 시상의 편재 水로 이재한다. 탈재신인 비견 土가 중중하나 지지로 巳酉丑 식신국을 이루어 문제없다. 사주의 주인공은 십억대 이상의 재산을 소유하고 안정된 생활을 하고 있다.

재물관리가 안 되는 유형

```
時  日  月  年
丙  癸  庚  丙
辰  丑  子  申
```

위 사주는 癸水가 子月 생으로 신강하다. 丙火 정재로 이재를 해야 한다. 탈재신인 비겁 水는 申子辰 수국을 이루어 강한 중, 관리신인 관성은 濕土이며 탈재신인 水로 변하고 있으므로 재물관리가 잘 안 되고 있다. 한편, 식상 木이 있어야 비겁을 설기하여 재를 보호할 수 있는데 보호신인 식상 역시 없다. 경비원으로 매우 어려운 생활을 하고 있는 사람이다.

```
時  日  月  年
癸  癸  丙  壬
丑  丑  午  辰
```

위 사주는 癸水가 재성 火로 이재하는 구조다. 군겁쟁재를 이루고 있어 관리신인 관성 土가 지극히 필요한 중 지지에 관성은 모두 濕土로 비겁 水의 뿌리가 되어버렸다. 사주의 주인공은 여자의 문제가 발생했고, 게다가 실직하여 허송세월을 보내고 있으며 부인이 생계를 감당하고 있는 딱한 실정이다.

```
時 日 月 年
甲 甲 戊 戊
子 子 午 子
```

위 사주는 甲木이 강하나 상관이 子午 沖으로 戊土 재성으로 이재해야 한다. 탈재신이 비견 木인데 관리신인 관성 金이 없으니 문제다. 사주의 주인공은 도서판매업을 하다 실직하여 금전적인 어려움을 겪고 있는 중, 심장 수술까지 받는 건강상의 어려움까지 겹쳐 지극히 고통을 겪고 있다.

4. 관성(官星)이 이재(理財)를 구축하는 구조

- 식상이 탈재를 주도한다.   • 인성이 재물을 관리한다.
- 재성이 식상을 설기하여 관성을 보호한다.

재물관리가 잘되는 유형

```
時 日 月 年
甲 庚 丙 戊
申 午 辰 戌
```

위 사주는 庚金이 신강하여 관성 火를 용신하니 관성 火가 곧 이재 신이다. 탈재신인 재성 水가 없고 관리신인 인성 土는 잘 갖추어져 있다. 공무원으로 안정된 삶을 살고 있는, 필자와는 친구로 지내는 중국 연변의 주역학회 회장의 사주다.

```
時 日 月 年
丙 丙 癸 丙
申 子 巳 申
```

　　위 사주는 丙火가 巳月에 득령하고 두 丙火가 투출하였다. 정관 水로 이재하는 구조다. 탈재신인 식상 土가 없어 문제없으나 한편 관리신인 인성 木도 없다. 이런 구조는 스스로의 관리능력이 중요하다. 사주의 주인공은 군대생활을 하며 큰 문제없이 살아가나 많은 축재도 하지 않았다.

```
時 日 月 年
辛 庚 辛 戊
巳 寅 酉 午
```

　　위 사주는 庚金 일간이 득령하고 겁재가 월·시간으로 투출하여 신강하다. 겁재 金을 다스리는 관성 火로 이재하는 구조다. 탈재신인 식상 水가 없고 관리신인 연간의 戊土가 좌하에서 힘을 얻고 있으니 평생 재물에 어려움이 없을 사주다. 현재 뉴질랜드에 유학 중인 대학생으로 부유층 집안에서 출생하여 아무 걱정 없이 공부에 전념하는 사람이다.

재물관리가 안 되는 유형

```
時 日 月 年
丙 辛 乙 甲
申 巳 亥 辰
```

위 사주는 편재격으로 신약사주다. 일간은 인성을 要하나 인성 辰土는 연지에 무정하니 유정한 관성 火로 이재함이 타당하다. 탈재신인 상관 水는 월령을 장악했으니 탈재의 확률이 높다. 관리신인 인성 辰土는 濕土이며 甲木에 억눌려 있으니, 무력하게 되었다 함은 재물관리가 될 수 없다는 말이다. 이 사람은 많은 돈을 활용하여 사업을 하였으나 수많은 빚을 지고 말았다. 결과적으로 식상을 활용한 사업이라면 도둑신을 사용한 것이다.

時 日 月 年
丁 庚 壬 壬
亥 子 寅 辰

위 사주는 庚金이 월지 寅木의 생을 받는 관성 火로 이재하게 된다. 탈재신인 식상 水가 多한 중, 관리신인 인성 土가 없어 문제다. 온갖 궂은일을 하면서 어렵게 살았으며 딸은 무당이 되었다. 다만 관성이 용신이라 남편과는 해로한다.

時 日 月 年
乙 庚 壬 丁
酉 申 寅 酉

위 사주는 庚金 일간이 비겁 多하여 강해졌으니 비겁을 다스리는 관성 火로 이재하는 구조다. 탈재신인 식신 壬水가 월간에 자리 잡고 있어 불미한 중 관리신인 土가 없어 재물의 관리가 어렵다. 다만 월지의 寅木 재성이 식상 水를 설기하여 관성 火를 보호하고 있는 점은 다행이다. 유도를 전공한 후 체육교사로 재직하고 있으며 현재 재물 및 건강과 인간관계까지도 부정적이다.

5. 인성(印星)이 이재(理財)를 구축하는 구조

- 재성이 탈재를 주도한다.
- 비겁이 재물을 관리한다.
- 관성이 재성을 설기하여 인성을 보호한다.(관인상생)

재물관리가 잘되는 유형

時	日	月	年
丁	己	己	丁
卯	亥	酉	酉

위 사주는 식신격의 신약사주로 인수 火가 용신이자 곧 인수로 이재를 취하는 사주다. 탈재신은 재성 水나 관리신인 土가 월간에 있고 연간의 丁火에 생을 받으니 문제가 없다. 또 한편 시지의 편관 卯木이 탈재신인 亥水를 설기하여 이재신인 시상의 丁火를 보호까지 더하니 일생 재물의 어려움이 없을 것이다. 사주의 주인공은 서울대를 졸업하고 변호사와 국회의원을 지냈으며 100억대의 재산가이기도 하다.

```
時 日 月 年
辛 壬 甲 壬
丑 寅 辰 寅
```

위 사주는 壬水 일간이 식신이 왕한 신약의 명이니 시상의 辛金 인성으로 이재해야 한다. 탈재신인 재성 火가 투출되어 있지 않고 寅木의 지장간에 있으며 관리신인 비견 水가 연간에 있어 재물의 관리가 잘되는 유형이다. 사주의 주인공은 대학을 졸업하고 사업을 하여 수십억원의 재물을 소유한 사람이다.

```
時 日 月 年
己 辛 庚 丙
亥 丑 寅 午
```

위 사주는 辛金이 신약하여 인성 土로 이재를 해야 한다. 탈재신인 재성 寅木이 월지를 장악했으나 관리신인 비견 庚金이 월간에 있어 문제없다. 이 사람은 대학을 졸업하고 전산관리직에 종사하며 안정되게 생활하고 있다.

재물관리가 안 되는 유형

```
時 日 月 年
壬 丁 戊 壬
寅 丑 申 子
```

위 丁火 일간 사주는 申月에 壬水가 시상으로 투출하여 정관격이다. 식·재·관이 왕한 신약사주로 시지 정인 寅木으로 이재를 해야 하는 사주다. 탈재신인 재성 金이 월지를 장악하고 있는 중, 관리신인 火가 없어 탈재신인 金을 다스리기가 벅차다. 위 사람은 결혼 후 일찍 장사를 하였으나 실패하였다.

```
時 日 月 年
丁 己 壬 丁
卯 丑 子 亥
```

위 사주는 己土가 亥子丑 방국을 이루고 壬水가 투출하여 재다신약격이다. 일지 丑土가 水局으로 배반하니 시상의 편인 丁火로 이재해야 한다. 탈재신인 水가 강한 중, 관리신인 비겁 土가 무력하여 재물관리가 어렵다. 이 사람은 여자 문제로 방탕한 생활을 하다 현재는 택시를 운전하며 하루하루를 어렵게 생활하고 있다.

```
時 日 月 年
丁 癸 乙 乙
巳 卯 酉 未
```

위 사주는 癸水가 酉金으로 득령한 편인격이나 전반적으로 失勢하여 신약의 명이 되었으니 인성 金으로 이재해야 한다. 탈재신인 재성 火는 많은 木의 생을 받아서 더욱 강해졌는데 관리신인 비겁 水가 없어 문제다. 이 사람은 늙은 시어머니를 모시고 파출부 생활로 어렵게 생활한다.

시간과 공간경영

1

시간과 공간의 개념

1. 시공간(時空間)의 정의

인간(人間)이 살아가는 환경은 결국 세월(歲月)이라는 시간(時間)과 살고 있는 공간(空間), 그리고 물질(物質)이다. 이렇듯 넓게 본다면 시간과 공간은 우주가 탄생하는 순간부터 가장 첫 번째로 존재한 것이다. 공간과 시간은 세계의 국가, 인종, 종교까지도 역사(歷史)라는 시간 속에서 영역(營域) 확보를 위한 발견, 개척, 투쟁 등의 공간적 지배구조로 이어져 왔다.

신화(神話)의 탄생에서부터 인류가 개화(改化)되고 문명문화의 발전이 이루어지는 과정 속에서 인간은 그 주체가 되었다. 인간은 잉태(孕胎) 시기부터 모(母)의 태반(胎盤)이란 공간 속에 존재한다. 결과적으로 그렇게 탄생한 인간은 죽는 날까지 시간과 공간이란 문제에 익숙할 수밖에 없었다. 따라서 그 문제를 잘 풀고 이용하는 자는 권력과 부를 거머쥐었으며, 개인별로 성공과 실패의 길에서 선택된 결과를 감당해야 했다. 예측건대, 누구나 자신의 삶을 시공간이란 주어진 한계 속에서 지혜롭게 이끌고 싶었을 것이다.

시간성과 공간성이 과학화된 현대의 인간들에게 미치는 영향은 지대하다. 약속(시간)과 약속 장소(공간)는 하루에도 수없이 반복되는 사회생활의 근본이다. 또 인간관계와 선택해야 하는 직업적성과도 밀접한 관련이 있으며, 취미생활을 포함한 사회적인 활동 요소요소에 시간과 공간관계는 알게 모르게 중요하게 작용되고 있다.

시간(時間)은 세월(歲月)을 말하는 것으로 '어느 때'라는 기간(期間)과 일자(日字) 시간을 말한다. 공간(空間)은 어떤 장소(場所)와 위치(位置)와 범위(範圍)를 말한다. 인간은 시간이란 타이밍(Timing)과 공간이란 무대를 유효적절하게 활용해서 자신의 능력을 인정받거나 보다 능률적으로 업무를 수행하여 부가가치를 상승시킨다. 그러나 이 두 가지를 모두 활용하는 능력이 있는 사람이 있는가 하면, 특별히 언제 어느 때냐의 시간적 기회를 감각적으로 포착하여 경제적으로 활용하는 사람이 있고, 또 언제 어느 때보다는 어떤 공간이나 장소, 즉 어디에서냐에 따라서 자신의 재능(才能)을 능률적으로 활용하는 사람도 있다. 우선 시간과 공간에 대한 의미를 폭넓게 이해해보자.

봄날에 벼를 심어놓고 여름내 뜨거운 햇볕에 곡식을 익히고 가을에 추수를 하는 것은 시간적인 것이다. 또 벼를 심는 논이 들에 있거나 산고랑에 있거나 천수답(天水畓)이라거나 또한 토양(土壤)이 좋거나 나쁜 것은 공간적인 것이다. 이는 모두 벼의 소득(물질)에 직접적인 영향(影響)이 있다.

또 아파트를 건축하여 분양하는 것은 시간적인 것이고, 어느 지역에다가 지었는가는 공간적인 것이다. 이때 날씨가 좋아 공사 기간을 단축하거나 시기적으로 그 아파트 모델이 유행을 타서 신속히 분양을 마친다면, 그 시간적인 결과에 이익(물질)이 발생한다. 한편 아파트를 지은 지역이 발전을 하고 있는 곳이거나 사람들이 주거지역으로 선망하는 곳으로 전망이 좋거나 교통이 편리한 것은 반사적으로 공사비용에 비하여 분양가를 높일 수 있게 되어 공간적인 이익(물질)을 얻게 된다.

또한 실내외 인테리어는 어느 시기에 해야 잘할 수 있는 게 아니라 어떤 장소에 하는가가 중요하다. 즉, 공간을 시각적으로 응용하는 기술이므로 언제라는 시간은 크게 중요치 않다.

TV광고는 시청률이 높아야 효과를 얻을 수 있으니 어느 때라는 시간이 매우 중요하다. 그러나 설치광고물은 잘 보이는 곳이어야 하니 어디라는 공간적인 장소가 중요하다. 그 광고의 효과는 물질이다. 성정으로 볼 때 시간성은 정신적으로 인내와 침착성이며 비밀스럽고, 공간성은 육감적, 즉흥적이고 드러내는 성향이다.

결론적으로 시간과 공간에서 얻어지는 것이 물질이니 자신이 원하는 물질을 얻기 위해서는 시간과 공간의 활용이 유효하고 적절해야 한다.

2. 시공간(時空間)의 분류

앞에서 밝혔지만 시간성과 공간성은 우주가 탄생되면서부터 시작된 것이기에 음과 양의 관계와 마찬가지로 그 어느 곳에나 존재하게 마련이다. 아래는 가능한 것의 시간성과 공간성을 분류한 것이다.

시간과 공간성 분류

- 예술은 시간이며, 작품은 공간이다.
- 지식은 시간이며, 노동은 공간이다.
- 전문은 시간이며, 단순은 공간이다.
- 근무는 시간이며, 직장은 공간이다.
- 노력은 시간이며, 목적은 공간이다.
- 구매는 시간이며, 판매는 공간이다.
- 약속은 시간이며, 만남은 공간이다.
- 강의는 시간이며, 교실은 공간이다.
- 인연은 시간이며, 사랑은 공간이다.
- 질서는 시간이며, 불법은 공간이다.
- 정신은 시간이며, 육체는 공간이다.
- 예의는 시간이며, 예절은 공간이다.
- 인내는 시간이며, 행위는 공간이다.
- 침묵은 시간이며, 웅변은 공간이다.
- 운행은 시간이며, 도로는 공간이다.
- 역사는 시간이며, 사회는 공간이다.
- 가문은 시간이며, 가족은 공간이다.
- 생존은 시간이며, 죽음은 공간이다.
- 인생은 시간이며, 생활은 공간이다.
- 선행은 시간이며, 악행은 공간이다.
- 나무는 시간이며, 열매는 공간이다.

- 학생은 시간이며, 학교는 공간이다.
- 여자는 시간이며, 남자는 공간이다.
- 성장은 시간이며, 정지는 공간이다.

2
사주의 시공간기능

사주에서는 시간과 공간을 활용하는 능력을 검사할 수 있는 몇 가지 체계가 있다. 이러한 능력은 첫째로, 일간에게 강한 영향을 주는 격국과 함께 각각의 십성은 시간과 공간적 기능을 소유한다. 그러니 사주명조 자체에 편성된 십성의 경중에 따라 개인별로 소유된 시간과 공간기능 능력을 검사할 수 있는 것이다. 둘째로, 상생 및 상극, 합(合)과 충(沖)으로 발생되는 사건과 사안의 관계에서도 시간성과 공간성을 유추(類推)할 수 있다. 셋째로, 음양간지의 편중에 의해 드러나는가 하면, 사주가 한습하면 사색적으로 활동성이 저조하여 공간성이 약하고 난조하면 외향적으로 시간성이 저하되는 조후관계를 나타낸다. 결국 사주의 이런 시공간의 기능들은 개별적 성정과 행동성향으로 드러나게 되어 적극 직업과 업무에 적용된다.

한 예로, 설치와 진열이 중요한 업무는 공간기능이 좋아야 능률적이며, 기록과 유통배달은 특성상 시간을 다퉈 물품을 배달하는 것이 생산적이기에 시간기능이 좋아야 하는 것이다. 그러나 시간과 공간이 모두 요구되는 업무라면 당연히 시간과 공간의 기능이 좋을 때 능률적이다. 즉, 천성이 게으른 사람은 시간을 요하는 직종에 불리하고, 천성이 부지런하고 활동적인 사람은 공간적 장소에 머물러 있는 업무에 불리하다. 따라서 자신의 시공간에 대한 기능이 어느 쪽에 우수한지를 검사한 후 그 결과를 가지고 상대적으로 선택해야 하는 직업과 업무의 시공간성을 판단해야 한다. 그래야만 비로소 상호 간 부합되는 관계로 이어지게 되고, 회사는 물론 자신에게도 크게 유리한 결과를 낳을 것이다.

1. 생극회합(生剋會合)의 기능

- 상생관계는 출생의 역사이므로 시간적이다.
- 상극관계는 권력과의 위치이므로 공간적이다.
- 양일간이 음간을 합하는 관계는 소극성으로 시간적이다.
- 음일간이 양간을 합하는 것은 적극성으로 공간적이다.
- 지지의 방합은 계절이니 시간적이다.
- 지지의 삼합은 환경으로 공간적이다.
- 지지의 寅申·巳亥 沖은 사건이 시간적 상황으로 나타난다.
- 지지의 子午·卯酉 沖은 사건이 공간적 상황으로 나타난다.
- 지지의 辰戌·丑未 沖은 복합적인 상황으로 나타난다.

2. 구조의 상대적(相對的) 기능

기후관계
- 사주가 한난(寒暖)하면, 계절에 기인되어 시간기능이 강하다.
- 사주가 조습(燥濕)하면, 지지의 환경으로 공간기능이 강하다.
- 사주가 한습(寒濕)하면, 사색하여 공간능력이 저하된다.
- 사주가 조열(燥熱)하면, 조급하여 시간능력이 저하된다.

상생상극관계
- 사주가 상생으로 치부하면 진출하니 공간능력이 저하된다.
- 사주가 상극으로 치부하면 정지하니 시간능력이 저하된다.

간지의 관계
- 사주 내 간지가 음간으로 편중되면 공간능력이 약하다.
- 사주 내 간지가 양간으로 편중되면 시간능력이 약하다.

3. 십성의 시공간(時空間) 기능

십성은 각각 시간기능과 공간기능을 소유하고 있다. 한 사람의 기능적인 면으로 볼 때 시간기능이 우수하거나 공간기능이 우수한 것은 사주명식 내에서의 시공간기능이 작용하고 있기 때문이다. 도표로 정리하면 다음과 같다.

십성	시공간성
비견	자존심과 종적 전승이 강하니 시간적이다
겁재	즉흥적이고 물질욕구이니 공간적이다
편재	수단과 가치평가, 물질적으로 공간적이다
정재	치밀하고 노력의 대가이니 시간적이다
식신	연구와 노력에 기인하니 시간적이다
상관	감성과 분위기를 선호하니 공간적이다
편관	카리스마와 우수한 수완으로 공간적이다
정관	정도와 도덕적 지식으로 시간적이다
편인	재치와 응용력, 상상의 세계로 공간적이다
정인	윤리와 자애, 전통계승으로 시간적이다

3
검사방법

　앞에서 시간과 공간에 대한 개념(槪念)과 사주에서의 시간과 공간성이 작용되는 기능적 관계를 설명하였다. 여기에서는 시간과 공간에 관련지어진 업무를 구체적으로 분류하고, 앞 장에서 밝힌 개인의 시공간 능력을 검사 측정해본다. 결과적으로 자신의 시공간 능력이 직업과 사회생활에 적합할 수 있는가라는 문제를 제기한 것에 실제사례를 들어 분석해본다. 주지할 것은 음에는 양이 양에는 음이 공존하듯, 또 모든 인간은 이중성격을 소유했듯이 시간과 공간기능으로 분류한다 하여 시간이 시간기능만, 공간은 공간기능만을 소유한 것은 아니라는 점이다. 모든 십성의 작용이나 상생과 상극의 작용, 합과 충 및 조후관계는 시공간을 동시에 소유했다고 본다. 그러나 분명 한쪽으로 그 기능이 치우쳐 있음을 필자는 오랜 임상에서 확인하였고, 그 치우친 만큼의 효율성만을 기대하는 것이다.

검사할 때는 生·剋·合·沖과 조후까지 참고한다면 더욱 정확성을 기대할 수 있다. 여기서 참고할 것은, 시간기능에서는 시간에 대한 관념과 약속을 수행할 수 있는 기능을 우선한 것이기에 스피드기능에는 차이가 있을 수 있으니 참고하기 바란다.

시공간성의 업종분류표

시간성의 직종	시공간성	공간성의 직종
유통, 영업, 배달, 교육, 연구, 기록, 생산, 농사, 문학, 소설, 역사, 언어, 운수, 상담, 기획, 조사, 회계, 신문, 통신, 사상, 종교, 명리학, 철학	정치, 교수, 교사, 법조, 과학, 스포츠, 운동선수, 사회복지, 구매, 판매, 공무, 방송, 배우, 개그맨, 점술, 여행사, 관리, 홍보	수리, 분석, 평가, 기능, 매장, 인테리어, 작품, 공연, 연극, 진열, 강의, 성형, 치과, 조리, 미술, 미용, 디자인, 오락, 창고, 수상, 관상
인내심, 정확성, 장기성, 기획력, 정리정돈, 기록	통합	응용력, 상상력, 직관력, 스피드, 판단력, 가치평가

1. 공간기능검사(空間技能檢査) 사례

공간기능이란 장소와 사물의 실체나 구조에 관계된, 거리와 길이, 높이, 부피 등의 가치를 평가하는 기능과 함께, 응용과 활용하는 능력을 말한다. 또, 어떤 물질적 대상을 상대로 변화되어야 하는 것에 신속한 분석과 조화력 및 대응능력이라고 할 수 있다. 공간기능이 약하면 게으르고 사회생활에 소극적이며 심리적으로 조울증이 있을 수 있다.

```
   설치, 수리는 공간기능

    時  日  月  年
    戊  丙  庚  戊
    戌  寅  申  申
```

위 사주는 丙火 일간이 편재격으로 신약하여 일지 편인 寅木을 용신한다. 편재격에 편재가 강하니 공간기능이 발달했고 편인용신 역시 공간기능이 우수하다. 이 사람은 컴퓨터 수리기사로 직업에 불만이 없다고 한다. 설치 및 수리 업무는 공간기능이다. 또 지지의 寅申 沖은 사안이 시간적으로 드러나니 여러 곳을 방문하여 서비스를 하는 직업에 적합한 예다.

```
   악기를 다루는 것은 공간기능

    時  日  月  年
    壬  辛  辛  己
    辰  卯  未  酉
```

위 사주는 辛金이 편인격으로 신강하다. 편인은 재치와 응용력, 상상의 세계로 공간기능이며, 시상의 壬水 상관은 감성과 분위기를 선호하니 공간적이다. 일지 편재 또한 수단과 가치평가가 물질적으로 공간적이므로 위 사람은 전반적으로 공간기능이 발달해 있다. 바순을 전공한 음악가이다.

도예화가, 치밀성을 요구한 공간기능

```
時 日 月 年
乙 己 丁 乙
亥 丑 亥 亥
```

위 사주는 己土 일간이 정재격으로 신약하다. 정재는 치밀하고 노력의 결과니 시간적이나 재가 왕하여 공간기능으로 전환된다. 또 월간의 편인 丁火 용신은 재치와 응용력, 상상의 세계로 공간기능이며, 시상의 편관은 카리스마와 편법으로 역시 공간기능이다. 위 사람은 도자기에 그림을 그려 넣는 도예화가로 치밀한 공간기능이 우수한 사람이다.

주식동향 분석가는 공간기능

```
時 日 月 年
丁 丁 乙 乙
未 丑 酉 巳
```

위 사주는 丁火 일간이 편재격이며 편재가 국을 이루어 신약하다. 편재는 수단과 가치평가, 물질적으로 공간적이므로 공간기능이며, 연·월간의 乙木 편인은 재치와 응용력, 상상의 세계로 공간기능이다. 일시지의 丑·未 土 식신은 연구와 노력에 기인되니 시간적이나 전반적으로 공간기능이 우수하여 증권분석 업무에 인정을 받고 있는 사람이다.

```
자동차 부품 제조는 공간기능

時 日 月 年
戊 甲 戊 乙
辰 午 寅 卯
```

위 사주는 甲木 일간이 시간의 戊土가 辰土의 뿌리를 두고 월·일지 寅午 火局의 힘을 얻으니 편재격이다. 편재는 수단과 가치평가, 물질적이므로 공간기능이며, 일지의 午火 상관은 감성과 분위기를 선호하니 공간적이다. 연주의 乙卯 겁재도 즉흥적이고 물질욕구이니 공간기능이다. 위 사람은 공간기능이 요구되는 자동차 부품을 제조하는 사업가다.

```
의사에게는 공간기능(비교)

時 日 月 年
甲 癸 壬 辛
寅 亥 辰 亥
```

위 사주는 癸水 일간이 겁재격의 신강사주다. 겁재는 즉흥적이고 물질욕구이니 공간기능이며, 시주 甲寅 상관은 감성과 분위기를 선호하니 공간기능이다. 대부분 공간기능이 강한 사주로 대학병원 이비인후과 의사다. 의사는 사람의 신체구조를 정밀하게 다루는 점을 감안해볼 때 공간기능이 필히 요구된다.

```
時 日 月 年
辛 丙 癸 甲
卯 寅 酉 辰
```

이 사주의 주인은 통증치료 전문의다. 같은 직종의 의사이나 두 사주를 비교해보면, 앞의 사주는 공간기능이 우수하게 검사되었다. 이 사주는 월주가 정재·정관 재생관으로 시간기능이고 時干의 정재 辛金 또한 시간기능이다. 또한 양간이 음간을 합하면 공간기능이 저하된다. 결과적으로 공간기능이 매우 저조하다. 그러므로 경제적인 면과 직장이 안정되어 있는 위의 사주에 비해 아래 사주는 개원을 하였으나 운영이 어려워 여러 차례 이동하는 등 어려움을 겪고 있다. 이 사주는 구조나 기능으로 보아 공직이나 교수가 적성에 맞는 것이다. 위에서 보듯 인체라는 공간을 다루는 의사에게는 필히 공간기능이 필요하다.

2. 시간기능검사(時間技能檢査) 사례

시간기능이란, 짧은 시간이든 긴 시간이든 주어진 시간 동안 인내와 약속의 결과까지를 효과 있게 운용할 수 있는 프로그램을 설정하고 그에 맞춰 수행하는 능력을 말한다. 즉, 길게는 평생에서부터 몇 년, 일년, 한 달, 일주일, 하루, 한 시간 동안의 주어진 시간을 효과적으로 활용하고, 또 투자나 계약, 만남, 이별, 이동, 시기를 포착할 때 그 타이밍을 효과적으로 선택할 수 있는 사고능력인 것이다. 시간기능이 약하면 감정이 건조하고 사회생활과 대인관계 기피 등의 장애가 따른다.

```
교육행정은 시간기능

 時 日 月 年
 癸 戊 辛 辛
 亥 申 卯 亥
```

위 사주는 戊土 일간이 卯月 출생으로 정관격이며 일간을 생하는 오행이 없고 식·재·관으로 편중되어 종세격이다. 정관은 정도와 도덕적 지식으로 시간기능이며, 일지의 申金 식신도 연구와 노력에 기인되니 시간기능이다. 시간의 정인 癸水 역시 윤리와 자애, 전통계승인 시간기능으로써 비록 연월간의 상관이 있다 하나 전반적으로 시간기능이 유력하여 교육행정공무원으로 근무하고 있는 사람이다.

```
치과의사는 공간기능이 요구된다

 時 日 月 年
 乙 戊 癸 丁
 卯 寅 丑 未
```

위 사주는 戊土 일간이 축월에 癸水가 투출하여 정재격이다. 정재는 치밀하고 노력의 대가니 시간적이며, 연간의 丁火는 정인으로 윤리와 자애, 전통계승으로 시간적이다. 시간의 정관 역시 정도와 도덕적 지식으로 시간적이다. 丑月의 한랭함은 공간지능에 취약하다. 사주의 주인공은 학창시절부터 철저한 시간관리로 학업에 치중하여 치과의사가 되었다. 그러나 문제는 치과의사에게 꼭 필요한 공간기능이 약하여 환자들로부터 인정을 못 받아 병원운영이 어렵다. 비록 치과의사라 하나 자신의 적성이 빗나간 것이다.

작가에게는 시간기능

時	日	月	年
丙	甲	癸	丁
寅	申	丑	巳

위 사주는 甲木 일간이 丑月에 癸水가 월간으로 투출하여 정인격이다. 정인은 윤리와 자애, 전통계승으로 시간기능이며, 시간의 丙火 식신은 연구와 노력에 기인되니 시간적이다. 일지 편관은 공간기능이다. 시간을 요하는 역사와 문화에 작가로서 적합한 기능을 소유했다. 이 사람은 교육과 소설작가를 겸하고 있다.

시간기능을 활용해야 하는 사주

時	日	月	年
甲	甲	丁	甲
戌	子	丑	辰

위 사주는 甲木 일간이 丑月 생으로 정재격이며 신강하다. 정재격은 치밀하고 노력의 결과이니 시간적이다. 일지 子水 정인도 윤리와 자애, 전통계승으로 시간기능이며, 연·시간의 비견 甲木은 자존심과 종적 전승이 강하니 시간기능이다. 위 사주는 대학 교수로 재직하다 국

회의원에 출마하여 저조한 득표율을 기록하고 패배했다. 교육은 시간 기능만을 잘 갖추어도 좋지만, 정치는 활동무대와 융통 및 인간관계가 중요하여 공간기능이 필요하다. 더더욱 관성이 없는 사주가 정치에 성공하기는 어렵다.

시간기능이 취약한 사주

時	日	月	年
庚	甲	甲	壬
午	戌	辰	戌

위 사주는 甲木 일간이 辰月 생으로 편재격이다. 연·월·일 지지로 土 편재가 무리를 이루어 공간기능으로 치우친 중, 시지 午火 상관과 시상 庚金 편관까지 사주 전체가 공간기능으로 편중되어 있다. 또 사주가 모두 양간지가 되니 시간기능의 결함이 나타난다. 실제 이 사람은 약속이나 시간을 이용한 계획성에 심한 결함이 드러나 친구나 사람들과의 접촉이 잘 안되니 인간관계에 스트레스가 많은 사람이다.

3. 시공간기능검사(時空間技能檢査) 사례

앞서 밝힌 바대로 시간과 공간은 전반적인 사회계층의 환경과 개인의 사회성은 물론, 우리의 생활과도 함께 운용된다. 또한 개인의 성격이나 적성에도 관여되며 행동양식에도 드러난다. 이를 효과적으로 운용하는 것으로는 자신도 중요하지만, 자신이 몸담을 곳의 기능적 역할도 꼼꼼히 따지는 것을 간과하지 않아야 한다. 대부분의 사람들은 두 기능을 모두 갖추고 있으나 어느 한쪽이 결함일 때 성공을 했더라도 결정적인 부분에서 그 취약점이 나타난다.

수상학자

時 日 月 年
丙 甲 癸 壬
寅 申 卯 申

위 사주는 甲木이 겁재격으로 신강하다. 겁재는 즉흥적이고 물질욕구이니 공간기능이며, 일지의 申金 편관도 카리스마와 우수한 수완으로 공간적이다. 천간의 편인과 정인은 시공간을 공유했고 시간의 丙火 식신은 연구와 노력에 기인되니 시간적이다. 위 사람은 젊은 시절 사업에 실패하고 산에 들어가 오랜 세월 동안 서예와 수상학을 연구하였으며, 현재는 수상학을 강의하고 있다. 수상학은 공간기능이며 많은 시간을 인내하며 연구하고 교육하는 것은 시간기능이다.

현직 교사

時 日 月 年
辛 壬 丙 丁
亥 申 午 未

위 사주는 壬水 일간이 午月에 생한 중, 丙火가 월간에 투출하여 편재격이다. 편재는 수단과 가치평가, 물질적으로 공간기능이며, 일지의 申金 편인 또한 재치와 응용력, 상상의 세계로 공간적이다. 시간의 辛金 정인은 윤리와 자애, 전통계승으로 시간적이며, 연간의 丁火 정재 또한 강하니 치밀하고 정확하므로 시간기능도 우수하여 시간과 공간 기능이 잘 갖추어졌다. 사주의 주인공은 명리학의 실력도 상당히 갖췄으며, 재치와 스피드한 면이 돋보이는 현직교사다.

대학 교수

時	日	月	年
乙	癸	己	丙
卯	巳	亥	申

위 사주는 癸水 일간이 亥月 생으로 겁재격의 사주다. 겁재는 즉흥적이고 물질욕구이니 공간기능이며, 월간의 己土 편관도 공간기능이다. 연지의 申金 정인은 시간기능이며 일지 巳火 정재도 치밀하고 노력의 결과이니 시간적이다. 시주(時柱) 식신 역시 연구와 노력에 기인되니 시간적이다. 이 사주는 공간과 시간이 잘 조화를 이룬 중, 시간기능이 다소 우수하다. 현재 경제학 전공의 대학 교수다. 사주의 기능에 적합한 직업이다.

정치가(국회의원)

時	日	月	年
壬	癸	戊	乙
戌	亥	寅	酉

위 사주는 癸水 일간이 寅月 생으로 상관격이다. 상관은 감성과 분위기를 선호하니 공간적이며, 시상의 壬水 겁재는 즉흥적이고 물질욕구이니 공간기능이다. 시지에 근을 둔 월간의 戊土 정관은 정도와 도덕적 지식으로 시간기능이다. 위 주인공은 운동권 출신으로 한나라당 원내총무를 했던 현직 국회의원이며 시공간이 적절히 활용되고 있음을 볼 수 있다.

대기업 총수

時	日	月	年
乙	丁	己	乙
巳	亥	卯	酉

위 사주는 정화 일간이 卯月 생으로 편인격이다. 편인은 재치와 응용력, 상상의 세계로 공간기능이며, 월간의 己土 식신은 연구와 노력에 기인되니 시간기능이다. 또 일지의 亥水 정관은 정도와 도덕적 지식으로 시간적이다. 주목할 부분은 연월지가 卯酉 沖으로 공간적 상황을, 일시지가 巳亥 沖으로 시간적 상황을 주관하게 된다. 또 월·일지가 亥卯로 합하고, 연시지가 巳酉 합의 뜻이 있으니 이 명조는 시공간

성이 매우 다층적이며, 활동적임을 볼 수 있다. 아시아나 항공과 금호고속, 금호건설 등 금호그룹 회장의 사주다.

기업의 인사관리 8장

1
기업과 인사관리

사주와 인사관리에 관한 내용에 들어가기에 앞서, 현재 여러 기업들이 어떠한 기업경영 이념으로 기업을 이끌고 있으며 그들의 성공전략이 무엇인지를 알아보고, 그 기업경영의 원동력인 인사관리가 왜 중요한지 살펴보도록 하겠다. 아울러 그러한 내용 속에서 기업의 인사관리가 현재 어떠한 문제를 겪고 있는지와 인사관리의 질적인 향상을 위한 현재의 제반 노력도 함께 알아보고, 그 적절한 해결책으로서 사주명리학의 역할을 제시하고자 한다.

1. 기업경영(企業經營)

기업경영의 목표 고찰

산업화와 대량생산이라는 단순한 경제발전과 부흥의 목적을 가졌던 20세기의 기업목표와는 달리 21세기는 지식경영과 더불어 여러 가지 새로운 경영방침들이 등장했다. 많은 기업들은 이전보다 생명력 있고 대중적인 호응도를 얻으려는 노력을 아끼지 않고 있다. 차별화와 브랜드 파워를 내세워 성공을 거둔 기업이 있는가 하면, 거시적인 안목으로 현재의 손해를 감수하고서라도 지속적인 발전을 이루고 있는 기업들도 있다. 먼저 우리나라 대기업들의 기업경영목표를 살펴보면 다음과 같다.

S사는 국제화, 정보화, 복합화로 인류사회에 공헌하는 21세기 세계 초일류 기업을 달성한다는 신경영 방침을 내세워 기업 발전을 선포하였으며, L사도 고객을 위한 가치창조와 인간존중의 경영이라는 경영목표를 가지고 있으며, 또 다른 S사는 인간위주의 경영을 통해 SUPEX 추구, 다시 말해 Super Excellent(인간의 능력으로 도달할 수 있는 최고의 수준을 의미하며 급변하는 경영환경 속에서 극대화된 능력 발휘를 의미한다)를 경영이념으로 내세우고 있다. 이러한 기업이념들을 가지고 기업경영을 함에 있어서 기업가, 즉 고용주는 자신과 코드가 맞는 인재를 등용하고자 하는 노력들이 수반될 것이다.

또한 위의 기업들을 포함하여 대부분의 기업들은 기업 자체만의 발전으로는 성공이 보장되지 않는다는 판단 아래, 기업의 사회적 기여도를 높이고 있는 추세다. 이를테면, 고객들이 우려하는 환경문제와 관련지어 환경우수 제품을 앞 다투어 선보이는 한편, 사회공헌을 높임으로써 이미지 개선에 적지 않은 예산을 투입한다. 이는 과거와는 전혀 다른 차원으로 운영되는 기업경영의 모습이다.

새로운 기업경영 전략

위와 같은 대기업들의 경영목표 이외에 다른 기업들의 새로운 경영전략들을 좀더 살펴보자. 생명존중과 이웃사랑의 기업 이미지를 잘 살려서 지속적인 발전을 해온 P사와, 종합 생활문화 기업이라는 이미지로 새롭게 변신한 C사는 바로 브랜드 파워를 노린 전략으로 성공한 케이스라고 볼 수 있다. 근래 많은 대기업과 중소기업들이 각자 기업로고와 마크를 바꾸면서 새로운 변신과 브랜드 파워를 내세우고 있는 것도 같은 맥락이라고 볼 수 있다.

또한 기업의 이미지 변신이 아닌 획기적인 아이템으로 성공전략을 삼는 업체도 늘고 있다. 차별화와 저비용을 통해 경쟁이 없는 새로운 시장을 창출하려는 블루오션 전략(blue ocean strategy)이 바로 그것이다. 이는 프랑스 유럽경영대학원 인시아드의 한국인 김위찬 교수와 르네 마보안(Renee Mauborgne) 교수가 1990년대 중반 가치혁신(value innovation) 이론과 함께 제창한 기업경영 전략론이다. 블루오션(푸른 바다)이란 수많은 경쟁자들로 우글거리는 레드오션(red ocean : 붉은 바다)과 상반되는 개념으로, 경쟁자들이 없는 무경쟁시장을 의미한다. 2005년 2월 하버드대학교 경영대학원 출판사에서 같은 제목의 단행본으로 출간되자마자 세계적 베스트셀러로 주목받으며 26개 언어로 전 세계 100여 개국에서 번역 출간되었다. 한국에서도 S사와 L사가 블루오션 전략을 경영전략으로 도입할 것을 선언하면서 정계·재계 지도자들의 필독서가 되었다.

이처럼 현대의 기업들은 강력한 기업비전과 더불어 새로운 방법론적인 면에서의 기업발전 방법을 모색하고 있다.

기업경영의 원동력

그렇다면 새로운 기업전략이나 기업경영 목표와 같은 모든 것들이 원활하게 이루어지려면 무엇이 필요할까? 성패는 바로 필요한 인력을 적재적소에 투입하는 것과 이러한 인적자산이 최대한 능력이 발휘될 수 있도록 환경을 마련하는 것에 달렸다. 최근에 기업에서 과거 피라미드형의 인사체계에서 탈피해 기동성과 실용성을 두루 갖춘 인사체계를 도입하는 것도 이런 상황을 반영한 것이며, 중간관리직이 새로운 기업 제일선의 리더로서 부각되면서 새로운 기업 인사관리의 핵으로 등장한 것도 이런 맥락에서 크게 벗어나지 않는다. 그렇다면 이와 같이 중요한 기업인사관리가 어떠한 문제에 직면하고 있으며, 그 대안들로 제시되고 있는 것이 무엇인지 알아보도록 하겠다.

2. 기업의 인사관리(人事管理)

기업 인사관리의 중요성

기업운영에 있어서 인사관리의 중요성이란 언급하는 자체가 무의미할 정도이나 구체적으로 3가지 정도로 요약해볼 수 있다. 첫째로는, 적절한 인재를 채용하여 기업경영의 목적에 맞게 최대의 이윤을 창출하는 데에 있다. 둘째로는, 적재적소에 적절한 인재를 등용하여 비용절감을 통한 합리적인 경영을 하는 데에도 바로 기업 인사관리가 매우 중요한 역할을 한다. 셋째로는, 거시적인 차원에서 인적자원의 효과적인 배치를 통한 삶의 질 향상이 국가 전체적인 관점에서 볼 때 정치, 경제, 사회, 문화라는 전반적인 발전의 기초적인 토대가 된다는 점이다.

또한 이 외에도 중소기업이나 대기업이나 동일하게 고민하고 있는 문제로, 인재등용 그 자체는 배제하고서라도 우수인력의 이직을 막고 지속적인 업무추진 면에서의 효율성을 위해서라도 효과적인 인사관리는 중요하다.

기업 인사관리상의 제반문제와 대안

현재 기업들의 직원 채용 시 그 절차를 보면, 보통 '지원서 작성→서류전형→면접→건강검진→합격통지'와 같은 절차를 밟는다. 여기에 추가하여 각 기업은 고유한 방법들은 강구하고 있는데, S사와 같은 경우에는 SSAT(Samsung Aptitude Test), 즉 직무적성검사를 실시하여 기업에 최대한 적절한 인재를 등용하고자 노력하고 있다.

그러나 현실적으로, 이들 대기업 이외에는 이러한 적극적인 방식의 인재관리가 어렵다는 데 문제가 있다. 최근 취업인사 포털 사이트인 〈인크루트〉와 인사전문잡지 「인재경영」이 공동으로 148개 중소기업을 대상으로 조사한 결과, 인사관련 부서가 없는 회사가 무려 44.6퍼센트에 달한다는 결과가 나왔다. 대기업들은 인재를 등용하기 위해서 많은 연구와 예산을 들여 해당 부서를 운영하고 있는 반면, 중소기업은 인재등용의 필요성은 절감하지만 실제적인 인사관리부서 운영이 어려운 실정임을 보여주는 것이다. 또한 이러한 문제의 해결법으로 하청이나 외주로 표현되는 아웃소싱을 활용하고 있는데, 근래 이 방법의 대안으로 이를 기업화한 개념이 등장하였다.

바로 PEO(Professional Employee Organization), 즉 단순업무의 외부화로 인건비 절감효과만을 누렸던 과거와는 달리, 최근에는 인사업무 전체를 외부화하는 경향으로 바뀌면서 PEO는 기업을 대신하여 종업원의 사용자가 되는 형태로 기업을 대신하여 종업원에게 급여를 지급하고 복리후생을 제공하고 법률상, 관리상의 사용자로 지속적인 책임을 다하는 인적자원 아웃소싱(HR Outsourcing) 비즈니스다. 우리나라는 현재 근로자 파견, 외주와 같은 독자적인 아웃소싱을 이용하거나 헤드헌팅 서비스의 이용 등으로 적절한 인재를 등용하는 방법을 모색하고 있다. 또한 미국에서도 PEO 사업체가 년 30퍼센트의 성장률을 보이는 추세다. 이처럼 어느 기업이나 인사관리는 기업의 존립을 위한 중차대한 문제이므로, 더욱 피부에 와 닿는 대안이 필요한 실정이다. 그러나 이 PEO도 중소기업의 당면문제를 보조해주는 것이지 바람직한 인력활용 면에서의 최선책이라고는 볼 수 없다.

인사관리의 새로운 모색

앞에서 기업들의 경영이념과 새로운 변화를 모색하여 성공한 기업들의 전략 등을 살펴보았다. 이들 기업은 시대감각을 살려 환경사업과 사회사업 활동을 하고 있으며, 글로벌시대에 맞는 성장을 꿈꾸고 있다. 반면 얼마 전까지만 해도 대기업의 반열에서 무섭게 성장하던 한 회사는 회사의 사활이 걸린 상황에서 어리석게도 사원감축이라는 악수를 둠으로써 실패한 인사관리의 한 예를 보여주었다.

이에 관해 미국의「CNN머니」는 한 기사를 통해 피고용자들의 회사에 대한 애사심이나 충성심이 줄어든 것을 2000년 초 이루어진 대규모 구조조정과 연관지어 설명했다. 이 기사는 직장 내 사기회복을 위해 고용주들이 리더십을 강화해 신뢰도를 높이는 한편, 업무에 맞는 직원을 고용해 근로자가 싫어하는 일을 억지로 하는 경우가 없도록 해야 하며, 고용자를 위해 가장 중요한 것이 무엇인지 연구해야 기업이 성장할 수 있다고 주장했다.

이처럼 동반되는 제반문제는 차후에 거론하더라도, 한 사람이 가장 원하고 잘 할 수 있는 가장 적절한 포지션에 그 사람을 채용해주고 능력발휘할 기회를 부여할 수 있다면 기업이나 개인 모두의 입장에서 최선의 선택을 통한 최대의 만족을 얻을 수 있다. 물론 그 사람의 전공이라든지 요구되는 능력 등을 모두 살펴야 하겠지만, 선천적으로 타고난 여러 가지 능력을 검사하여 활용할 수 있는 매우 효율적이고 과학적인 인사관리 콘텐츠와 시스템이 있다면 인사관리에 혁신적인 최선책이 될 수 있다. 그렇다면 후천적인 조건과 능력, 그리고 현재의 여러 방법만으로는 전체가 파악되지 않는 한 개인의 능력으로서 선천적인 능력을 검사할 수 있는 방법인 사주명리학의 인사관리법을 살펴보도록 하자.

2

사주와 인사관리체계

1. 인사관리(人事管理)의 개요

고대부터 인간사회는 강자와 약자의 지배구조가 정착되어 그 사회에 알맞은 규칙을 정하고 규칙을 이용하여 개개인의 역할을 부여해왔다. 그러한 방식으로 통제하여 질서를 세우고 다른 사회와 단체로부터 자신들의 존재를 지키며 생존을 유지하였다. 그러기 위해서 지혜가 뛰어난 사람은 지략을 활용하여 교육과 생산을 담당하고, 힘이 센 사람은 사냥과 전투, 경계 등을 담당하였다. 이미 인사관리상 필요한 적재적소(適材適所)의 원칙은 원시시대부터 시작되었다고 해도 과언은 아닐 것이다.

현시대는 인구와 고급인력의 증가로 인하여 하나의 국가구조는 물론, 세계화된 대기업은 말할 나위도 없고 중소기업과 소규모 사업장에 이르기까지 전문성을 요구하는 다층적인 직종과 업무가 파생되어 있다. 여기에 따라 인간도 수없이 많은 전공을 각각 공부하여 자신의 역할을 수행코자 노력한다. 그러나 전공 외에도 개개인은 탄생에서부터 가지고 나온 천부적인 재능(지능과 소질)이 있다.

또 성격과 흥미가 다르고 인간관계나 업무의 수행능력이 다르며 활동성향이 차별화되어 있다. 문제는 이런 것들은 겉으로 드러나 있기도 하지만 상당부분이 내성에 감추어져 있다는 점이다. 하여 '나도 나를 잘 모르겠다'고 하는 말이 나올 수밖에 없다.

일자리를 구하는 개인의 입장에서는 취업이냐 아니냐의 문제일 것이나, 기업의 측면에서 볼 때 한 사람을 채용하는 것은 회사의 미래와 직결될 수도 있다. 대기업의 입사시험이 다양한 검증방법을 동원하는 것도 이 때문이다. 어떤 기업인은 회사의 흥망성쇠가 인재(人才)에게 달려 있다고 말한다.

기업의 사주(社主)가 사원을 채용할 때 당연히 개인의 학과 전공, 자격증 등을 평가하여 입사를 허락할 것이다. 그러나 그렇게 외형적으로 드러난 조건만으로는 개인의 잠재적인 능력, 즉 특유의 재능이나 사회성을 모두 다 알 수는 없다. 같은 계열회사라도 파트별로 업무를 수행하는 데 있어서 개개인마다 느끼는 감각의 편차는 크고 그 편차는 곧 능률로 나타난다. 그러니 능률적인 효과를 기대하기 위해서는 그 사람의 선천적 재능과 직무능력인 마인드가 참고되어야 한다. 즉, 한 사람의 타고난 재능과 회사의 직종이 맞고 그 직종의 업무상 직무능력 또한 일치한다면 능률을 기대할 수 있다.

예컨대, 영업을 담당하는 직종이라면 직원은 대인관계지능이 높고 사교성이 있어야 하며 중요한 물품을 다룬다면 책임감이 있어야 하고,

납기일이 정확해야 하면 시간관념이 확고한 사람이어야 한다. 역설적으로 사교성이 없다면 대인관계에서 호감을 살 수 없는 관계로 경쟁에서 밀리고, 반면에 시간관념이 없어 납품이 조금 늦는 것을 대수롭지 않게 여기거나 다른 팀원이 자신의 몫까지 채워주길 바라는 사람이라면 회사는 발전할 수 없다. 물론 자기자신도 성격적으로 맞지 않는 업무가 되어 힘들고 말 것이다.

사원은 정보를 검사하여 적성에 맞는 직종을 자신이 선택하고, 사업주는 이 정보를 이용하여 자신의 회사에 이익을 줄 수 있고 충성할 수 있는 훌륭한 인재를 선별할 수 있다. 이에 더하여 국가기관의 모든 인사채용 및 발령 시 이 사주검사를 참고하고 이용한다면 인사의 객관성을 높여 효과적인 국책사업을 운용할 수 있다.

2. 인사코드의 실효성(實效性)

고용주와의 코드

남녀의 궁합 외에 인간 간의 궁합이라고 표현할 수 있는 부분이다. 즉, 고용주의 사주에 필요한 오행을 소유한 직원을 채용한다면 인간적인 공감대가 유리하게 형성되니, 곧 상호 간 신뢰가 돈독해지므로 능률적인 업무수행이 이루어질 수 있으며 기업의 이윤과도 직결된다. 이 점은 신입사원 오리엔테이션이 단순한 회사소개에 그치지 않고 회사 기업이념을 사원들에게 내면화시키기 위한 교육으로 이루어지고 있는 점에서도 그 중요성을 실감할 수 있다. 필요한 검사내용으로는 다음과 같다.

- 필요한 용신과의 코드.
- 조후관계의 코드.
- 합, 상생관계의 코드를 종합적으로 대입하여 결정.

(고용주)+(사원의 사주검사 결과 고용주와 일치) = 채용 = 신뢰와 능률.

업무별 적합한 코드

개인의 학과 전공과 함께 사주의 구성에서 분석된 결과(격국과 용신, 선천적인 성격과 흥미, 시공간기능 등을 참고하여 나온)를 토대로 가장 능률적으로 업무를 수행할 수 있는 파트에 기용하는 것을 말한다. 예를 들자면 시간기능이 우수한 사람은 시대감각에 맞는 아이템 개발에 적절한 능력을 발휘할 것이고, 공간기능이 우수한 사람은 세계화의 시대에 맞는 적절한 지역선택을 통한 지역개척에 적절한 능력을 보일 것이다.

(학과 전공+사주성향) + (적합한 파트배정) = 신뢰와 능률향상.

직종과 업태와의 코드

직종과 업태와 개인의 가치관과 직무능력과의 상관성도 중요하다. 우선 대기업은 광범위한 직종과 업태를 종합적으로 운용하기에 사원을 공개채용하여 세부적인 분야로 발령을 낼 때 적용시키면 된다. 그러나 소규모의 중소기업이나 개인사업장에서는 사원채용 시 대기업과는 다소 차이가 있다. 왜냐면 직원 한 사람으로 인하여 업체의 흥망이 관여되기 때문이다. 하여 소규모일수록 사업주와 사원의 인간궁합 코드는 물론, 업체의 직종이나 업태에 직무능력이 적합한 사원을 채용해야 한다.

(사업주+업종) + (학과 전공+사주성향) = 채용의 가부결정.

3. 사주의 직무능력검사(職務能力檢查)

　사주의 격국형성과 용신 및 오행과 십성의 기질과 심리작용은, 사회와 단체의 구성원 역할에 있어서 적응 및 부적응성 관계로 주효하게 나타나게 된다. 또 면밀한 사주분석 검사단계인 체성검사, 성격심리검사, 흥미검사, 가치관판단, 다중지능검사, 선천적성검사, 시공간 기능 등 단계적인 검사를 실행한 후 그 종합평가에서 제시된 개인의 인성과 직무능력을 참고하여 기업체에서는 코드가 맞는 업무에 배정할 수 있다.

　또한 앞에서 검사된 개인의 직무능력 결과를 이용한다면 중소기업은 물론, 개인 업체에서도 직종과 업태에 적합한 인사관리를 효율적으로 활용할 수 있게 된다. 한편, 개인의 사주를 구성하는 십성의 개체적인 심리와 전문능력이 있으니 아래 설명과 도표를 참고해야 한다.

십성의 심리와 전문능력

　일간으로부터 상관지어지는 십성은 각각의 긍정적 심리와 부정적 심리가 내포되어 있다. 그 심리가 긍정적이거나 부정적으로 드러나는 관계는 오행의 편중과 생극회합이다. 또 다섯 가지의 비겁, 식상, 재성, 관성, 인성은 주체성을 가지고 있는 동시, 고유한 전문성이 있다. 이것들은 종합적인 반응을 일으키면서 개인의 인성을 형성하기도 한다.

십성의 심리 도표

구분	긍정심리	부정심리
비견	독립적 주체심리	이기적 자기심리
겁재	주도적 지배심리	배타적 우월심리
식신	창의적 연구심리	주관적 도취심리
상관	감각적 친화심리	파격적 이탈심리
편재	획득적 유용심리	탐욕적 소유심리
정재	세부적 분석심리	소극적 회의심리
편관	관리적 명예심리	공격적 경쟁심리
정관	조직적 도덕심리	자학적 수축심리
편인	직관적 자율심리	냉소적 가학심리
인수	학문적 탐구심리	폐쇄적 극단심리

체성검사

체성검사는 제1장에 설명과 함께 검사방법이 제시되어 있다. 즉, 사주명식의 분석에서 첫 단계로 검사되는 음양의 3단계 검사로 알 수 있는 개인의 체질을 살펴보는 것이다. 첫째는 일간의 음양으로 성정을 분석하고, 둘째는 월지를 기준으로 사주 내에 음 기운이 강한가, 양 기운이 강한가를 판단하고, 셋째로 일간이 신강한가, 신약한가를 판단하게 되면 하나의 모델이 나오게 된다. 모델은 총 8개로 분류되며 각각의 모델에 따라 성정과 행동유형, 직종의 적응성에 대한 가부의 검사 결과가 나오게 된다.

- 1차 : 일간의 음양.
- 2차 : 월지 기후의 음양.
- 3차 : 신강(양)과 신약(음).

음양의 체성 분류표

구분	음의 체성	양의 체성
간지	물질적인 면의 추구와 일차적 음성 표출	정신적인 면의 추구와 일차적 양성 표출
기후	사색적, 인내, 내밀성, 분석적	외향적, 조급, 단순성, 율동적
강약	소극적, 수축감, 피동적, 의지력, 방어심	적극적, 자신감, 능동적, 통제력, 자만심

체성의 유형 분류표

외향형	내향형
양·양·양 : 배추형 (외향적극형)	음·음·음 : 고추형 (내향소심형)
양·양·음 : 꽈리형 (외향소심형)	음·음·양 : 알타리형 (내향지속형)
양·음·양 : 땅콩형 (외향다변형)	음·양·음 : 석류형 (내향다변형)
양·음·음 : 버섯형 (외향신중형)	음·양·양 : 알밤형 (내향적극형)

성격심리와 흥미, 가치관, 감정체계

앞 2장에서 성격심리와 흥미유발관계 및 가치관, 감정체계를 검사할 수 있는 방법을 제시했다. 성격은 한 사람의 흥미와도 관련지어지며 흥미와도 상관된 사이클이 형성된다. 이것은 직무능력에 관여되어지므로 중요하다. 또 개인의 가치관은 사회적 논리에 대한 긍정과 부정으로 이어지며 감정체계는 감정의 조절능력을 평가하여 맡게 되는 업무의 수행능력에 적합성을 판단할 수 있게 된다.

성격＋흥미＋가치관＋감정체계＝통합적 판단 후 결과를 참고.

지능검사

인간은 누구나 지능을 가지고 태어난다. 그러나 지능의 상·하위 정도는 모두 다르며, 그뿐만 아니라 다중지능을 소유하기에 어느 방면에 지능을 타고났는가에 따라 자신만의 달란트가 개발될 수 있다. 지능검사는 특히 유아시기나 초등시기에 검사되어 양육이나 교육방법에 참고가 되어야 더더욱 유효하다. 이미 성인들은 상·하위 출신학교나 전공학과를 통하여 그 능력이 평가되어 있기 때문이다. 앞 3장에서도 언급했지만 이 지능검사는 더 많은 연구가 필요한 단계임을 밝혀둔다. 한 가지 시사적인 내용을 보자면 10년 전 EQ에 관한 책을 썼던 심리학자 대니얼 골먼(Daniel Gloeman)은「워싱턴포스트」가 주말에 발행하는「퍼레이드」지에 기고한 글에서 "최근 신경과학의 발전을 통해 SQ가 다른 사람에게 좋은 인상을 주고, 다른 사람의 감정과 의도를 감지하는 능력에서 더 나아가 자신의 두뇌의 신경회로를 상대의 두뇌의 신경회로와 눈에 보이지 않게 연결시키는 능력도 포함하고 있다"고 말했다. '사회적 두뇌'라고 불리는 SQ는 직장에서도 중요한 요소로 인식돼 사람을 새로 채용하거나 리더 자리로 승진시킬 때 SQ와 EQ가 탁월한 사람을 찾는 회사들이 많아졌다고 지적했다. 이 SQ는 사주와 지능검사에서 다룬 대인관계지능과도 깊은 관련성이 있으며, 인사관리에서 이러한 개인의 특정 지능들이 유효적절하게 활용되어야 한다는 점을 시사하는 내용이다.

선천적성검사

선천적성검사는 사주구조를 분석하여 개인별로 사회성향에 알맞는 포지션을 구하는 검사방법으로, 5장에 설명과 함께 검사방법이 제시되어 있다. 9가지의 유형으로 분류되며 유형별로 적합한 사회구조와 직무능력을 판단하게 된다. 즉, 사주의 격국과 함께(용신의 활용가치를 포함) 십성의 상생상극구도가 오토그래픽을 형성하는 것이며, 검사한 후에는 각종 직무에 적합한 코드를 선별하게 된다.

사주의 구조 분류표

A	수직구조	관성이 뚜렷하고 강왕하거나 관인상생이 적극적인 구조
	직장형	공직, 직장, 계급사회, 상하직계구조의 종적직업유형
B	수평구조	관성이 무력, 소홀하고 인·비·식·재가 발달한 활동적인 구조
	자유형	자유직업, 전문직, 자영업, 예체능구조의 횡적 직업유형
C	혼합구조	관성이 보존되었고 인·비·식·재가 공존 혼합 발달된 구조
	선택형	직장생활, 자유직업, 프리랜서, 체제구조 등의 선택가능유형

사주 십성의 정편 분류표

a	정형	정인·정재·정관·식신·비견의 실용구조(정형화된 생산)
	성향	원칙주의, 내향적, 정직성, 고정관념, 안정지향, 소극적, 보수적
	직업	종적 지업, 내근직, 행정, 분석, 급여
b	편형	편인·편관·편재·상관·겁재의 실용구조(수단을 활용)
	성향	변혁주의, 외향적, 가식성, 유동관념, 실험지향, 적극적, 개방적
	직업	자유직업, 외근직, 기술, 사업, 투자
c	혼형	정편의 복합적 실용구조
	성향	외부의 자극, 대운의 유도, 환경적 영향에 따라 선택 및 공용
	직업	내근, 외근, 자유직, 직장구조 등 선택적 유용성

① 직무적응 적합성 여부
- 관인상생이 잘된 사주는 조직사회에 적합.
- 식신생재가 잘되고 관이 있으면 연구직에 적합.
- 인성이 강하고 식상이 약하면 기록 관리에 적합.

② 직무적응 부적합성 여부
- 비겁이 강한 자가 관성이 없으면 상명하달에 부적합.
- 상관이 강하고 신약하면 관리자로 부적합.
- 편재성이 강하고 인성이 약하면 기록자로는 부적합.

재운관리검사

여기서 말하는 재운관리검사란, 개인별로 재물의 많고 적음을 판단하는 것이기보다는 개인의 사주구조에서 재물의 관리가 잘될 수 있는가, 잘 될 수 없는가를 검사하는 것이다. 즉, 자신의 사주명식에서 이재를 하게 되는 코드를 구하고 그 이재의 코드가 잘 보호된다면 큰 손실을 겪지 않게 되며, 이재의 코드가 보호되지 않는다면 지출이나 손실에 따라 어려움을 겪을 수도 있게 되어 인생을 살아갈 때 재물의 관리에 대한 각별한 주의를 요하게 된다는 것이다. 물론 대운의 영향에 따라 변화가 크다는 점을 결코 간과해서 안 된다. 이는 개인의 인생에 관련된 문제이나 기업에서는 큰 자금을 관리하는 파트에서는 신중히 고려되어야 하며, 중소기업이나 개인업체에서도 인사관리에 필히 참고해야 한다.

격국과 용신＋기·구신의 病藥관계＝통합적 판단 후 결과 참고.

시공간기능

개인의 사주명식에는 시간과 공간기능의 두 기능이 소유되어 있으니 이를 검사할 수 있다. 개인에 따라 두 기능을 고루 활용할 수 있는 능력을 갖추었을 수도 있으나 그렇지 않은 경우가 더 많다. 앞 6장에서는 시간성과 공간성을 설명하고 개인의 시공간기능검사 방법을 제시하였다. 이를 참고하여 기업의 직종은 시간기능이 더 요구되는지, 공간기능이 더 요구되는지에 따라 사원의 시공간기능 검사결과를 참고하여 직무에 알맞도록 적용할 수 있다.

십성	시공간성
비견	자존심과 종적 전승이 강하니 시간적이다
겁재	즉흥적이고 물질욕구이니 공간적이다
편재	수단과 가치평가, 물질적으로 공간적이다
정재	치밀하고 노력의 대가이니 시간적이다
식신	연구와 노력에 기인하니 시간적이다
상관	감성과 분위기를 선호하니 공간적이다
편관	카리스마와 우수한 수완으로 공간적이다
정관	정도와 도덕적 지식으로 시간적이다
편인	재치와 응용력, 상상의 세계로 공간적이다
정인	윤리와 자애, 전통계승으로 시간적이다

이와 같이 본 책 2부에서 제시하는 단계적인 검사방법을 통하여 종합적인 직무능력을 산출하고, 그에 적합한 직종과 업태의 코드에 맞추어 인사관리를 할 수 있다. 이는 매우 효과적인 인사관리 방법으로서, 개인은 흥미가 있는 선천적성의 적합한 코드업무에 종사할 수 있게 되므로 자신이 맡은 직무에 대한 무력감과 불만의 파급이 없게 되어 능률적인 업무를 수행하게 된다. 기업의 입장에서는 능률적인 생산과 효과적인 업무로 인한 경쟁력이 강화되고 인력관리가 원활하여 노사분규 등 여러 방면에 있어서 소모적인 논쟁 또한 사라질 것이다.

3

직종별 직무능력 및 적응성

1. 직무능력(職務能力)의 개요 및 적용

　사주의 십성은 독립된 기질(氣質)과 작용이 있어 직종에 따라 그에 합당한 업무수행능력으로 환산하여 단편적으로 적용시킬 수 있다. 그러나 각각의 직종(職種)이 하나 이상의 복합적인 수행능력을 요구하므로, 단편적인 업무 수행능력을 소유한 십성을 결과적으로는 복합적으로 요구하게 된다는 것이다. 따라서 각기의 십성이 교차적으로 조합되며 발현되는 직무능력을 코드별로 판단하는 것이 필요하다. 즉, 향상된 능률을 발현시킬 수 있도록 십성별 코드의 연계적 유연성(柔軟性)이 구성되어야 한다는 것이다. 필자의 저서 『사주심리치료학』에서 직종별 직무능력에 대한 이론을 기술하면서 더욱 구체화된 기업의 인사관리운용 방법론을 제시하겠다고 밝힌 바 있다. 본『사주심리와 인간경영』에서는 이를 실현시키고자 사주의 새로운 검사방법론과 함께 십성별 직무능력과 적응성(適應性)을 제시한다.

십성	전문 능력
인성	기억력, 분석력, 기획력, 창조력, 수집력, 논리성
비겁	독립성, 적극성, 책임감, 포용력, 실천력, 추진력
식상	친화력, 섭외력, 응용력, 설득력, 어휘력, 민첩성
재성	활동성, 수리력, 현실성, 실용성, 조직력, 분석력
관성	조직력, 분별력, 관리력, 통제력, 인내력, 도덕성

기획조사 〈구조분석력과 정밀성의 조화〉
- 십성의 공조 : 편인격이거나 편인 용신 또는 편인이 재관과 조화롭게 편성된 구조.
- 적응성 : 기획 창의력, 종합분석력, 심사판별력, 정보수집력, 계산, 판단력, 끈기, 문제제기 의식, 리더십.

관리 〈체계적인 사고력과 정보 활용성의 조화〉
- 십성의 공조 : 관성용신 또는 건왕한 재관격으로 주변과의 연계조건이 조화로운 구조에 적용.
- 적응성 : 사무지각, 성실성, 정확성, 책임감, 자기통제력, 보수성, 억제력, 수리력, 신중성

홍보 〈창의적 구상력과 공감대 활용성의 조화〉
- 십성의 공조 : 상관용신 또는 상관격이거나 식재로 유기되는 조건

이며, 인성과의 교감이 조화로운 구조에 적용.
- 적응성 : 창의력, 섭외력, 적극성, 정보수집력, 어휘력, 문장력, 지능, 언어능력, 사무 지각능력.

총무 〈정보활용의 체계성과 조직력의 조화〉
- 십성의 공조 : 정재용신 또는 정재격이거나 食·財·官으로 유기 상생되는 구조에 적용.
- 적응성 : 일반관리 및 집행의 성격이므로 협조성, 추진력, 수리능력, 언어, 분류, 조합, 인내심, 성실성, 신중성, 능률성, 합리성.

인사노무 〈정보 분석력과 정보 편성력의 조화〉
- 십성의 공조 : 편관용신 또는 편관격 이거나 財·官·印으로 유기 상생되는 구조에 적용.
- 적응성 : 경영, 행동과학, 조직, 인간관계, 심리학, 교육학 등에 관심과 지식보유, 설득력, 이해력, 판단력, 상담능력 보유. 지도력, 사회성, 언어, 분류, 합리성.

교육 〈체계적 리더십과 통찰력과의 조화〉
- 십성의 공조 : 인수격이거나 인수 용신 또는 식신격 財·官·印으로 유기 상생되는 구조에 적용.
- 적응성 : 지도력, 통솔력, 창의성, 어휘력 등이 요구됨. 객관성, 이성적, 억제력, 기억, 언어, 계산, 자기 통제력.

비상계획 〈발상력과 현실 참여의식의 조화〉
- 십성의 공조 : 편관용신 또는 편관격이거나 인성과의 유기상생이

조화로운 구조에 적용.
- 적응성 : 언어, 분류, 조합, 봉사적, 협력적, 책임감, 이해심, 대인관계.

내자구매 〈세부적 관점과 현상 다각적 응용의 조화〉
- 십성의 공조 : 편인용신 또는 정재격이거나, 傷官과 조화를 이루며 재성과 유기상생이 조화로운 구조에 적용.
- 적응성 : 수리 능력, 사교성, 정보 수집력 등이 필요함. 규칙적, 인내력, 과감성, 논리성, 관찰력.

외자구매 〈거시적 관점과 현실과의 공조체계성과의 조화〉
- 십성의 공조 : 상관용신 편재격 또는 편관정인으로 유기상생되는 구조에 적용.
- 적응성 : 무역실무, 외국어, 자재에 대한 지식보유. 사교성, 추진력, 적극성과 정보수집 분석, 판단력.

창고업 〈육체 유연성과 공간감각의 활용성의 조화〉
- 십성의 공조 : 편관용신 편재격 또는 비겁, 식신이 주도하는 구조에 적용.
- 적응성 : 사교적, 설득력, 자신감, 성실성, 적극성, 책임성.

낙농 〈육체 견제력과 정신적 상응성의 조화〉
- 십성의 공조 : 편재용신 또는 비겁격 또는 식재로 유기상생 구조 적용.
- 적응성 : 활동성, 실천적, 성실성, 순응성.

자금 〈경제구조 분석력과 객관적 시각과의 조화〉

- 십성의 공조 : 상관용신 편재격 또는 편인이나 정인으로 유기상생 구조적용.
- 적응성 : 활동성, 섭외정신, 사교성, 적극성, 추진력, 수리능력, 조사 분석력, 과감성, 치밀성, 통찰력 요구.

회계 〈공간 정밀도와 기획 마인드의 조화〉

- 십성의 공조 : 식신용신 편재격 또는 인성이 왕한 구조, 상관생재로 유기상생되는 구조에 적용.
- 적응성 : 지능 수리능력, 사무지각증력, 분류, 조합, 계산, 판독.

판매 〈공간감각과 친화성과의 조화〉

- 십성의 공조 : 편재용신 편재격 또는 비견이 강하며, 식상으로 유기상생되는 구조에 적용.
- 적응성 : 민첩성, 창의성, 지능, 사무 지각능력, 활동력, 언어능력, 기억력, 성실성, 행동력, 일관성.

판매관리 〈직관성과 물리적 수리성과의 조화〉

- 십성의 공조 : 상관용신 편재격 또는 비견. 식·재·관의 유기상생되는 구조에 적용.
- 적응성 : 수리능력, 설득력, 공간개념화 능력, 형태분별능력, 활동성.

물류유통 〈육체 이동성과 정신감각의 호환성의 조화〉

- 십성의 공조 : 편인용신 상관격 또는 비견. 식·재·관으로 유기상생되는 구조에 적용.

- 적응성 : 지능, 수리능력, 설득력, 공간지각능력, 형태분별능력, 활동력.

수출입관리 〈정신공감개념과 정밀성의 조화〉
- 십성의 공조 : 정인 또는 편인용신 식신격 식·재·관 조화로운 구조에 적용.
- 적응성 : 지능, 언어능력, 수리능력, 사교성, 설득력.

수출 〈다국적 경제마인드와 개발의지와의 조화〉
- 십성의 공조 : 상관용신 또는 편재격의 신강으로 식·재·관으로 상생구조에 적용.
- 적응성 : 어휘력, 정보수집력, 적극성, 형태분별능력, 설득력, 친절성, 탐구심, 비평정신, 치밀성, 분석력, 사려의지, 판단력.

보험영업 〈객관적 시사성과 정서적 친화력과의 조화〉
- 십성의 공조 : 인성용신 또는 편재격, 비겁, 식재로 상생구조에 적용.
- 적응성 : 사무지각능력, 언어, 사회성, 언어능력, 감수성, 공감 유도, 적극성, 설득력, 신뢰성.

증권영업 〈조직적 경제시각과 다각적 관찰 능력과의 조화〉
- 십성의 공조 : 편관용신 편재격 또는 비겁·식·재·관이 상생구조 적용.
- 적응성 : 지능, 수리능력, 적극성, 언어, 분류, 조합, 계산, 언어능력, 감수성, 공감유도, 설득력, 행동력.

생산관리 〈조직력과 체계적 운영능력과의 조화〉
- 십성의 공조 : 식상용신 또는 관격으로 비겁·식·재·관의 상생구조 적용.
- 적응성 : 전문지식과 관련분야 자격증 보유. 지도력, 적극성, 추진력, 지구력 등을 요구. 어학능력, 행동력, 자주성, 치밀성, 정중함, 정교성, 합리성, 섭외능력, 관찰력, 인내심.

품질관리 〈정밀성과 창의력과의 조화〉
- 십성의 공조 : 인성용신 정관격·편관격 또는 식·재·관의 상생구조에 적용.
- 적응성 : 전문적 지식을 요구(품질관리사 자격), 지능, 언어능력, 분석력, 분석력 합리성.

공무 〈공정성과 보편 논리성과의 조화〉
- 십성의 공조 : 정인·편인 용신 정관격·편관격 또는 식·재·관·인의 상생 구조에 적용.
- 적응성 : 사무지각능력, 형태지각능력, 조립 및 기술적 정밀성, 계산능력, 공간지각능력, 형태분류능력, 활동적, 기능적.

안전 〈행동력과 순발력과의 조화〉
- 십성의 공조 : 인성용신 편인격 또는 식·재·관·인의 구조에 적용.
- 적응성 : 지능, 사무지각능력, 공간도형능력, 기능적, 순응성, 구체성, 정밀성, 엄격성, 책임성.

연구 개발관리 〈통제성과 체계적 사고력과의 조화〉

- 십성의 공조 : 편인용신 정재격 또는 식·재·관·인의 상생 구조에 적용.
- 적응성 : 전공지식은 물론 기초과학에 근거한 연구인의 자질. 지능, 언어능력, 수리능력, 공간, 탐구적, 과학적, 치밀성, 합리성, 분석력, 독자성, 논리성, 관찰력, 성취욕, 집중력.

소프트웨어 〈정밀성과 조직적 사고력의 조화〉

- 십성의 공조 : 정인·편인 용신 또는 정재격 식·재의 상생구조에 적용.
- 적응성 : 인내력, 치밀성, 탐구욕, 손재주, 수리능력, 창의력, 전자, 통신, 기계, 정보기사 자격자를 요구. 공간도형유추능력, 기호분류능력, 수리능력, 수치해석능력, 처리속도와 정확성, 공간지각능력, 어휘판단능력, 손의 순발력.

하드웨어 〈정밀성과 상상력의 체계적 조화〉

- 십성의 공조 : 정인·편인용신 또는 정재격 인 .비겁. 식. 재의 상생구조에 적용.
- 적응성 : 수리능력, 창의력, 정보활용력, 수공능력, 공간, 사무지각능력, 치밀성, 눈과 손의 연계성.

차량정비 〈정밀성과 지구력의 조화〉

- 십성의 공조 : 편인용신 또는 편재격 비겁·식·재의 상생구조에 적용.
- 적응성 : 정밀한 판단력, 지각능역, 손 재능, 봉사적, 책임감, 분류, 조합능력.

해운 〈다양성과 거시성의 조화〉
- 십성의 공조 : 편관용신 또는 편재격 관·인·비 상생 구조에 적용.
- 적응성 : 지능, 수리능력, 분류, 조합, 형태, 공간, 활동적, 적극성.

건설공무 〈정밀성과 지구력의 조화〉
- 십성의 공조 : 편관용신 또는 편재격 인·비·식·재의 상생구조에 적용.
- 적응성 : 사무지각능력, 형태지각능력, 분류, 조합, 기술 기능적.

토건 〈지각감각과 공간감각의 조화〉
- 십성의 공조 : 편재용신 식신격 또는 인·비·식·재의 상생구조에 적용.
- 적응성 : 사무지각능력, 형태지각능력, 손가락 재능, 계산, 공간, 기술 기능적.

기술용역 〈육체감각과 이동감각의 조화〉
- 십성의 공조 : 상관용신 편재격 또는 신강조건에 식·재로 유연한 구조에 적용.
- 적응성 : 지능, 사무지각능력, 수리능력, 공간판단 능력, 협조성, 성실, 끈기, 냉정한 성격.

보건 〈유동감각과 객관심리의 조화〉
- 십성의 공조 : 편관용신 편재격 또는 인성의 요건이 조화로운 구조에 적용.
- 적응성 : 지능, 사무지각능력, 판단력 및 주의력, 언어, 공간, 형태, 독립심, 체력, 봉사심, 이해심, 책임감.

체육 〈육체평형감각과 순발력의 조화〉
- 십성의 공조 : 식신용신 비겁격 또는 신강구조에 식재의 유기가 조화로운 구조에 적용.
- 적응성 : 공간기능 및 판단력, 운동조절능력, 체력, 지구력.

사진 〈감각성과 이면투시력의 조화〉
- 십성의 공조 : 식상용신 편재격 또는 비겁 식·재의 유기가 조화로운 구조에 적용.
- 적응성 : 공간 판단력, 예술적 감각, 독창력, 상상력, 표현력, 관념적.

도서 〈정밀성과 인식력의 조화〉
- 십성의 공조 : 정인용신 편재격 또는 재·관·인이 조화로운 구조에 적용.
- 적응성 : 공간지능, 언어능력, 분류, 조합, 기억.

신문 〈투시성과 직관력의 조화〉
- 십성의 공조 : 편인용신 편재격 또는 식·재·관으로 조화로운 구조에 적용.
- 적응성 : 논리성, 언어능력, 판단력, 적극성, 관찰력, 이해력, 문장력, 자기표현력, 기획력, 분석력, 창조력.

방송 〈언어감각과 순발력의 조화〉
- 십성의 공조 : 편관용신 편재격 또는 식상이 조화로운 구조에 적용.
- 적응성 : 적극성, 판단력, 언어능력, 사무지각능력, 관찰력, 이해력, 자기표현력, 기획력, 분석력, 창조력.

변리 〈정신감각과 공감의 조화〉
- 십성의 공조 : 편인용신 정관격 또는 식·재의 조화로운 구조에 적용.
- 적응성 : 지능, 언어능력, 수리능력, 책임감, 근면성, 협조성, 계획성, 판단력, 성실성, 윤리성.

통신 〈지각과 통계성의 조화〉
- 십성의 공조 : 편재용신 상관격 또는 비겁의 유기가 조화로운 구조에 적용.
- 적응성 : 사무지각능력, 계산, 독도, 공간형태, 기술 기능직.

조경 〈육신과 감각의 조화〉
- 십성의 공조 : 비겁용신 또는 인수격 또는 食·財로 유기되는 구조에 적용.
- 적응성 : 계산, 기억, 체력, 예술적, 연구적, 기술 기능적, 실천적 성실성.

여신 〈내밀성과 체계성의 조화〉
- 십성의 공조 : 정인용신 또는 인수격 食·財·官·印의 조화를 이루는 구조에 적용.
- 적응성 : 수학지능, 수리능력, 사무지각능력, 언어, 사교성, 책임감, 자신감.

위는 기업에 관련된 대략적인 직종에 대한 십성의 복합적인 활용코드 범주와 그 적응성을 설명한 것으로, 관련된 업무에 따라 개인의 사주가 가지고 있는 직무능력을 평가하여 실제 인사 배치할 수 있다. 참고할 것은 반드시 모든 단계의 검사결과를 참고해야 하는 것은 아니며, 인사(人事)의 특성을 감안하여 꼭 필요한 단계만을 취사선택하여 검사할 수도 있다.

2. 인사관리의 실효성

진인사대천명(盡人事待天命)이란 말이 있다. 인사관리를 통한 인적자원의 관리와 운용은 인간사회에서 매우 중요함을 일컫는 말이다. 인사관리는 하나의 국가는 물론, 실로 경쟁력을 바탕으로 하는 기업체에서는 더욱 절실한 것으로, 중소규모나 개인의 사업장에 이르기까지 흥망성쇠(興亡盛衰)가 좌우되는 인적자원의 핵심운영시스템이다. 앞 장에서 제시한 단계별사주분석검사 결과로 나온 개인의 정보를 참작한 다음 직무능력모델별로 채용의 결정, 부서배치의 결정, 동업자 선정 등 실수 없는 인사관리를 할 수 있음은 진정 신(神)이 인간의 출생(사주)을 통해 내린 보석과 같은 선물인 것이다.

참고로 재정경제부의 2006년도 6대 전략목표 중 첫 번째가 '거시경제의 안정적 운용과 성장잠재력 확충'으로서 이는 중장기 경제, 사회 발전을 위한 중장기 정책수립의 일환이다. 바람직한 인사관리를 통한 기업과 국가 인력자원의 효용도 높은 활용이야말로 경제발전의 안정성과 성장잠재력 확충을 위한 내실 있는 전략이 아닐까 한다.

참고문헌

〈단행본〉

격국용신정의, 2005, 명운당, 김배성.
교육심리학, 2002, 교육과학사, 김남성.
교육학 개론, 1998, 교육과학사, 황정규 외.
명리학정론, 2002, 창해, 김배성.
문화지리학강의, 1994, 법문사, 송성대.
부의 미래, 2006, 청림출판, 앨빈 토플러, 하이디 토플러.
사주심리치료학, 2004, 창해, 김배성.
서운관지, 2003, 소명출판사, 성주덕.
설득의 심리학, 2003, 21세기북스, 이현우 외.
시간의 역사, 2006, 까치, 스티븐 호킹.
심리검사의 이해와 학생상담, 2006, 한국교총원격교육연수원.
영재판별방법론, 2004, 명지대학교 사회교육대학원, 김건용.
영재학생을 위한 교육, 1996, 교육사, 김정휘 외.
우주변화의 원리, 1996, 행림출판사, 한동석.
음양오행설의 연구, 1993, 신지서원, 김홍경 역.
인간에 관한 종합적 이해, 1990, 세화, 배영기.
정곡을 찌르는 혈액형 신 인간학, 2006, 동서고금, 노미 마사히코 외.
TOP만세력, 2003, 창해, 김배성.

〈논문〉

다중지능이론의 뇌관학적 이해와 평가의 방향, 2005, 서울교육대학교 교육대학원, 석사학위논문, 이현심.
사주명리를 통한 초등학생 영재판별방법의 연구, 2005, 국제문화대학원대학교, 석사학위논문, 김기승.
사주심리증후군과 교육방법의 상관관계연구, 2004, 경기대학교 국제대학원, 석사학위논문, 김의인.
사주에서 나타나는 선천적성과 종사직종과의 상관성연구, 2004, 경기대학교 국제문화대학원, 석사학위논문, 최영선.
사주학의 역사와 격국용신의 변천과정 연구, 2004, 경기대학교 국제문화대학원, 석사학위논문, 이용준.
성격특성예측을 위한 사주명리학에 관한 연구, 2003, 동의대학교대학원, 박사학위논문, 정국용.
청소년 발명동아리 운영을 통한 창의성 향상 프로그램에 관한 연구, 2003, 명지대학교대학원, 박사학위논문, 김건용.

새우와 고래가 함께 숨쉬는 바다

사주심리와 인간경영

지은이 | 김배성

펴낸이 | 전형배

펴낸곳 | 도서출판 창해

출판등록 | 제9-281호(1993년 11월 17일)

1판 1쇄 인쇄 | 2006년 12월 22일

1판 1쇄 발행 | 2006년 12월 28일

주소 | 121-250 서울시 마포구 성산동 209-5(진영빌딩 6층)

전화 | (02) 333-5678(代)

팩시밀리 | (02) 322-3333

E-mail | chpco@chollian.net

 * chpco는 Changhae Publishing Co.를 뜻합니다.

ISBN 89-7919-751-9 03150

값 20,000원

ⓒ 김배성, 2006, Printed in Korea

※ 잘못된 책은 바꾸어드립니다.